看到停不住的中国史

汉朝

史壮宁 —— 著

北京理工大学出版社
BEIJING INSTITUTE OF TECHNOLOGY PRESS

版权专有　侵权必究

图书在版编目（CIP）数据

好看到停不住的中国史. 汉朝 / 史壮宁著. — 北京：北京理工大学出版社，2022.5

ISBN 978-7-5763-1185-3

Ⅰ.①好… Ⅱ.①史… Ⅲ.①中国历史—通俗读物②中国历史—汉代—通俗读物 Ⅳ.①K209②K234.09

中国版本图书馆CIP数据核字（2022）第050642号

出版发行 / 北京理工大学出版社有限责任公司	
社　　址 / 北京市海淀区中关村南大街5号	
邮　　编 / 100081	
电　　话 /（010）68914775（总编室）	
（010）82562903（教材售后服务热线）	
（010）68944723（其他图书服务热线）	
网　　址 / http：//www.bitpress.com.cn	
经　　销 / 全国各地新华书店	
印　　刷 / 三河市华骏印务包装有限公司	
开　　本 / 710毫米×1000毫米　1/16	责任编辑 / 朱　喜
印　　张 / 19.25	文案编辑 / 杜　枝
字　　数 / 214千字	责任校对 / 刘亚男
版　　次 / 2022年5月第1版　2022年5月第1次印刷	责任印制 / 李志强
定　　价 / 60.00元	

图书出现印装质量问题，请拨打售后服务热线，本社负责调换

目录

大风遗韵

下属纷纷跳槽，老板项羽太小气？韩信等人怎么说？ / 002

帮助张良刺秦的仓海君是韩国人，彼时的韩国与现在的有何渊源？ / 009

被黄石公一句话镇住了，张良乖乖跪下给他穿鞋 / 012

项羽不肯过江东，除了面子和爱情，他还想通了什么？ / 015

把天大的黑锅赠给楚霸王，陈平用最阴的一招帮刘邦彻底翻盘 / 018

高人指出三条处世法则，韩信没听，于是被刘邦玩死了 / 021

一而再，再而三，刘邦这样玩弄韩信，如果是你能不反吗？ / 026

据传仓神是韩信，天仓节很奇妙，此日我家东西概不外借！ / 029

穷不过三，富不过五？汉代开国将相印证了这个道理？ / 032

听了山东大头兵的说法，汉高祖为什么不敢定都洛阳了？ / 037

为了根治老爹的郁闷，汉高祖乾坤大挪移，复制了一座城镇 / 042

张良低调躲过了刘邦的刀，最后羽化成仙了？ / 046

人彘，人世间最残酷狠毒的刑罚，为什么总在女人争斗时出现？／051

刘邦刚死，吕后就想血洗朝堂屠杀功臣，谁力挽狂澜？／054

不是此人力劝代王进京，可能就没有"文景之治"了／057

她，预言富可敌国的邓通最终会饿死街头？／062

秋月未央

汉武大帝曾经用过刘彘（小猪）这么滑稽的名字？／068

一代名将卫青因奴隶出身遭人暗讽，姐姐到底帮了多大的忙？／072

汉武帝与卫青见了面可以互相叫姐夫？这什么关系？／078

这位美女唱了一曲，男人听得呆了，连鲜花都谢了／081

不是老太太果断出手，微服私访的汉武帝就危险了／085

山东智圣每年换一个老婆？汉武帝还帮他的忙？／089

像这样正直如钢宁折不弯的犟汉，现在还会有吗？／094

小龙女手臂上的守宫砂是汉武帝玩的"黑"科技？／099

河东平阳的霍氏兄弟，撑起了大汉朝的文武江山／102

司马相如与卓文君私奔另有隐情？司马迁闪烁其词？／106

会望气的神汉王朔说，李广封不了侯，因为干过这件事／110

汉宣帝太子的非常规任务，一年内生不下儿子则皇位不保？／113

厌极了与赵飞燕的宫斗，班婕妤做出什么选择？／117

董贤自辩"断袖之癖"子虚乌有，班固的文章自相矛盾／121

"执金吾"是个什么官？比九门提督还牛？／124

权力让人疯狂，"圣人"王莽如何逼死三个儿子？／127

在汉代当个乱世隐士有多难，还得冒生命的危险？/ 131

乾坤旋转

庄稼汉骑牛上阵，为大汉朝续命二百年 / 138

如果脑子再多根弦，东汉的首位皇帝妥妥应该是他 / 142

农家小子美梦成真，娶了河南最漂亮的女人 / 146

老帅哥被公主看中，又有皇帝保媒，能休掉老妻吗？/ 153

中国戏曲开了历史的玩笑，东汉开国大将斩杀贤妻？/ 158

看到朋友儿子的豪车骏马，隐士父亲为自己儿子难过了 / 162

伏波将军写了一封教育孩子的家书，惹出了多大的麻烦？/ 166

太原义士温序自杀殉国，为什么不让胡须沾土？/ 170

两则聊斋故事被记入正史，可信度有多高？/ 174

东汉第二位皇帝文治武功出类拔萃，比雍正完美 / 179

汉明帝做了一个梦，圆梦圆出了划时代的大事 / 183

金庸有深意，《鹿鼎记》里的《四十二章经》真是藏宝图 / 187

生死之交梦里有感应？莫非是量子纠缠？/ 192

他当皇帝很内行，书法又开宗立派，羞煞了宋徽宗 / 196

"投笔从戎"鄙视文人了吗？相士怎么看出班超万里封侯？/ 200

要不是妹妹的一篇奏文感动皇上，班超就老死西域了 / 204

古谚语"生男如狼，生女如鼠"是什么用意？/ 209

一尊大佛岩凿立，风雨千年自安然？"汉代大佛"有点惶恐 / 213

比白马寺还早？赶赴与一个汉代寺院跨越两千年的约会 / 218

003

神州鼎伏

"噫！"河南方言的旗帜，原来出自这位高人 / 224

放死囚回家后再来受刑，不是唐太宗而是这位大贤的原创 / 229

中国历史上首次交通大堵塞不因车祸，而是一个人的才华！ / 233

钦天监的官员从北斗七星能看出什么异常？文曲星在哪儿？ / 236

外国专家说张衡的地动仪是假的，不科学，你怎么看？ / 240

人怕骄狂猪怕壮，鸢肩豺目的他害得整个家族暴尸街头 / 243

坏人也可能拥有爱情，哪怕只是鹰对锦鸡的迷恋 / 248

神算不如人算，精通风角术的高人怎么把亲儿子给害了？ / 253

"言为士则，行为世范。"读书人不了解他，就有点孤陋寡闻了 / 258

汉朝大孝子，住墓道守孝二十多年，为什么被治罪？ / 263

江南铁汉熬过地狱级酷刑，连给他上刑的人都服了 / 267

比"焚书坑儒"更惨的宫廷屠杀，文士们的头颅滚滚落地 / 272

汉代上班族干五天歇一天，比较一下，还是我们幸福 / 277

尽忠只能牺牲母亲，尽孝只有献城投降，汉朝太守如何抉择？ / 280

古人想休妻就能休妻？"糟糠之妻不下堂"是汉代定下的规矩？ / 284

山东才子怎么看出山西官员要出问题？ / 287

她用生命证明：女人的忠贞与诱惑和威权无关 / 290

文人相轻？董卓死后，他轻轻一声叹息就被王允杀了 / 294

曹操父亲的临终教训：不减肥真会害死很多人 / 297

大风遗韵

壹

◆

乱世英雄出草莽，烽火连天入咸阳。

昨日宴鸿门，今日战乌江。

大风歌罢，裂土封疆。

◆

下属纷纷跳槽，老板项羽太小气？韩信等人怎么说？

当老板不容易，公司能正常运转就已经熬白了多少头发。有时候亏点钱也还能忍，一般老板最不能忍受的是下属跳槽。当然，跳槽之后如果你就此消失，跟前老板天上人间永不相见也行，最糟心的是，有的下属直接跳进了对手的公司，反戈就是一击，如此往往让人痛入骨髓。

个人观点，如果一个下属跳了，也许是他的错；如果大家都要跳，那肯定是老板的问题。

历史上，下属集体跳槽案例中名气最大的老板应该是楚霸王项羽，在他眼里，那些不起眼的小毛卒、那些上不了台面的乡下鬼子、那些忘恩负义的软蛋怎么都跑到刘邦那边了？更让人纳闷的是，这些人怎么后来都成了精？

研读楚汉那段历史，很为霸王惋惜，原本是豪气盖世的群雄领袖，又坐拥纵横自如的大好局面，怎么就被他下成了一盘臭棋？刘邦本是文也文不得、武也武不得的一个无赖子弟，就算他再怎么走狗屎运，也不至于把霸王逼上绝路吧？

霸王在乌江自刎之前也没想清楚这个问题，那些跳槽的下属倒是各有说法，综合其观点，大家一致认为霸王"小器"。

作为老板，小气确实是致命伤，咱们一起来看看，跳槽的下属都是怎

么说的。

小气老板的"死穴"之一：积功不赏

楚汉之际有"三杰"之说，萧何不论，他是刘邦住在沛县时候的死党。其他二位，一是张良，一是韩信，两人都曾经给项羽打过工，可惜霸王都没有用好，最后他们全跑了。"三杰"凑成了团伙，文韬武略无敌于世，刘邦真是捡到了天底下最值钱的馅饼。

先说韩信。这个能受胯下之辱的人，长得仪表堂堂，还是大高个，来到项羽手下，也经过夏侯婴的举荐，但是他始终入不了霸王的法眼。《史记·淮阴侯列传》记载："臣事项王，官不过郎中，位不过执戟。"意思是说长得挺威武的韩信被霸王安排来站岗了。"执戟郎"就是警卫宫门的官员。

本是能指挥百万大军令风云变色的将军，现在被派来当一个看大门的官，韩信当然觉得憋屈了。他也曾努力给项羽献计，但很可惜，霸王自信心爆棚，连亚父范增的计谋都不耐烦听，何况你一个小小的执戟郎？

人才不被重用，自然要跑。韩信离楚归汉，其实刘邦也没有那个慧眼识英雄的能力，但萧何有，刘邦最可贵的优点是敢相信萧何的眼力，直接就拜韩信为三军总司令，把自己的全部家当一揽子端给他。事实无情地证明，项羽的门卫，捧起帅印就变成了无往不胜的"兵仙"。韩信一口气给刘邦打下半壁江山，而且到最后逼死项羽，他也是重要的因素之一。

公元前209年—前206年，韩信"扛着一杆大戟"给霸王站岗放哨，其间虽然霸王从没采纳过他的计策，但他看清了霸王的为人，他对项羽的评价如下：

好看到停不住的中国史

"项王喑恶叱咤,千人皆废;然不能任属贤将,此特匹夫之勇耳。项王见人恭敬慈爱,言语呕呕,人有疾病,涕泣分食饮;至使人有功,当封爵者,印刓敝,忍不能予,此所谓妇人之仁也。"

项王有多厉害不用多说,"王不过项"四个字就说尽了,可韩信认为他还是只有"匹夫之勇",表面待人很谦和,在逆境里,他能跟大家同甘共苦,在战斗中,他也能和大家一起冲锋陷阵,这些也是人所共知的。但是手下的将士们一旦立功,应当封爵封赏时,项王就犹豫了,印章已经刻好,在手里反复把玩,棱角都快磨没了,还舍不得给。韩信最后的点评很犀利,说这是"妇人之仁"!

手下的人为什么跟着你出生入死?说到底无非是图富贵,土地、财富、头衔爵位都掌握在你手里,如果怕土地给多了有麻烦,那钱和爵位就必不能少。钱虽然是王八蛋,但关键时候就是管用。爵位甚至连"王八蛋"也不如,那还那么小气干什么?刘邦在这点上就大方得很,有功则赏。除了撒钱以外,六年间,他一共封出去一百四十三个侯位,每封一个都跪在一起剖符盟誓,笼住一个算一个。

有关霸王的"小器",名士郦食其也说过,别人的战功,他总是记不住,别人的过失,他倒记得很清楚。"为人刻印,刓而不能授;攻城得赂,积而不能赏",所以大家只好各走各的路。

一个老板,现金舍不得发,股份舍不得分,公司的"爵位"也舍不得赏,那还指望手下人像你一样敬业?

小气老板的"死穴"之二:不能信人

接下来要说的人是陈平,"汉初三杰"中没有他也有点不公,如果没

有此人六出奇谋，刘邦得死好几回，他似乎是专门为刘邦救急而存在的。只是陈平的计谋大多太阴损，有的甚至摆不到桌面上，所以影响了他的美誉度。

陈平有一番建功立业的雄心，当年投奔项羽，跟他一起入关破秦。项羽起初还看得起他，赐给他卿一级的爵位，也算不低，至少能说得上话。

公元前205年，项羽派陈平带兵攻打背楚投汉的殷王司马卬，陈平很卖力，迅速平定殷地，获胜而归，满以为会得到项王大把的赏赐，结果只被赏金二十镒（合四百两，是不是黄金存疑）以资鼓励，陈平很失望。没多久，刘邦大军渡过黄河，倒霉的司马卬又被俘虏，只好再降汉。可没想到，他的投降让项羽大怒，责怪陈平等人办事不力，要杀了他们以正军法。

陈平万万想不到，打了胜仗回来还得送命，只好连夜逃走，他想起了鸿门宴上见过的刘邦似乎待人亲切，于是挂印封金（这四百块钱您还是留着自己花吧），晓行夜宿，投奔刘邦大营。

虽然有不少人来打小报告，说这个陈平又贪财，又盗嫂，似乎是一个江湖小人，但刘邦用人从来不拘一格，所以重用陈平。

陈平也一心一意为刘邦出主意，他认为得给项王和范增使一个反间计，要用大量黄金（《史记》里明确说是黄金），刘邦当即就拨给他四万斤，而且"恣所为，不问其出入"，就是根本不问用途，也不审计。正是在陈平的诡秘运作下，范增才因猜疑而病死，这算是砍掉了项王的臂膀。

四百两和四万斤，陈平的天平会往哪边倾斜？他对项王的评价是："至于行功爵邑，重之，士亦以此不附，项王不能信人，其所任爱，非诸项即妻之昆弟，虽有奇士不能用，平乃去楚。"

这和韩信的说法如出一辙，项王除了有功不能赏之外，还不相信属下，

好看到停不住的中国史

除了项家的人还有他的那些小舅子,他谁也不信,所以我只好跑了。

这种说法在郦食其那里也可以得到印证:"战胜而不得其赏,拔城而不得其封,非项氏莫得用事"。

不少老板慢慢把公司变成了家族企业,要害部门全用了亲戚,大大方方地展示着自己的小家子气。

亲戚且不说能力,遇上事真靠得住的有几个?项王此事最需要反思,他的叔叔项伯和项襄,还有他的兄弟项冠,不就都投降了刘邦,还被人家改姓刘了?

小气老板的"死穴"之三:反复无常

这个板块得说张良了,他本是一位出身相府的世家子弟,和项家有很深的渊源。当年项伯杀了人逃到下邳后,就是跟着张良一块厮混的。

天下群雄并起,刘邦带人起事投奔项梁。项梁倒是很大气,一次就给了他五千兵马。

张良为了他的"复韩"大业,曾经给项梁出谋划策,立横阳君公子成为韩王,他自己当韩国司徒,可项梁只给了他千把人的兵马,太少了,他们只能在颍川一带打游击。

后来,因为张良曾经和沛公有过交集,霸王起了疑心,韩王也不让公子成当了,降为侯,还裹挟着他和张良一路向东。到了彭城后,霸王也不知道听了谁的话,忽然把韩王成给杀了。

这一刀杀得张良脖子发凉,他应该是在此期间一步步看清了霸王的性格,觉得此人行事全凭好恶,反复无常,谁受得了?于是三十六计走为上策,张良连夜跑了。他心想当初跟着沛公起兵的时候,他对我言听

计从,现在不去投他还能投谁?

从此之后,张良朝夕跟随刘邦左右,成为股肱之臣。项羽杀了韩王倒也无关大局,但惊跑了张良,这个损失太大了。明代李贽评论此事时说:"为汉驱一好军师。"的确,项羽此举纯属为自己挖了一个大坑。

还有一位重臣叫王陵,此人本是沛县豪族,刘邦起家时还没有他的势力大,所以他开始并不怎么把刘亭长放在眼里,而且他跟雍齿一直交好,这更让和雍齿有仇的刘邦不爽,按说这样一个人是不可能投到刘邦阵营里的。

公元前206年,刘邦攻陷咸阳后,王陵带人占据了南阳,楚汉大战时,他来了一个坐山观虎斗。

项王一心要拉王陵入伙,知道他是一个孝子,竟然把他的老母亲请进了军营,说好听点是"请",说难听点这就是绑架人家的老娘,项王此事做得很不君子。

谁也想不到,王陵的母亲不仅有眼光,性子还极其刚烈。《史记》中记载,老人家当时哭着对王陵派来的人说:"给王陵捎个话,跟着汉王好好干,别有二心,我老太太今日以死送你。"说罢竟然伏剑而死。

项羽知道此事后,怒极发昏,传令将王陵之母烹煮!这几乎就没了人性,把事做绝了……

王陵从此只能铁心跟着刘邦,和项羽死磕到底。

此人质朴少文、秉性耿真,有宰相气度。曹参之后,王陵担任右丞相,陈平担任左丞相。

王陵如此评价项王:"项羽妒贤嫉能,有功者害之,贤者疑之,战胜而不予人功,得地而不予人利,此所以失天下也。"

王陵所说的项王疑心病很重,确实是项羽的硬伤。除了上述几位重要

的角色外,与韩信、彭越并称汉初三大名将的英布也是受到项羽猜忌投进了刘邦的怀抱,其他如季布、利几、钟离眛等将军也都因为种种原因背楚投汉。

总结这些人的评论,似乎都言之有理,小器不成大事,虽霸王也莫可奈何。当老板的人,应该三思再三思。

❋ 参考书籍

《史记》《汉书》《资治通鉴》

帮助张良刺秦的仓海君是韩国人，彼时的韩国与现在的有何渊源？

秦国灭掉韩国之后，五代韩王之相的后人张良准备报仇，他的计划是以最小代价换取最大利益——刺杀秦王。当然，以他的个人能力肯定完不成这个任务，他长得秀美柔弱，就像班固说的："闻张良之智勇，以为其貌魁梧奇伟，反若妇人女子。"原本以为他是一个魁梧的汉子，其实长得很像女人，所以需要另找帮手。

张良经过深思熟虑，去找了仓海君，很奇怪的是，仓海君愿意帮他，还给他提供了可以使用120斤大铁锤的力士。

那么疑点就来了，其一，既然敢给张良提供帮助，就不怕秦始皇的报复，因为一旦刺杀失败刺客被抓，供出仓海君的可能性非常大，现在需要确定的就是仓海君并不在秦始皇的管辖范围之内。

解读《汉书·张良传》的曹魏人如淳说："秦郡县无仓海。"如此可以确定，秦始皇的手伸不到仓海君住的地方那么远。根据《史记·留侯世家》记载："良尝学礼淮阳。东见仓海君。"张良应该是出了秦国国境一直向东出渤海而去，目的地是东夷貊（mò）秽国。

《括地志》说："貊秽在高丽南，新罗北，东至大海西。"朝鲜学者李瀷（yì）也称"张良之狙击，东见仓海君。说者谓仓海，即秽国，以今江陵当之"。这个地方大致在今朝鲜民主主义人民共和国与韩国分治的江

原道地区。

　　这地方到了汉武帝的时候才归顺,在《汉书·武帝纪》中有记载,时间是在武帝元朔元年(公元前128年)"东夷薉(huì 通濊、秽)君南闾等口二十八万人降,为苍(仓)海郡。"这样一来,司马迁在《史记》中用仓海君就是正当的了,而此君也确实属于今天朝鲜半岛居民。

　　第二个疑点也来了,一个远在朝鲜半岛的人为什么要帮张良?他又不是国际主义战士,为什么要冒那么大的风险?惹了秦始皇,跟捅漏了天差不多,肯定对他虽远必诛,岂不是自找麻烦?现在有两种解释:一是张良既然毁家纾难,手里还是有不少的钱财,他们之间是一种江湖交易,仓海君只管收钱供货,其他一概不论。二是他们本就是同源同种的韩国人!这个观点提出后,可能有人有点吃惊,但请先少安毋躁。

　　朝鲜学者李瀷也认为,三韩之称与中国战国时期的韩国有关,这是因为在战国时期就有不少人为避战乱和徭役逃亡到朝鲜半岛,他们当中自然有不少韩人,尤其是秦灭韩国之后,更有不少人流亡至此,他们自称韩人,并影响了当地土著,使部分土著也以韩人自称。

　　这些亡国的人必然怀着对秦的深仇大恨,深知这一点的张良才不惜远赴朝鲜半岛寻找帮手,并相信当地人不会出卖他,而且一定能找到肯和他一起冒死刺杀秦王的人。

　　那位肝胆相照的"大铁锤力士",甘愿冒着粉身碎骨的危险和张良一起行刺,很难说不是一位对秦国怀有国仇家恨的韩人。

　　所以说,今日之韩国,不管他认不认,都与当年三分晋国的韩国有着极深的渊源。

　　沉钩历史,趣味无穷。

李白有一首《经下邳圯（yí）桥怀张子房》，在此与看官们分享：

"子房未虎啸，破产不为家。

沧海得壮士，椎秦博浪沙。

报韩虽不成，天地皆振动。

潜匿游下邳，岂曰非智勇？

我来圯桥上，怀古钦英风。

唯见碧流水，曾无黄石公。

叹息此人去，萧条徐泗空。"

✱ 参考书籍

《史记》《汉书》《括地志》《李太白集》

被黄石公一句话镇住了,张良乖乖跪下给他穿鞋

话说当年读《史记》时,我佩服张良,简直将他敬若天人,但是有一件事我不能理解,就是在他得到那部神奇的《太公兵法》前,黄石老人三番五次地戏弄他,他竟然都默默承受了,这简直不合常理。

首先,张良也是名门之后,虽然韩国灭了,但他是相府后人,眼睛没有长到后脑勺上,已经算是十分明理了。但再怎么也应该是:小爷我再虎落平阳,也不能被你一个老头子这样欺侮吧?

其次,当张良藏在下邳的时候,他已经完成了一次震惊世界的壮举——在博浪沙刺杀秦始皇!虽然没成功,但他比荆轲和高渐离都高明,没把自己的命搭进去,藏得好跑得快。秦始皇大索天下十日,根本找不着他。

张良当时肯定心想,以我这小性子,都敢把秦始皇往死里弄,反正现在也是逃犯,被他抓住就是死无葬身之地,再弄死个把老头,算个什么事!所以,当老头把自己的烂鞋扔到桥下让张良去捡的时候,他已经怒目圆睁,"欲殴之",准备施出老拳教育老头了。

太史公写道,张良是因为对方是个老汉而强忍住了怒火。须知士可杀不可辱,老头是有心戏弄他的,就算再退一步,张良的涵养好得不得了,真去桥下把鞋子给他拿回来了,但是当老头把臭脚伸出来让张良把鞋给穿上的时候,那已经羞辱到极点了,这不是把人当孙子吗?是可忍孰不

可忍！但是令人跌破眼镜的是，张良竟然跪下恭恭敬敬地把鞋给人家老头穿上了！

这绝对与常理不合。

所以需要好好推理一下。

事实是，张良被老头突然叫住的时候，已经从他的眼睛里读出了不寻常的内容，而且，老头还有意无意说了这样的一句："吓了一跳？是做贼心虚吗？"

正是因为这句话，张良心里一直在打鼓，莫非这老头知道我就是在博浪沙刺杀皇帝的刺客？

而当他把鞋子给老头穿好的时候，两个人还有一番交谈。老头说的话是："今天表现尚可，但是前面做的事情太差劲了。"

"前面做的事情？"

老头边走边说："鲁莽地杀死一个喜欢登山立碑的人，就能改变天下大势吗？"说完哈哈大笑而去。

至此，张良蓦然明白，自己以前所干的那些事人家全知道！在这位老人面前，他几乎是透明的，于是才有了诚心求教，才有了他与老人的五日之约，此是后话，暂且不提。

有人问，那黄石老人就不是通过拾鞋穿鞋看上了张良的贤良，为什么还要玩这个把戏？

这里不过是要测试张良的忍耐度与胸襟而已。

其实，黄石老人何尝不知，张良散尽家财求刺客，是胸怀大志的人；有壮士愿意跟他同生共死刺秦，他能得人死力，是有大义的人；而刺秦不成，全身而退，也算是能审机、能权变的人。要没有以上三点，黄石老人只在

好看到停不住的中国史

桥上干等，也许能替他拾鞋穿鞋的年轻人还有，但授之一部《太公兵法》，就能辅佐雄主改天换地的人，除了张良还能有谁呢？

另外，关于圯上老人黄石公授给张良的书，司马迁认为是《太公兵法》，也有史籍将其写为《太公兵书》，还有人认为是《黄石公素书》和《黄石公三略》，再加上《六韬》等，到底是哪部书？哪里有卖的？伏请名师指点。

✱ 参考书籍

《史记》《太公兵法》

大风遗韵

项羽不肯过江东,除了面子和爱情,他还想通了什么?

楚霸王项羽兵败逃到了乌江边,本有乘一叶轻舟飘然过江而去的机会,他却选择结束自己的生命,让那些小人把一颗大好的头颅拿去争功,这让很多后人百思不得其解。

江东是楚霸王的根据地,即使到了楚汉战争后期,衡山王吴芮和临江王共尉等人依然唯霸王马首是瞻。所以连唐代大诗人杜牧也纳闷,他在《题乌江亭》中写道:"胜败兵家事不期,包羞忍耻是男儿。江东子弟多才俊,卷土重来未可知。"是呀!忍得一时之耻,重整旌旗十万,大家再玩一把逐鹿中原,鹿死谁手还未可知呢!

不肯过江的最通俗的说法是,西楚霸王自感无颜再见江东父老,他是为了面子而在乌江自刎的。历来大家都对这种"宁为玉碎不为瓦全"的英雄气概饱含同情并高度赞扬。李清照的一首《乌江》写出了大家的心声:"生当作人杰,死亦为鬼雄。至今思项羽,不肯过江东。"

这种说法应该始于太史公马迁,他在《史记·项羽本纪》中描述的是,项羽突出重围,来到乌江边,此时乌江亭长劝他即刻渡江,可项羽却苦笑:"天之亡我,我何渡为!且籍与江东子弟八千人渡江而西,今无一人还,纵江东父兄怜而王我,我何面目见之!纵彼不言,籍独不愧于心乎!"于是拔剑自刎而死。

好看到停不住的中国史

　　这里太史公写史却是小说家笔法，他著史时霸王已死七十余年，他与亭长的对话何由知之？毋宁说是借霸王之口抒太史公之情怀耳！当然，笔者也特别愿意西楚霸王就是因此而死的，英雄本当如此，宁可站着死于天地之间，也绝不会忍辱苟且而偷生！

　　第二种说法来自爱情派。有人说英雄难过美人关，虞姬之死使霸王万念俱灰，因此他是为了爱情而死的。

　　这当然是一段凄美的爱情。项王当时慷慨悲歌："力拔山兮气盖世，时不利兮骓不逝。骓不逝兮可奈何，虞兮虞兮奈若何？"据汉初陆贾的《楚汉春秋》记载，虞姬当时怆然拔剑起舞，和歌曰："汉兵已略地，四方楚歌声。大王意气尽，贱妾何聊生。"歌罢，挥剑自刎。

　　美人之血染红了霸王的征袍，"虞姬死而子弟散"，于是霸王选择和美人同生共死，黄泉路上也要联袂同行，但这只能是一段美好的想象。

　　虞姬是死在垓下的，霸王要殉死也不会再跑到乌江边，当场就会挥剑跟着自杀，这才是感天动地的千古绝唱。

　　还有一种说法认为，项羽自杀是想结束战争，消除百姓因战乱带来的痛苦，还天下一个太平。这简直是地藏王菩萨才有的思想高度，霸王好战残暴，曾经坑杀二十万秦兵，忽然之间开始可怜天下苍生，这个人设的转折似乎来得太过生硬。

　　个人认为，楚霸王有了逃生的机会，却反而决定以自刎而结束生命，是他一直在想一个问题，这个问题一旦想通透了，他就不想再做无谓的努力了，干脆一死了之。

　　在兵临绝境、四面楚歌的时候，楚霸王一定在反复思考自己的人生之路。

想当年，自己从江东起兵，所到之处望风披靡，三年而灭秦，大封诸侯于天下，他们哪个不得跪着来见我？后来，跟地痞刘邦开战了，这样的人要武艺没武艺，要才学没才学，要脸皮没脸皮，这是一个连他爹都可以舍弃不顾，你要煮了他的老爹，他还声称要喝碗汤的奸贼！历史舞台玩的不是武艺，不是英雄气概，玩的就是刘邦擅长的那些恶心玩意儿，什么下三烂的伎俩他都能用出来，这样的家伙才无往而不胜。

即使我过了江东，再招十万子弟兵谅也不难，可我有把握战胜这个奸贼吗？亚父曾经说我妇人之仁，现在想来确实如此，我没有刘邦那样厚的脸皮，更没有他那样黑的心肠，我终究打不过他！

既然如此，我还过江东干什么呢？再让江东父老赔上十万子弟的性命？与其那时再死，还不如现在就做个了断！

"虞姬死而子弟散"是项羽自杀的前提，他应该是在自省的过程中悟出了自己的致命弱点，再加上生来就有的宁折不弯的性格，他自刎于乌江似乎勉强能说得通了吧？

✳ **参考书籍**

《史记》《汉书》《楚汉春秋》《资治通鉴》

好看到停不住的中国史

把天大的黑锅赠给楚霸王，陈平用最阴的一招帮刘邦彻底翻盘

陈平是刘邦重要的谋士，史传他六出奇计，为刘邦夺取江山出了大力。目前所能看到的记载，包括施反间计除掉范增、设请君入瓮之计智擒韩信于云梦等，他用一张美女图，借力阏氏巧解汉高祖白登之围，细看一下这些都是阳谋哦，也于正史有征，有何羞于启齿呢？

大家都知道，陈平使出来的计谋都是人间最阴毒的绝招，根本就见不得光，也不能记载在史册里，连他自己都说："我多阴谋，是道家之所禁。吾世即废，亦已矣，终不能复起，以吾多阴祸也。"

今天在袁枚的《子不语》中看到一文，名为《汉高祖弑义帝》。一直以来，大家都以为义帝是西楚霸王项羽派人干的，但是看了这则笔记，我相信这个嫁祸给西楚霸王的绝招，算得上阴毒透顶了，应该算是陈平六个阴毒计谋中的一个了。

这义帝呢？本就是项梁找来的一个顺应民心的大幌子，他是楚怀王的孙子，当时正兢兢业业地给人家放羊呢，忽然就被拥立为王了，这比"朝为越溪女，暮作吴宫妃"的西施遇到的剧情还要狗血。

当王就当王，这个叫熊心的小子还就很认真地当他的楚怀王，甚至都不怎么听项羽的指挥了。他认为，刘邦先打进了咸阳，那就应该如约封他为王，我们放羊的王说话都是算数的。他想不到项羽不干了，主要也是因

大风遗韵

为此时这个放羊王也没有什么意义了，于是项羽干脆封自己为西楚霸王，"尊怀王为义帝，徙长沙郴县。"

就在这个过程中，好戏上演了。连《资治通鉴》中都这样记载："冬，十月，项王密使九江、衡山、临江王击义帝，杀之江中。"

意思就是说项羽暗中令英布等人弑怀王于长江中。而刘邦获知了熊心的死讯，即大做文章，他令三军发丧，缟素三日，还发檄文布告全国，指斥项羽弑君，大逆不道，于是天下诸侯群起响应，刘邦得各路大军共计五十六万人，杀奔彭城，讨伐项羽，三年的楚汉之战由此血腥开启。

袁枚的书中记载了一个最诡异的说法，在项羽死后两千年，有一个叫卢宪观的人，当了山东驿盐道的一个官，这一天他忽然暴病身亡，但是很快又醒过来了，然后就说了一段石破天惊的话，他说他的前世是九江王英布也，当时那个差事"弑义帝"实际是刘邦让他干的（原来他们在楚汉战争之前就已经勾搭上了），根本不是项羽下的命令。刘邦阴杀义帝这招是陈平六出奇计之一。

似乎荒诞不经，但不管看官您信不信，反正我是信了！

以我的推断，以西楚霸王的性格，既然已经把熊心打发到了郴县，就不会再背地里派人做那种勾当。要是他想杀熊心，当场杀又能怎么样！二十万秦兵不是一句话就活埋了吗？三百里阿房宫想烧不就烧了吗？

这应该就是刘邦、陈平等捕捉到的一个机会，栽赃给霸王，再以此为借口兴天下之兵讨伐他，似乎他刘邦是天下最正气凛然的人了。

自古以来，成王败寇，但是项羽是个例外，他虽然败了，但是败得壮烈，比胜了的刘邦还英雄，让人千古感叹。吁！好在刘邦还不怎么精通改史这回事，要不然，力拔山兮气盖世的霸王也许会被描述成一个獐头鼠目的小

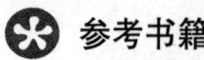

丑了。

※ **参考书籍**

《史记》《汉书》《资治通鉴》《子不语》

高人指出三条处世法则，韩信没听，于是被刘邦玩死了

公元前203年，这一年对于韩信来说，适宜建功立业。

作为统帅，韩信率领大军一路高歌猛进，擒魏取代，破赵降燕，整个北方都将成为他的囊中之物。

紧接着，他一鼓作气东进齐国，势如破竹，其间又顺手干掉了前来支援的楚国猛将龙且，二十万人被杀得血流成河。齐王死，齐国平，韩信之名威震天下。

此时，坐拥数十万大军的韩信面临着人生最重大的一次抉择。

据《史记·淮阴侯列传》记载，在这个特殊的历史时刻，范阳谋士蒯通出场，他是以看相的名义来的。韩信知道他不过是借着看相来进肺腑之言，于是屏退了左右，在此，蒯通给韩信指出了三条人生处世法则：

第一条："天与弗取，反受其咎；时至不行，反受其殃。"

历史把一个绝佳的机会摆在韩信的面前，只看你珍不珍惜。

用蒯通的话来说，现在制衡天下的权柄在您手上，刘邦和项羽的生死都取决于您——您帮助汉则刘邦取天下，您帮助楚则项羽坐江山。

蒯通的建议是，这正是三分天下、鼎足而立的最佳时机，您谁也不帮，出兵到刘项两军的空虚地带，控制他们的后方，再顺应百姓的心声平息战

好看到停不住的中国史

乱,制止刘项纷争,如此,天下人就会群起而拥戴您了。之后,您分割大国疆土,削弱强国威势,并在此基础上分封诸侯。"诸侯已立,天下服听而归德于齐。"到那时,天下惟您的马首是瞻!

如果您能更进一步,对诸侯们"深拱揖让",就是笼络得法,则天下各路之君王"相率而朝于齐矣"。

蒯通给韩信规划了一个九五路线图,而且还诱惑他说:"相君之面,不过封侯,又危不安。相君之背,贵乃不可言。"意思是从您的背上来看,如果把握好时机,完全可以建万世之业!

韩信起初没有动心,蒯通警告他,这样的机会不是人人都有的,如果老天给了你,你竟然浪费掉,那灾祸恐怕就接踵而至了。

可韩信似乎没有那么大的野心,也并不相信蒯通的话,他认为,我给汉王立下了这么大的功劳,难道他还会害我吗?

正因为如此,蒯通给韩信分析了他的取死之道。

第二条:"勇略震主者身危,而功盖天下者不赏。"

韩信说:"汉王待我也算不薄,我不能背恩忘德吧?"

蒯通道:"如果您没有今天这样的大功,恐怕我也不会有这番话。现在的形势是,您渡西河,俘魏王,活捉夏说,攻下井陉,杀成安君,赵、燕和齐都在您的掌握之中,现在又斩杀龙且,杀楚兵二十万,您的功劳已经大到难以兑现了。您设身处地替汉王想一想,他还能拿出什么来奖赏您?"

韩信此时心想,所以,我要当齐王,相信汉王还是会给的。

"我现在替您担心的还不仅是奖赏的问题,您的威望已经盖过了刘邦,

他还能容你再当一个臣子吗？"

"要说交情，"蒯通接着说，"大家都知道，当年常山王张耳和成安君陈馀是生死之交，曾经亲密无间，天下共仰，但最后还不是兄弟相残吗？欲壑难填，人心难测啊！您倒是忠心耿耿，想与汉王论交情，但我以为你们的交情再好也好不过张耳和陈馀吧？"

"您还对汉王抱有幻想，认为他不会杀害您这样的功臣。想想看，当年大夫文种救越国于危难之际，还辅佐勾践称霸于中原，但功成之后呢？也逃不过被赐自尽的命运。"

"所以，不论是兄弟之交还是君臣之交，您都没有活路。'野兽已尽而猎狗烹'，话说得虽然难听，但道理浅显易懂。"

这番话，其实说到了韩信的痛处，他犹豫了，说："先生且休矣，吾将念之。"

第三条："知者决之断也，疑者事之害也。"

蒯通的进言，韩信当时也听进去了，并且表示要好好考虑一下，但这一考虑就是好几天没有任何动静。蒯通知道韩信在犹豫，于是又来进谏。

他提示韩信："我知道您也是一位深谋远虑的人，道理那天已经讲清楚了，本就没有必要再来饶舌了，但我又想了想，您还是要把眼光放长远一点，'厮养之役'与'儋石之禄'，甚至就是'卿相之位'应该都不在您的眼界之内。"

"现在的问题是，'知者决之断也，疑者事之害也'，您知道了应该采取什么样的行动步骤，却一直犹豫不决，那么，大祸就在眼前！有人说过：'一只犹豫的猛虎，还不如一只奋勇向前的蜜蜂；一匹转圈的

千里马，还不如一匹驽马缓步而行；就算是勇猛如孟贲，如果不出手，还不如一个普通的士兵！"

蒯通恳切地说："知道该怎么办，贵就贵在可以立刻实行，'夫功者难成而易败，时者难得而易失也。时乎时，不再来。'"

说白了，当断不断，反受其乱。至此，蒯通把话说尽了，但韩信思前想后，总对刘邦抱有幻想，认为我不过就想当齐王，汉王也不至于就弄死我吧？

蒯通见韩信不听，再不进言，过了一段时间，韩信听说他疯了。

若论军事，韩信是天才；若论权谋，韩信太天真。

接下来的事情，很多人都知道，不再细说。韩信最后被萧何和吕后合谋骗进了长乐钟室，人头即将落地。他非常不甘心，长叹了一声说："吾悔不用蒯通之计，乃为儿女子所诈，岂非天哉！"

吕后杀韩信，甚至都没有请示刘邦，而刘邦回来听说她把韩信杀了，"且喜且怜之"。接下来，吕后汇报了韩信最后说的话，这简直是把蒯通给卖了。刘邦马上派人把蒯通抓来，还准备架起大镬煮了他。

"为什么教唆韩信反叛？"

"狗总要对自己主人以外的人狂吠。那时候，我只知道有韩信，并不知道有您。"蒯通振振有词地说："况且秦失其位，天下之人共逐之，而捷足者先得。我只是告诉韩信他当时该做的事，您当时不也正在做这件事吗？"刘邦想了想，觉得他说得也有道理，于是把他放了。

装疯卖傻保不了自己的命，关键时候还得靠伶牙俐齿。

楚汉之时，人们对于韩信的评价是"国士无双"，这个评价应该认，若单论将兵之才，无出其右者。又有评价说他"功高无二，略不世出"，这个评价还是有点偏差的，第一句功劳大不说，第二句说到"略"字，若

论武略，韩信也当得，但若论权略，韩信在通达识变的战略家蒯通面前，只是一个小学生。

韩信之死怨不着别人，要怨就怨他自作多情，或者从一个政治家的角度来说，若论玩权谋，他的心肠还不够黑、不够硬。

历史本不容假设，但如果当初韩信听了蒯通的话会怎样呢？

笔者认同邵雍先生在淮阴侯庙的题诗，其一是：

"韩信事刘元不叛，萧何惑汉竟生疑。
当初若听蒯通语，高祖功名未可知。"

✱ 参考书籍

《史记》《汉书》《楚汉春秋》

一而再，再而三，刘邦这样玩弄韩信，如果是你能不反吗？

动物有天敌，莫非人也有天敌？如果没有，遇到刘邦这样无赖的主子，韩信三番两次被收拾，几乎没有最基本的信任。刘邦只是在利用他，而韩信直到最后才不得不做出一些"逆反"的动作。但刘邦这样一个一天到晚算计别人的人，竟然被一个老妇人算计了，又似乎找不到更合适的解释。只能说，人恐怕也有天敌，而刘邦恰恰就是韩信的天敌。

刘邦曾两次使用极其奸诈的方法对付韩信，手段很绝、很无情，换作别人，恐怕早就炒刘邦的鱿鱼了。

第一次，是在韩信辛辛苦苦平定了魏国，又背水一战，击败了代国和赵国之后。那天，韩信正在大帐里睡觉，谁知道刘邦已经抄小路过来了。

"高祖自成皋渡河，晨自称汉使驰入信壁，信未起，即其卧，夺其印符，麾召诸将易置之。"

意思是刘邦悄悄从成皋过黄河，趁着早晨，诈称自己是汉王的使者，骑着快马冲进了韩信的大营。当时，大战刚刚结束，韩信还在床上休整，刘邦直接就进入他的卧室收走了他的印信和符文，然后召集将领们开会，在会上直接宣布：韩信被撤职了！

这简直是把韩信当敌人对待的招数，磨都还没卸就要杀驴了。

一脸懵的韩信穿上衣服接受了调查。刘邦查来查去，没发现韩信有任

何异动,这才又让他继续统兵,而韩信竟然也乖乖地又接过了重担,领着人马去攻打燕国和齐国了。

等到他又是殚精竭虑地降了燕国、取了齐国之后,天下形势基本明朗,韩信的大军又一路打到垓下围歼楚军,迫使项羽自刎。当他以为自己的忠心似乎能以此为证的时候,根本没想到,刘邦又故伎重施。据洪迈的《容斋随笔》记载"项羽死,则又夺其军"。他用同样无耻的手段再一次打了韩信的耳光,而且打得韩信没有一点脾气。

萧何称赞他"国士无双",刘邦评价他"战必胜,攻必取,吾不如韩信"。当天下平定的时候,刘邦却又一次耍了他,自己假托巡游云梦,这时吕后与韩信的伯乐老哥萧何合谋,将其骗入长乐宫中,斩于钟室,夷其三族。

韩信把脑袋拴在裤腰带上替刘邦打下了大半个江山,可到最后,不光是自己不得好死,连三族的命都搭上了,多少颗血淋淋的人头落地。

《汉书》卷四十五说韩信"挟不赏之功,戴震主之威",这话基本上就是判韩信死刑的依据。你立下的功是"不赏之功",功劳太大,刘邦简直没有办法用任何赏赐来摆平,所以你的功劳让皇上都认为自己的位置坐得有些勉强了,他要不给你安排一个"谋反"的机会,实在没有任何理由拿下你了!

洪迈认为:"夫以豁达大度开基之主,所行乃如是,信之终于谋逆,盖有以启之矣。"

被刘邦像猫戏老鼠一样捉弄,韩信无论反不反,等着他的其实都是死。后来,他和陈豨通谋到底是真是假很难说,到了那个地步,如果真打算有什么动作,胜算也很小了。

所以,当刀架在韩信脖子上的时候,他最后悔的就是没听蒯通的话——

灭了齐国之后，他统率着几十万精兵强将，为什么还要逼刘邦封他为假齐王，当其时也，自己想当真齐王，谁又敢说半个不字？

※ **参考书籍**
《史记》《汉书》《容斋随笔》

据传仓神是韩信，天仓节很奇妙，此日我家东西概不外借！

身卧农耕文明的发祥福地，锦绣太原城的金字招牌可不是大风卷着黄土刮来的。几千年来，太原一直低调地镇守在表里山河的中央，但它的殷实让历代王朝的统治者从不敢小觑。

对于老百姓来说，农耕最踏实的好处是仓里有粮，心里不慌。可见"仓"对于老百姓的重要无异于生命。每到过年，大家都要祭祀，孝敬各路神祇，腊月二十三要敬灶王爷，正月初一要祭了财神才能出门拜年，太原人初八黄昏后还要祭星神。总之，各个地方都有各路神爷镇着，都要孝敬一番，那这仓库这么重要的地方，是哪一位神灵在此值守呢？

深入典籍资料中去查找，还真有收获，太原历史这么厚重的地方，怎能薄待了仓神呢？

话说以前，老太原人过年几乎持续整个正月，直到正月二十五，到这一天，太原城东西米市都设立仓官神位，老百姓纷纷前往祭祀，还得多放烟花爆竹。正儿八经地过了这个节，太原人的热闹年才算是万事大吉了。

查来查去，这个节叫天仓节，也叫填仓节，还有叫添仓节的，但我觉得天仓节更虎气一点。这一天不仅重要，还是一个妙趣横生的日子！

先说仓神，有好几种说法。

第一种说法：为了纪念一位好心的无名仓官。相传古时北方曾大旱三

年，饿殍遍野，这位负责看守朝廷粮仓（天仓）的官员，就在正月二十五这天毅然开仓放粮救济穷人。当时，这位仓官知道自己触犯了王法，放粮之后又放火烧了天仓，并自焚于火中。

第二种说法：仓神应当是仓星，《晋书·天文志》说："天仓六星，在娄南，仓谷所藏也。"

第三种说法：西汉淳于衍曾做过仓官，他为人正直，后来遭人陷害，被判死刑入狱，经女儿上诉又被赦免。后人为了纪念他，定正月二十五为天仓节。

第四种说法：仓神是汉代鼎鼎有名的大将韩信。清韶公的《燕京旧俗志》云："相传仓神为西汉开国元勋韩信，俗称之曰韩王爷，不知何所根据而然。其神像系一青年英俊者，王盔龙袍，颇具一种雍容华贵之象。"

老百姓弄不清也不管他仓神到底是哪一位神灵，反正都恭恭敬敬地供着，而且这一天也着实热闹，宋代孟元老在《东京梦华录》中这样记载："正月二十五日，人家市牛羊豕肉，恣飨竟日，客至苦留，必尽饱而去，名曰填仓。"

这边得敞开肚皮吃，那边还得储备，太原有一句俗语说"点遍灯，烧遍香，家家粮食填满仓"。这一天也得买米、面、油、盐，把过年吃空的"仓"补上，这是添仓的寓意。

为了祈求风调雨顺，五谷丰登，大家都不敢怠慢，人们把谷面或软米面捏成仓官爷、谷囤、粮仓及各种家畜家禽形状的灯，里面还要包上煮熟的红枣豆子，灯芯用细谷梗裹棉花制成。入夜，灯内注油，将粮仓灯放在存粮处（牛灯放在牛圈窗台，鸡灯放在炕头，狗灯放在门上边，猫灯放在墙角等），然后再一一点燃。最可喜的是仓官爷灯，灯高五寸多，他头戴红缨帽，左手执一面簸箕，右手拿着斗，骑着马，马上还驮着不少口袋。

仓官爷灯要放置在一个大碗里,再放在水瓮中。放的时候要念叨:"仓官爷爷饮马来,银钱粮食(或麻子、黑豆)驮着来,麻子炸了油,黑豆喂了牛。"

中国人过节最大的特色是吃,每个节都得吃出花样来。太原人过天仓节吃"盖窖饼",其实就是家常烙饼。以前几乎家家都有窖,可不就是仓嘛,吃"盖窖饼"的寓意,是将从头年腊月为准备过年而打开的窖口盖住,不让窖里的食物被胡吃海喝光了,要细水长流。

最妙的是,这一天只进不出,于是粮满囤、水满缸、柴炭满灶间,但是讲究的是财物不往外流,家里的东西概不外借,哪个二愣子要真不懂这个乡俗,出去借东西,恐怕真得四处碰壁、灰头土脸了。

民国时期,太原人还红红火火地过天仓节呢,一转眼,这么多年过去了,现在老百姓住进高楼大厦,家里都没有仓库了,甚至都不用囤粮食了,甚至过年备一些大白菜和大葱的人都越来越少了,整个社会安定、祥和、富足,在哪儿都买得到东西。

仓神下岗了,也许已经离我们而去,不知道他老人家现在在何处高就?我心里隐隐有一些惆怅,天仓节没了,我们失去的仅仅是一个节日吗?是不是对粮食的敬畏也没了呢?是不是那种踏实对待生活、珍惜每一粒粮食的态度也淡了呢?何况,它还有那么多有趣的讲究,这是一个多么接地气的节日啊。

✱ 参考书籍

《晋书》《燕京旧俗志》《东京梦华录》

穷不过三，富不过五？汉代开国将相印证了这个道理？

天道好还，有说法叫"穷不过三代，富不过五代"。更简洁的说法叫"穷富三代"。孟子说过："君子之泽，五世而斩。"圣人之言可以为"富不过五"提供一点强有力的支撑，但还有一种说法叫"君子之泽，三世而斩"。似乎更迅速、更无情、更迫不及待，让英雄气短，也让富贵人家不满，认为这是一种更嫉妒，甚至更歹毒的仇富说法。

最近我又把《史记》过了一遍，仍然兴味无穷，即使如厕都不忍释卷。看到当初跟着刘邦起哄成功的那批王侯将相的下场，整个人不寒而栗。当一个个"国除"的字眼在我眼前反复出现的时候，"富不过五"这几个字就不断跳出来，这个阴暗的"潜规则"在汉初的百八十年里得到了集中印证。

刘邦最忠实的伙计是萧何。论功行赏的时候，萧何被推为第一封酂侯。刘三这小子一点也不忌讳，把一帮东征西讨的武将喻为"功狗"，而萧何却是"功人"。这位"功人"擅长见风使舵，所以得了善终，但他的后人是"后嗣以罪失侯者四世，绝"。得，就是说，传到第四世，没了。

接下来是留侯张良，这人算是绝顶聪明了。刘邦当了皇帝，他能急流勇退，相当不简单。他说："愿弃人间事，欲从赤松子游耳。"可惜吕后不答应，强留下了他，他也拗不过。张良的儿子叫不疑（意思是叫刘邦连他的儿子也不用怀疑？）。张良死后，不疑接了班，但是才到了汉文帝五

年（公元前175年），他就被定了一个"大不敬"的罪名，稀里糊涂就被废了，也不知道"国除"之后，他是否拣了一条小命，书里没说。

汉初三杰就剩下韩信了。此人不听蒯通之言，不相信"功高震主者危"，不相信"狡兔尽、走狗烹；飞鸟尽、良弓藏；敌国破、谋臣亡"。看来他打仗是行家，玩政治不过是不合格的学徒。所以，他的下场最惨，连三族都倒了血霉，跟着他一起把血流成了河。

萧规曹随。曹参的功劳也算足够大，所以接了萧何的班当丞相。曹参之泽恰好"五世而斩"，他的侯位世袭到了名叫曹宗的第五代孙身上，这小子因受武帝太子发动兵变一事的牵连，获罪被处死了。司马迁于是写道："宗坐太子死，国除。"

接下来就是帅哥陈平了。盗没盗过嫂子，史书上没有定论，笔者也没有给他平反的义务。此人六出奇谋，得以封侯拜相。陈平本人倒是得了善终，只是他的曾孙陈何太没出息，公然强掠良家妇女，结果被人宰了扔在街上示众（感谢执法者的公正严明），当然还有另一个结果，就是"国除"。

陈平自己知道玩阴谋的人都不会有好下场，说过"我多阴谋，是道家之所禁"。他知道自己缺德会报应在子孙身上，但也无可奈何。

周勃对汉也算是忠心耿耿了。他死了没几年，儿子胜之因为杀了人，所以"国除"。过了一年之后，文帝忽然良心发现，又让周勃的另一个儿子周亚夫"续绛侯后"。周亚夫能战善战，给国家出了不少力。后来，因为一点小事，他被抓进了监狱。周亚夫是一条极有血性的汉子，"因不食五日，呕血而死。"就这样，景帝也没放过他，还是那两个字："国除"。

又过了一年，景帝忽然脑袋抽筋，又找了周勃的一个儿子周坚"续绛侯后"，但是周坚的儿子终究还是"坐酎金不善，元鼎五年，有罪，国除"。

用今天的话说，酎金，是指祭祀太庙时诸侯助祭所供奉的金子。"不善"是指金子的成色不好。前辈们舍生忘死立下的功劳一笔勾销，立刻就把后人打回了原形，还是当你的草民去吧。皇家对周家的后代有点猫捉老鼠欲擒故纵的意思，用太史公的原话来感叹一下："悲夫！"

梁王彭越的下场和韩信没什么两样。反正有本事的人只要活着，当皇帝的总是放心不下的。于是，吕后耍了一个小把戏，让彭越的舍人告梁王彭越谋反，刘邦就顺手卸磨杀驴，"遂夷越宗族，国除。"令人更加心寒的是，彭越死得很难看，刘邦下手足够黑，他竟然下令把彭越"醢"了（也就是剁成了肉酱）。不仅如此，他还让人把肉酱盛好了"遍赐诸侯"（也不知道是想让诸侯们看一看，还是尝一尝），结果杀了一只鸡，却没有震住猴子。淮南王黥布有点兔死狐悲，惊得造了反，刘邦一看，正中下怀，就连他也一块收拾了。

接下来，韩王信被斩，报在自身。燕王卢绾是刘邦的发小（也算是铁哥们儿），刘邦开始对他也不薄，后来此人却被逼得逃到了匈奴，一年后，客"死胡中"。

杀狗壮士舞阳侯樊哙的爵位也没过了三世。先是他的儿子樊伉因为牵涉吕家的事被杀了，后来文帝又立了樊哙的另一个儿子樊市人（名字就没起好，烦死人？）来接班，樊市人死了之后，他的儿子（名叫他广）再接班。几年以后，他广的一个舍人给景帝打小报告说："市人其实是性无能（怪不得他很烦），他广是市人让他老婆和他弟弟生的，根本不是自己的儿子，所以不能接班。"这种惊鸿照影、查无实证的事，皇帝居然也信了，于是"他广夺侯为庶人，国除"。听起来有些儿戏，景帝对于这种国家大事实在不够严肃。

郦商的后代也是折腾了两次,"国除"了再立,传到第四代时,还是犯了法,最终的结果还是那两个字:"国除"。

汝阴侯夏侯婴,原本是一个马车夫,出生入死、屡立战功,跟刘邦有过命的交情。他的侯位传到孙子辈也戛然而止,他的孙子名颇,还是平阳公主的丈夫,但很不本分。"坐与父御婢奸罪,自杀,国除。"就是说夏侯颇色胆包天,胆敢睡了皇帝赏给他父亲的婢女(明显越权,还有乱伦之嫌)。在皇帝看来,这小子敢给公主戴绿帽子,真不是东西!估计赏了一个全尸,逼他自杀了事。

最后再说一说那个丝绸贩子颍阴侯灌婴,此人披肝沥胆,对刘家忠贞不二,在诛吕家的过程中也立了大功。接班的两个孙子一个叫灌强,书里只说有罪,于是"绝"了。另一个叫灌贤,也是因为"有罪"(查了一下《功臣表》,好像说他的儿子伤了人),最终绕来绕去,还是那两个字:"国除"。

其余如张苍、申屠嘉、傅宽、靳歙、周緤、栾布,还包括被齐王烹了的郦食其的后代都封了侯,但是也都没过多长时间,均被以各种罪名"国除"。天下毕竟还是刘家的,怎么给你的还怎么还回来,如此而已。

我不厌其烦地举了这么多例子,几乎把刘邦的全部手下都拎出来了,不是要把这事弄成一件"铁案",如果只举几个例子,就有以偏概全之嫌。以上这些富贵人,原来不少都是穷得当当响(杀狗的、赶车的、卖布的、还有无所事事的流浪汉等),一朝鸡犬升天,封妻荫子,也算显赫一时,但是好景不长,还是应了那句"穷不过三,富不过五"。

最后,再套用《红楼梦》里的原话:

"因嫌纱帽小,致使锁枷扛;

昨怜破袄寒，今嫌紫蟒长；

乱哄哄你方唱罢我登场，反认他乡是故乡。

甚荒唐，到头来都是为他人作嫁衣裳！"

这是天道轮回，还是人心向背，值得人再三思量。

❋ 参考书籍

《史记》《汉书》《资治通鉴》

听了山东大头兵的说法,汉高祖为什么不敢定都洛阳了?

在乌江逼得霸王项羽自杀之后,刘邦放眼四海,再无人是他的对手了。

韩信、彭越、臧荼、张敖和吴芮等一帮被封了王的人共同上书捧他,请他即位称帝。

刘邦再三装蒜,但是"禁不住"大家苦苦相劝,甚至以"死"威胁,他"只好"半推半就地当了皇帝。

公元前202年2月28日,刘邦在山东定陶汜水之阳(今山东曹县北)举行登基大典,定国号为"汉"(就此确定了一个民族的名称?)。

定陶毕竟是一个小地方,刘邦一开始是想把洛阳定为天子之都的,也很快就在洛阳扎下根来。

那天,他忽然听到了一个小兵的说法,改了主意。

那个小兵叫娄敬,齐国卢人,在今天的济南长清一带。当时,他正被派往陇西戍守边塞,路过洛阳时,想拜见皇帝,说有要事相告。

当了皇帝的刘邦虽然没有那么大的架子,但也不是一个大头兵想见就能见的。

娄敬托了一个老乡的关系,这个老乡姓虞,是一位将军。

虞将军真肯帮忙,把这件事禀告了皇帝,刘邦那天心情可能格外好,说那就见见吧。

好看到停不住的中国史

当时,娄敬穿着一件羊皮袄,虞将军看他穿得不够庄重,就给他拿出一件好衣裳,毕竟是要见皇上嘛。

可娄敬说:"我平时穿什么衣服,就穿什么见皇上,坦坦荡荡的,谅皇上也不会见怪吧?"

于是就进了宫。

刘邦表现得很亲民,说:"正赶上饭点嘛,叫人把好菜好饭端上来,边吃边聊,可乎?"

吃了一阵,刘邦问大头兵娄敬:"你不是有正事要说吗?"

娄敬放下筷子,说:"看样子陛下要建都洛阳了,是想跟当年的周朝一样成就一番盛世基业吗?"

刘邦很得意:"然。"

娄敬郑重地说:"小人觉得,洛阳不是大汉的建都之地。"

哦?一个小兵也想聊聊这么"上层建筑"的事,刘邦心想,呵!我倒想听听你怎么说。

"陛下取得天下的过程跟当年的周朝是不一样的。周朝的先祖从后稷开始,尧封他于邰,积德累善十几代。到周文王当了西方诸侯之长,又妥善地解决了虞国和芮国的争端,从此受命于天,贤能之士如吕望、伯夷等纷纷归附。后来,周武王在孟津会盟八百诸侯,才一举灭掉了殷。"

哟嗬!小兵肚子里还是有点货的!刘邦微微颔首。

"到周成王即位时,周公等人在洛邑营造周城,因为这里是天下的中心,各地诸侯来交纳贡赋,路程都是均等的,为的是体现天子的公道心怀。"

"选择易攻难守的洛邑为都城,还有一个用意,那就是天子必须广施德政,厚抚黎民,不需要依赖险要的地势,这也是为了让后代君主有戒惧

之心,不敢骄奢淫逸、荼毒百姓。"

听到这里,刘邦已经坐直了身子,脸色开始凝重起来。

"周朝也确实做到了,在它鼎盛时期,天下太平,百姓安定,各路诸侯心向洛邑,不设常驻军队,多年不起刀兵。八方来朝,贡赋之车不绝于途。"

"到周朝衰败的时候,分为西周和东周两小国,天下没谁再来朝拜,周天子已经不能控制天下。不是它的恩德太少,而是形势太弱了。"

"那现在定都洛阳又如何?"

"如今陛下席卷蜀汉,平定三秦,与项羽之争,大战七十,小战四十,天下百姓血流大地,父子枯骨暴于荒野。大战过后,满目疮痍,怎么能跟周成王、周康王盛世时期相比呢?"

"以你的意思,大汉应该建都在哪里?"

"陛下首入咸阳,以汉王而兴,更知道秦地山河之固,重关之险,况且土地肥沃,物产丰饶,纵然有危急情况,关中之地也可聚起百万雄兵。所以,小人以为,陛下应该建都长安,这样即使其他地方发生叛乱,也很难攻入函谷关和潼关。"

刘邦陷入沉思。

娄敬笑着举了一个例子:"陛下跟人打过架吧?雄居关中,就像打架的时候先掐住了对方的喉咙,再攻击他的后背,占尽先机,怎么会输呢?"

一番话,说得刘邦哈哈大笑。

临别,娄敬说:"有关洛阳之地,小人有十二字送给陛下:'有德则易以王,无德则易以亡',敬请陛下三思。"

这句话的潜台词是,洛阳为都,惟德者可居之,根本无天险可守,陛下您掂量一下自己的德行,洛阳是您应该待的地方吗?

好看到停不住的中国史

刘邦果然"三思"了,还征求了诸位大臣的意见。据司马迁《史记·刘敬叔孙通列传第三十九》:"高帝问群臣,群臣皆山东人,争言周王数百年,秦二世即亡,不如都周。"

跟着他起家的那些大臣都是崤山以东的人,不愿意跑到长安,因为那里离老家太远了!他们找出的理由是:你看周朝建都在洛阳,就能称霸天下几百年;再看秦朝建都在关内,只到二世不就灭亡了?还是建都在洛阳好啊。

一看群臣都愿意留在洛阳,刘邦又犹豫了。据《汉书·高帝纪第二》:"上以问张良,良因劝上。是日,车驾西都长安。"

大事不决问张良。刘邦于是征求他的意见,但张良跟娄敬的意思完全一样。

刘邦做事相当果断,当天就乘车奔赴长安。

到了长安,诸事停当,皇帝想起了娄敬,把他召来,当着群臣的面说:"本来主张建都在长安的是娄敬,'娄'不就是'刘'嘛,你跟朕的姓吧。"

皇上赐姓,在那个年代是至高荣誉,意思是再不能把你当外人了啊。

《史记》载:娄敬就变成了刘敬,大头兵先是被授了一个"郎中"的官职,赐号"奉春君"。"郎中"就是帝王的侍从官,内充侍卫,外从作战,能随时给皇上提建议,从备顾问和差遣。

大头兵的传奇至此并没有结束。他当"郎中"没两年,也就是公元前200年,韩王信叛乱,勾结匈奴进攻汉朝。

汉高祖派了十几批人出去反复打探消息,回来都说匈奴不堪一击,可以征讨。

刘邦还是不放心,于是再派刘敬出使匈奴,结果他回来报告说:"他们说的都是假的,匈奴给他们看到的都是瘦弱牲畜和老弱残兵,我推断他

040

们一定把精兵都埋伏起来了,所以咱们暂时不能出兵。"

但此时大汉朝的二十万大军已经开拔了,刘邦听了刘敬的话非常恼火,大骂:"齐国来的孬种!你不过是凭着两片嘴皮子捞了个官当,现在竟敢胡说八道,乱我军心!"

于是他下令把刘敬拘押在广武,但哪里能想到,这倒是让刘敬躲过了一场劫难。

"白登之围"大家都知道,刘邦被匈奴大军围困在山上整整七天,彻底傻眼了,要不是陈平出奇计,恐怕就跑不回来了。

刘邦逃了命,败回长安,路过广武时想起了刘敬,很认真地给人家道了歉:"没听您的意见,寡人被围困在平城白登山上,差点就挂了。我已经把前面那十几批人都杀了。"

不能不说,刘邦能屈能伸,还是有点大丈夫气概的。刘敬被他直接封为建信侯,食邑二千户。

对刘敬来说,封侯的事太简单了,只是跟刘邦说了两句话而已。

当然,刘敬还是非常有见识的,封侯也是实至名归。他后来又出了两次主意,一是和亲,二是移民关中,都对汉朝初期巩固统治起到了至关重要的作用。

刘邦的特点是卸磨杀驴,但史书没记载他杀过刘敬,这个人应该是得了善终,也有记载说他晚年隐居在永寿境内的明月山中。

刘敬的墓至今尚在,就位于永寿县店头镇娄敬山,距咸阳城西北70公里[①]。

✳ 参考书籍

《史记》《汉书》《资治通鉴》

---

①1公里=1000米。

好看到停不住的中国史

为了根治老爹的郁闷，汉高祖乾坤大挪移，复制了一座城镇

在古诗词中，有一个词出现得很频繁，而且总是与美酒有关。比如，诗佛王维在《少年行四首》之一中就这样写道：

"新丰美酒斗十千，咸阳游侠多少年。
相逢意气为君饮，系马高楼垂柳边。"

喝了新丰产的美酒，一群人意气风发，豪气干云。
还有诗仙李白的《结客少年场行》中也曾写道：

"珠袍曳锦带，匕首插吴鸿。
由来万夫勇，挟此生雄风。
托交从剧孟，买醉入新丰。
笑尽一杯酒，杀人都市中。"

到新丰喝了大酒之后，你就说干什么吧，没有大侠我不敢干的了！！
这个盛产美酒的新丰，在唐诗宋词里出现的次数几乎无法统计。它在临潼县的东北，曾经叫新丰镇，现在正式的名字叫西安市临潼区新丰街道。

潼关是关中的门户,长安的东大门,新丰原来并不叫这个名字,人家叫郦邑,这名字也很好听。近来读张岱的《夜航船》,我才恍然明白了新丰的由来,原来这里还藏着一段很美好、很有意思的"乾坤大挪移"。

先来看张岱的记录:"太上皇居深宫,以生平所好,皆贩徒少年、酤酒卖饼、斗鸡蹴之辈,今皆无此,故怏怏不乐。高祖乃作新丰,移旧乡里。命匠人胡宽悉仿其衢巷门闾,士女老幼相携路首,各认其门而入。放牛羊鸡犬于通途,亦各识其家。上皇大悦。"

其中的意思是这样的:

刘邦得了天下,变成了汉高祖,一人得道,当然鸡犬升天,于是把他的老爹接来,尊为太上皇住在皇宫里,让一群宫女太监伺候着。但是这个乡下老汉平生喜欢来往的人都是小商贩、卖饼的、斗鸡的,还有卖酒的市井人物,宫里一个也没有。深宫虽好,但是没朋友啊!所以老汉一想起在家乡的那些平凡而快活的日子,就闷闷不乐。

后来,刘邦知道了老爹的心病。一想当年在彭城大战的时候,老爹被霸王项羽俘虏,为了逼降自己,霸王还差点把老爷子扔到锅里给煮了!当时自己也实在没办法,只好耍无赖,对着项羽大喊:"咱俩是拜把子的兄弟!我爹就相当于你爹!你要是一定要把你爹煮了,那就给我也分一杯羹喝吧!"(当时老爹也听见了,心里肯定想,我怎么养了这么个混蛋儿子!)

要不是项伯力劝,老爷子哪里能逃过那场灾难?后来,形势对霸王越来越不利,为了达成楚汉以鸿沟为界的目标,他才把老爷子和刘邦的老婆送回来。老爹能活下来,实属不易啊!

难道这点小事都办不到吗?你儿子现在是谁啊?是富有四海的皇帝!天下都是你儿子的,这点小事要不给办了,那还好意思当皇帝?

好看到停不住的中国史

再说，当年老爹你还看不起我，常说我没有赖以生存的本事，赚不到钱，还不如我那个只会种庄稼的二哥！今天我倒要让你看看，我的产业比起你家的老二来，到底谁的大？我还要让你看看，你的儿子里，到底哪个更孝顺！

于是，汉高祖就有了一个大胆而宏伟的计划，把老爹当年的家搬来，就搬到离长安很近的潼关郦邑，再把所有的乡亲、老朋友也都给他搬来！

据汉代刘歆的《西京杂记》记载："高帝既作新丰，并移旧社，衢巷栋宇，物色惟旧。士女老幼，相携路首，各知其室。放犬羊鸡鸭于通涂，亦竞识其家。"

这是一次完整的复制，不光是把乡亲们的家和街巷复制了，连乡里的社庙等公用建筑也都复制了，甚至还做了旧。皇上的命令，谁敢打折扣执行？不光是这些，在新丰的中间还有一条小河，这可不是当地原有的，也是按照家乡丰邑的小河复制的，而河水是从上游把山川河谷里的水引过来的。另外，在街道的中间，还修了一座石拱桥，它的大小和风格，也是按老家的形制兴建的。

如此，一座完整的丰邑小镇，平移了两千里。

竣工后，激动人心的一刻终于来到了。丰邑的男女老幼也一起来了，先让他们在村口集中，然后再一声号令，让他们进村去找自己的家，嚯！他们的惊讶程度想必比褒姒烽火戏诸侯还大！更有趣的是，那些带来的牛羊鸡犬放在路上，也都能找到自己的家！这就是所谓的"鸡犬识新丰"。此情此景，能干的儿子刘邦当时一定是陪着老爹的，刘太公的开心和激动应该也是无法用语言形容的。

这样浩大而精细的工程，当然离不开好的匠人，主持修建的头儿叫吴宽，皇上的乡亲们搬到了好地方，当然也都很感激他，有钱了，就大大方

方地赏他,"月余,致累百金"。吴宽哪里能想到,他从新丰的建设中挖到了第一桶金。

从此以后,刘太公就和乡亲们幸福地生活在一起了。直至公元前197年,在栎阳宫去世,他真活了一个大岁数——八十五岁。太公去世后,刘邦正式下令,将郦邑改名为新丰。

乡亲们来了新丰,日子过得丰衣足食,每天无事可做,后来出现了不少无赖子弟,这也是自然规律。但也有手艺好的酿酒师在这里发迹,从此有了名垂千古的新丰酒,受到后世诗人们的追捧。除李白和王维以外,李商隐和陆游这些后世大名鼎鼎的诗人也都是新丰酒徒。

忽然想起,对刘邦来说,新丰曾经有一段刻骨铭心的经历,当年霸王摆酒请他去赶赴的鸿门宴就在此地。他选址之后,对这里进行全面改造,是想抹去那段黑色的惊恐记忆吗?

后世有人认为,《西京杂记》里的这段记载是作者的想象,但笔者并不这么认为,办这样一件事,正符合刘邦的个性。

唐代诗人温庭筠写过一首名为《过新丰》的诗,说的也是这件事,不过他抒发的却是一番别样的情怀了:

"一剑乘时帝业成,沛中乡里到咸京。

寰区已作皇居贵,风月犹含白社情。

泗水旧亭春草遍,千门遗瓦古苔生。

至今留得离家恨,鸡犬相闻落照明。"

参考书籍

《汉书》《史记》《夜航船》《西京杂记》

张良低调躲过了刘邦的刀,最后羽化成仙了?

张良与韩信、萧何并称为"汉初三杰",刘邦也承认如果没有这三个人,他打不下江山。到论功行赏的时候,张良最懂得鸟尽弓藏、兔死狗烹的道理,他谦让一步,不要齐国的三万户食邑,只要与刘邦初次相遇的留地(今江苏沛县),食邑一万户就行了,"臣愿封留足矣,不敢当三万户"。刘邦心里暗自赞许,这样张良就成了留侯。

随着诸位异姓王被一步步剪除,刘邦的皇位坐得越来越稳。那也是一场又一场你死我活的斗争,但为韩灭秦的张良不参与这种同室操戈的事儿,他很明智地从"帝者师"的位置上渐次退下来,慢慢成了一个可有可无的"帝者宾"。

明眼人还是能看出来他在消极怠工,张良于是找了两个借口:一是素来体弱多病,需要静养,所以闭门不出,不与任何人主动交结,也不必上门探视,总之是要让刘邦放心。张良"位列侯,此布衣之极,于良足矣",他本是国破家亡的一介百姓,现在能够位极人臣,已经格外知足。

但刘邦总是多疑的,刺探的事情也总是有的。张良于是再退一步,给皇上打报告申请提前病退,"愿弃人间事,欲从赤松子游耳",意思是他想摒弃人间万事,专心修道养身。因为他当年得过黄石公的《太公兵法》,本与道家有极深渊源,故决定"静居行气,欲轻身成仙",意思是人间的

富贵本人已经享尽，再无所求，现在一心只想当神仙了。当然，他说到做到，安心在家里辟谷，"施行道引之术，不食五谷"，闭门不出有时长达一年之久。

如此示弱，如此与世无争，张良才逃过了刘邦的猜忌之刀，三杰当中只有他是得了善终的。关于他的死，却留下了种种传奇的说法。

《资治通鉴》记载，张良是病故的。"前186年（汉高后二年），张良病逝，谥号文成侯。"

《汉书》基本上沿袭了《史记》，认为张良是正常死亡的。有意思的是，两部书里关于张良的描写都加了一个小段子：刘邦崩了之后，吕后大权在握，一方面，感念张良曾经出主意保住了她儿子的太子之位，以至其后来成功晋级当了皇帝；另一方面，也觉得张良没必要再装下去了，先帝都升天了，人生很短，你何必"自苦如此"哟？于是强迫他吃点饭。张良不得已，只好恢复了日常的饮食。六年之后，薨。

按说，张良老病而死，正常殡葬，以他的智慧，墓中也不会有什么能让盗墓贼动心的陪葬品，安心埋在一个地方就是了，但是后世对于张良仍然有各种奇思妙想。目前所知，仅他的辟谷修道的地方就有20多处，他的祠庙也有一百来座，更诡异的是，他的墓竟然也有十几处之多！

第一处在河南兰考县城西南六公里的三义寨乡陇海铁路旁边的白云山。山下有黄风洞，据传是张良隐居修仙的地方。考究一下，河南兰考是张良托病隐居的东昏县所在，死后葬在这儿也算顺理成章。《兰考县志》证载："张良曾辟谷于此（白云山），死后葬于此"。后世的戏曲小说又大加渲染，还说刘邦曾经追张良到了白云山，他竟然幻化而去。传说归传说，张良墓确实存在。冢高10米，周长100米，保护区面积35 000平方米。

第二处在江苏徐州的沛县。据唐初魏王李泰编撰的《括地志》记载:"汉张良墓在徐州沛县东六十五里,与留城相近也。"当初,张良要求封地在留,他死后葬于留城附近,也算合情合理。这一说法以唐代文献为依据,且与史实较接近,有一定说服力。

有学者考证,这一说法跟山东微山县微山岛的张良墓应该合而为一,因为张良所封的留地就在这一带。这座墓下方上圆,由红黄黏土加鹅卵石块筑成,高15米,长宽各100米。墓前有清乾隆二年(1737年)所立石碑,题"汉留侯张良墓"。

第三处在湖南张家界的青岩山。据当地史志记载:"张良,相传从赤松子游。有墓在青岩山,时隐时现。"青岩山景色秀美,张良追随师父在这里隐居学道,死后即葬于此地,也是有可能的。

第四处在湖北省咸宁市通城县西北的张师山(据传说,张良的老师黄石公隐居于此),听这山的名字也得有点关系。这里的说法是张良助刘邦平定天下后,即来到其师黄石公居住的通城县张师山,并在相距约50公里处访得风景宜人的黄袍山安顿下来,修建了"良山道观",还创办了"伐桂书院"。后人为了纪念张良,为其修建了圯桥和石墓。北宋黄庭坚曾于此赋诗一首:

"骑牛远远过前村,短笛横吹隔陇闻。

多少长安名利客,机关用尽不如君。"

第五处在山东济南。在历城区仲宫镇东沟村旁有一座铜壁山,山中有一个子房洞,传说张良曾在此修炼。在子房洞一山之隔的柳埠镇石匣村,

有石砌方形古墓三座，传说分别为"黄石公墓""张良墓"和"尹宗墓"。史载当年张良拜黄石公为师后，两人曾有一个约定："后十三年见我于济北，谷城山下黄石即我矣。"谷城山位于平阴东阿镇，石匣村距谷城山不足百里。

个人感觉这有点不太靠谱。《汉书》记载：张良"后十三岁从高帝过济北，果得谷城山下黄石，取而宝祀之。及良死，并葬黄石。每上冢伏腊祀黄石"。意思是张良曾经到过谷城山，也见到了师父化成的黄石，于是就将其带回去供奉。张良死后，与黄石葬于一处，但并没有说葬在谷城山。

第六处在陕西咸阳东北三十六里。此说源于唐代李吉甫所撰《元和郡县图志》，而北宋宋敏求撰写的《长安志》也说张良墓在（咸阳）县东北三十六里，陪葬于此，其墓距离刘邦的长陵仅有五里。但这个说法的可疑之处是，汉初的功臣将相都没有在帝陵陪葬的记载。

第七处在陕西西安的龙首原。据前蜀杜光庭《仙传拾遗》记载，张良刻苦修炼之后，"能炼气绝粒，轻身羽化"。得道之后，他"解形于世，葬龙首原"。这个传说妙在，赤眉起义军还把它印证了，他们为了筹集军饷，挖开了张良的墓，但是墓里只有一方黄石枕，"不见其尸形衣冠"，额外的收获是《素书》一篇及《兵略》数章。

龙首原在汉长安城中未央宫的东面十几里的地方，是现在西安的市中心。从这个记载看，张良还真就羽化成仙了。一个不靠谱的记载倒是寄托了后人最美好的遐想。

陈平应该是最了解张良的人了，说他："辟谷仙游，功成身退，乃平生心事之了了。元勋之首冠也。"

个人认为，张良封于留县，则葬于彼。张良懂规矩，长安是是非之地，何苦要葬到那里给后人找麻烦？

✱ 参考书籍
《史记》《汉书》《资治通鉴》《仙传拾遗》《元和郡县图志》

人彘，人世间最残酷狠毒的刑罚，为什么总在女人争斗时出现？

人常说，杀人不过头点地。作为敌对的两方，对方败了，如果能给其一种体面的死法，也不失为一种豪杰的胸襟。这种事情历史上有不少，赢得光明磊落，输得荡气回肠，对方只要交出性命，胜的一方一般也不会对其过分折辱，否则会被天下英雄耻笑。

男人之间的斗争不过如此，但历史上也有把对手逼入绝境，却并不痛快地杀死，而是丧心病狂地折磨对方，几乎可以说是无所不用其极。其中最典型的例子就是"人彘"，西汉出现了一次，唐代又出现了一次。这种悲惨的事件，两次都是发生在女人之间，不能不让人掩卷沉思，为什么女人之间的争斗会狠毒到这种地步，乃至做出让男人也毛骨悚然，让历史也震颤发抖的恶行？

"人彘"就是把人的四肢剁掉，挖出眼睛，将铜注入耳朵里，使其失聪（熏聋），用喑药灌进喉咙，割去舌头，破坏声带，使其不能言语。有时还要割去鼻子，剃光头发，剃尽眉毛，有人行刑过程中就死了，没死的就被制成"人彘"放在厕所里。

西汉的吕太后就把她的对手戚夫人制成"人彘"，还安排专人"照顾"。戚夫人还被割掉耳朵，甚至连脸也被人用刀划花，随后被丢弃在茅厕中，任其痛苦地死去。

好看到停不住的中国史

　　戚夫人是汉高祖刘邦的宠妃，貌如西子，身材修长，会弹奏各种乐器，还擅跳"翘袖折腰"之舞。刘邦得了天下后，吕后年老色衰，刘邦每次出游、出征，都由戚夫人陪着。

　　吕后被留在宫中，与刘邦很少见面，感情日渐淡薄。

　　戚夫人想到，如果皇上死了，她一定会被吕后收拾得很惨，于是屡次请刘邦立她的儿子如意为太子，刘邦也曾经动心，但终究是没有成功。

　　刘邦死后不久，吕后把戚夫人抓起来，又把赵王如意从封地召到京城，寻机毒死了他。

　　接下来，戚夫人就被制成了"人彘"。

　　吕后的儿子惠帝无意中看到，不禁失声道："人彘之事，非人所为，戚夫人随侍先帝有年，如何使她如此惨苦？臣为太后子，终不能治天下！"他回去后大病一场，卧床不起一年多。

　　这样的人间惨剧，到唐朝另一个强女人的手里又上演了一次。

　　萧淑妃和王皇后在与武则天的宫斗中失败了，先是被废为庶人，囚禁在后宫的一所密室之中，不见日月。

　　这一天，唐高宗想起了被废的王皇后和曾经恩爱的萧淑妃，就来到密室探望，二人的遭遇让他非常伤感。

　　武则天立即得到了心腹的奏报，待唐高宗离去，马上派人杖王皇后、萧淑妃各一百下，直打得两人血肉模糊。随后，武则天吩咐将两人的手脚剁去，将她们装在酒瓮中，制成"人彘"。

　　临死前，萧淑妃诅咒："阿武妖滑，乃至于此！愿我来世投胎成猫，而让阿武变成老鼠，要生生扼其喉！"

　　这就是武则天下令六宫不许养猫的由来。

052

就这还不算完，武则天还下令改王氏为蟒氏，改萧氏为枭氏。唐中宗即位之后，才令蟒、枭二姓恢复其本姓。

✱ 参考书籍

《史记》《汉书》《资治通鉴》《旧唐史》《新唐史》

好看到停不住的中国史

刘邦刚死，吕后就想血洗朝堂屠杀功臣，谁力挽狂澜？

英雄末路的悲凉，刘邦让项羽体验过，让英布体验过，而他自己也体验到了——堂堂一个提三尺①剑征服天下的皇上，却征服不了自己的老婆。刘邦深知吕后手段毒辣，更知道他死后吕后会肆无忌惮，但生前已经有很多事由不得他，至于身后的事，就更无能为力了。

果然，这边刘邦的眼刚闭上，那边吕后就已经磨刀霍霍，为了她儿子宝座的安稳，要大开杀戒了。那些为大汉朝立下汗马功劳的功臣哪里知道自己已经命悬一线，生死只在这个女人的一念之间了。

吕后先秘不发丧，然后制订了下一步血洗朝堂的计划，长安城即将面临一场血雨腥风。

毕竟是惊天动地的大事，吕后在采取行动之前，与跟她有私情（儿子汉惠帝刘盈也这么认为）的审食其商议。她认为，这些功臣当年跟刘邦都是平民出身，称兄道弟，一起打下了江山，要他们俯首称臣，他们心里本就不平，现在让他们再服侍少主，恐怕更不甘心，与其这样，不如先下手为强，"非尽族是，天下不安"，干脆把他们通通灭族！

说到厚黑哲学，丈夫占住了一个厚字，妻子占住了一个黑字，这对夫妻也是千古绝配。

① 1 尺 ≈ 0.33 米。

当年，刘邦想过要废掉刘盈，立刘如意为太子，而且还有部分朝臣支持他，吕后逼着抱病在家的张良给她出主意，请出"商山四皓"才保住了刘盈的太子之位，她当然对这些有外心的朝臣耿耿于怀。

大开杀戒，吕后思谋已久，而且，并不是现在才举起屠刀，一路走来，先杀韩信，再杀彭越，逼反英布，都是她的先手。吕后与萧何密谋之后，淮阴侯韩信被诱杀于钟室，还被灭三族。彭越也是被吕后诱致洛阳，然后被剁成了肉酱。吕后把肉酱装好，分别赐给诸侯。送到英布手里时，他正在打猎，马上整顿兵马准备造反。汉初三大名将之死，都与吕后有直接关系。

吕后要为儿子扫清道路，这些有本事而又不易统治的危险分子，在她的眼里，必须一个个干掉。

现在机会又抓在了她的手里，皇帝已死，如果假传一道圣旨，召集群臣诸将，然后埋伏下刀斧手……

就在此时，一位老臣不仅侦知了皇帝已经驾崩的消息，而且判断出吕后秘不发丧，就是想向他们这班老臣们发难，于是他挺身而出。

此人便是涿侯郦商，刘邦的老乡，平定英布时他是右丞相。

郦商先找到了审食其，警告他说，我已经知道了皇上驾崩的事，而且知道你们秘不发丧已经四天了，准备诛杀功臣，如果真要动手，你们并没有胜算。你想想看，陈平和灌婴带兵十万镇守荥阳，而樊哙和周勃带兵二十万驻守燕代，如果知道皇上驾崩，而朝堂上的功臣被杀戮殆尽，他们必定会连兵一处，回攻长安。到那时，"大臣内叛，诸侯外反，亡可翘足而待也。"

郦商给审食其分析的局势都是实情，杀尽诸将之后，谁来带兵破敌？以吕家的那些子弟，哪里是灌婴、樊哙和周勃这些名将的对手，更何况，

他们这还有一个足智多谋的陈平!

所以,审食其立即向吕后汇报,一是不发丧的消息已经泄露,二是郦商所言必须考虑清楚,如果贸然动手,"必有亡国之兆"。

吕后权衡之后,知道时机已经错过了,于是马上下令给刘邦发丧,一场泼天大祸就这样被郦商消弭于无形。

在《爱日斋丛抄》中,看到了作者叶鏊的一段点评很中肯:"天祐汉祚,幸郦商有闻危言动之,奸谋旋沮,否则绛侯诸大臣且不自保,何能须臾为汉计?"所以,虽然只是用三寸舌平息了一场大乱,但"郦将军此事最有功于汉,当表出",意思是郦商的这份大功只在《史记·高祖本纪》中有提及,但是在《郦商列传》和《郦商传》中没有记载,因为太史公与班固都遗漏了。

洪迈在《容斋随笔》中也为郦商抱不平,认为当时汉室非常危险,如果不是郦商出手,江山能不能保住也很难说,所以他这份功劳实在太大了。

后来,吕后死了,老臣们要把吕氏一脉尽数铲除,史料记载是绛侯等人劫持了郦商,然后逼着他的儿子郦寄骗出了掌握北军的吕禄。从这件事情来看,郦商老成谋国,知道分寸,哪里需要劫持?

✳ **参考书籍**

《史记》《资治通鉴》《爱日斋丛抄》《容斋随笔》

不是此人力劝代王进京，可能就没有"文景之治"了

公元前180年，即西汉高后八年，八月一日，六十二岁的吕雉病逝，都城长安阴云密布，宫廷喋血，一夕数惊。

阴狠的吕后在生前早已有布置。她先废了少帝刘恭，再暗中将他置于死地，然后改立常山王刘义为皇帝，并为他改名刘弘。

吕后隐隐有预感，老臣们可能再发动兵变。吕氏族人都被安置在要害位置上，分掌南北两军，必须把军权牢牢地控制在自家人手里。尽管如此，吕后的遗嘱中仍然写明不许他们离开京城宫掖，也不必为她送葬。

此时，千里之外的晋阳，代王刘恒也密切注视着京城中的风吹草动，毕竟关系到自己的身家性命。

长安到晋阳的驿道上，到处都是快马驰骋，各路消息不断传递汇聚到代王的宫殿里。

老臣们毕竟身经百战，缺乏斗争经验的吕氏族人终究不是他们的对手。太尉周勃先发制人，一举控制了军队，并与丞相陈平和皇孙朱虚侯刘章兄弟联手诛杀吕氏势力。长安城中风云变幻，局势扑朔迷离。

令人惊惧的消息接踵而至。这一天，朝廷的使臣突然来到代王刘恒的封地。

忐忑的代王率属臣相迎。使臣带来一个惊天的消息，恭请代王进京承

好看到停不住的中国史

继大统！

祸福难测！代王不喜反忧，盛情款待了使臣，不断套取各种内幕。

使臣也并不隐瞒：诛灭诸吕后，群臣商议选择皇位继承人，吸取眼前教训，新帝必不能有强大的娘家势力，加之代王八岁就藩，已历十五年，如今青春正盛，而且恭俭作则，宽厚仁慈，代地也被治理得井井有条，故成为最终人选。

郎中令张武等认为有诈，理由是诛杀吕氏的老臣都是高祖旧人，谙熟兵书韬略，一向多谋狡诈。以往他们只是畏服于高祖和吕后，现在二人都死了，吕氏族人尽数被诛，京师内杀气重重。这些人居心叵测，实不可信，前来迎大王进京就是陷阱，欲斩草除根，如果前去必定凶多吉少！于是提议刘恒称病推辞，静观其变。

"郎中令"，汉中央和诸侯王国均设有此官，为皇帝或诸侯王的宿卫之臣。张武也是代王刘恒的心腹重臣，不能说他的话没有道理。代王只有在代地才是一呼百应的王，离开之后，不知虚实而身蹈险地，似乎不是智者所为。

就在此时，中尉宋昌挺身而出，力排众议。他认为绝不能错过这个亘古未有的天赐良机，大臣们迎立代王是出于真心的，不必再怀疑，要抓紧时间进京，迟则生变！

如果没有危险，代王当然愿意进京一步登天，他马上表示愿闻其详。

于是，宋昌侃侃而谈，说出六条理由：

其一，当年秦失其政，诸侯豪杰并起，最后能够扫荡天下，登上天子之位者，就是刘家，至此天下绝望。

其二，高祖分封诸王子弟，各王属地犬牙相制，此所谓磐石之宗，天

下服其强，刘家的势力难以撼动。

其三，大汉朝废除秦朝苛政，约法令，施德惠，老百姓安居乐业，此乃人心所归，也难以动摇。

其四，以吕太后当年的威风，仅她们吕家就封了三个王又怎么样？太尉周勃突入北军，一呼之下，兵士全部袒露左臂，誓死为刘家效忠，吕氏还不是即刻灰飞烟灭？此乃天授，非人力也。

其五，眼下就算这些大臣有异心，但老百姓不听他们的，何况京城之内还有朱虚侯和东牟侯这些代王的至亲相助，外面还有吴、楚、淮南、琅琊、齐、代这些强藩环伺，谅他们也兴不起什么大风浪。

其六，现在高祖的儿子里能够承继大统的只有代王和淮南王，代王您居长，贤明仁孝闻于天下，所以那些大臣也是顺应天下之心，真心想迎立您，若再疑虑不决，皇位可能就是淮南王的了。

"中尉"，汉中央和诸侯王国均设立此官，负责都城治安。代王把自己的安危交到宋昌手里，他当然也是股肱之臣。尽管他说得头头是道，代王也认为分析得很透彻，但心里仍然不踏实。

他很清楚，京城局势瞬息万变，一招不慎，万劫不复。

代王回后宫，跟母亲商量，薄太后一时也难以判断吉凶。

那何不看看天意？

于是请人来，用龟甲占卜。方法是用火烧灼龟甲，然后根据上面的裂纹预测吉凶。

"卦兆得大横"，烧出的卦象是"大横"，卦词是"大横庚庚，余为天王，夏启以光"。

卜者解读为，代王的地位将有所变化，成为天王。

代王问："我已经是王了，还能再当什么王？"

卜者思忖再三，跪地请罪之后，才幽幽地说："所谓天王，即是天子。"本意是代王会像夏启承袭夏禹的帝位一样，继承高祖的天子地位，并光大先帝的事业。

代王用重金遣送了卜者。

天予不取，反受其咎。至此，代王终于下定决心，京城长安就是龙潭虎穴，也要闯一遭！

他只带了宋昌和张武等六人向长安进发，但步步为营，制订了严密的计划。

第一步：派舅舅薄昭先入长安，探听虚实，有任何不利消息，即刻回报！薄昭往见周勃，周太尉详细说明迎立代王的初衷。薄昭立刻赶回报告："可以相信，没有什么可怀疑的。"

代王于是笑着对宋昌说："果如公言。"接着又命宋昌参乘，当天到达高陵。

古代的乘车制度，尊者居左，御者居中，又有一人居右陪乘，以防备意外事故发生，这名陪乘者被称为"参乘"。

第二步：离长安五十里暂驻，再派宋昌进城观察。结果宋昌到达渭桥时，丞相以下的官员都来迎接，宋昌立报代王。

第三步：代王到达渭桥，群臣行觐见天子之大礼，代王下车谦逊回拜。

此时，太尉周勃进言，请代王赐片刻时间单独召见，有秘事禀报。

空气马上凝重起来。代王一时踌躇未决。

宋昌当机立断，大声说："所言公，公言之。所言私，王者不受私。"——"太尉所陈的如果是公事，就请当着众臣上奏；如果所陈的是私事，那

么天家无私事。"意思是代王不能离开大众的视线,有什么事都敞开谈吧。

太尉周勃一听此言,也就不再说什么,跪下呈上天子玉玺。

天子之位,近在咫尺!但代王还是要按礼制客气一下:"至代邸而议之。"这句话并没有要推辞的意思,只是到我的府邸再商议吧。

事实上代王已经急不可耐了,当天就派太仆夏侯婴与东牟侯刘兴居去清理皇宫,实则是清除一切安全隐患。

清理完毕,他们带来了天子乘坐的法驾,迎接新皇帝。

代王当天就住进了未央宫,连夜颁布两项任命:任命宋昌为卫将军,统领两宫卫队南北军;任命张武为郎中令,负责巡视殿中。

谨慎沉静的代王终于一步一个脚印地走上了大汉王朝的权力顶峰,是为汉文帝——宽仁弘厚的一代名君。

宋昌被加封为壮武侯,景帝中元四年(公元前146年),其因犯错被降爵一级,是为关内侯。

✱ 参考书籍

《史记》《汉书》《资治通鉴》

好看到停不住的中国史

她，预言富可敌国的邓通最终会饿死街头？

在《史记》里，太史公记载了几个相术高人。比如吕后的老爹吕公算一个。在《史记·高祖本纪》里，他在刘邦还没起山的时候，就一眼看出这个无赖小子将来必成大器，硬是把自己的宝贝女儿嫁给了他。还有一个叫司马季的，混迹在卜筮者当中，一席话能把名士贾谊说得面无人色。但要说起汉代的绝顶高人，他们都还算不上，在太史公眼里，只有许负的相术才值得大书一笔。

许负，河内郡温县（今河南温县）人，温县令许望的女儿。司马贞作《史记索隐》："负，河内温人，老妪也。"是的，她确实长寿，活到了孟圣人的年纪——84岁。

当年看《史记》时比较粗略，甚至没注意许负竟然是一位女士，许多年以来我都荒唐地认为这是一位老先生！

太史公司马迁记录了许负的两件神预测，都是惊破天的准确。

第一次，许负的预言记录在《外戚世家》："媪之许负所相，相薄姬，云当生天子。"

当时楚汉相争，魏王豹纳了堂妹魏媪之女薄姬为侧室。有一回，他请了许负来看相，许负预言薄姬将来会是天子之母。魏王豹大喜，认为此事应在自己身上，于是联合项羽，背叛了刘邦，结果魏王豹被汉将曹参灭了，

薄姬也成了战利品，被刘邦收为姬室，一夜宠幸后，珠胎暗结，生下了鼎鼎大名的汉文帝。

此事的难度在于，当时天下大乱，群雄割据，霸王英雄盖世，气吞山河，刘邦并没有显示出何样的优势来，谁能一统天下可真说不定。许负能看出薄姬将来会生一个天子，确实有不同等闲的功夫。

第二次出于《绛侯周勃世家》，其中记载得较为详细："绛侯亚夫自未侯为河内守时，许负相之，曰：'君后三岁而侯。侯八岁为将相，持国秉，贵重矣，于人臣无两。其后九岁而君饿死。'亚夫笑曰：'臣之兄已代父侯矣，有如卒，子当代，亚夫何说侯乎？然既已贵如负言，又何说饿死？指示我。'许负指其口曰：'有从理入口，此饿死法也。'居三岁，其兄绛侯胜之有罪，孝文帝择绛侯子贤者，皆推亚夫，乃封亚夫为条侯，续绛侯后。……吏捕绛侯……遂入廷尉。因不食五日，呕血而死。国除。"

这一段可以理解如下：

开国名将周勃的儿子周亚夫做河内郡守时，请许负来给他看相（说明许负此时已经以善于看相而驰名四方了）。许负的结论是："您呀，三年之后可以封侯，封侯之后八年当丞相，一人之下，万人之上，位极人臣，但是……再过九年，您会因饥饿而死。"

周亚夫大笑道："我的大哥周胜之已经袭封了父亲的侯爵，就算他死了，也该是他儿子继承，怎么能轮得到我封侯呢？再说了，既然你说我的命相贵重，那又怎么可能饿死？所以还请您明示。"

许负指着周亚夫的嘴说："您这里有横纹入口，这是饿死的征兆啊。"……

正好三年之后，周胜之犯法，被剥夺爵位，文帝改封周亚夫为侯。再

好看到停不住的中国史

后来，汉景帝实行削藩政策，七国之乱爆发，周亚夫被任命为太尉，只用三个月就平定了乱军。景帝担心他权力太大，又改任为宰相。但毕竟功高震主，景帝想为他的继任者扫清道路，号称周亚夫的儿子置办军器陪葬，用这么一个不太着调的借口，就把周亚夫下了大狱。驰骋沙场威风八面的大将军不愿受辱，竟在狱中绝食而亡。

一切皆如许负所言。这件事，正史里记载得这么言之凿凿，除了叹为观止惊为天人之外，我们这些后生小辈还能说什么呢？

许负果然是神相，因为实在无法解释，现在甚至有人说，她是比王莽穿越得更早的人，各位看官可以当笑话听听。

"相士"，以看命相为职业，根据人的五官、气色、骨骼、指纹等可以推断其寿夭、荣枯、吉凶、祸福。历史上有不少著名的"相士"，上知天文，下知地理，有的甚至还能预测未来，如袁天罡、麻衣和尚、刘伯温等人。

许负对后世的影响极其深远，以她的名字命名的《相经》广为流传。唐代的刘知几说："至若许负《相经》、扬雄《方言》，并当时所重，见传流俗。"可见唐代最流行的相书就是许负的《相经》。后来，人们在敦煌的藏经洞中共发现5件许负的《相经》，虽然书中列出了13位不同时代的作者，仍以许负为主。

但是经过几千年的流转，关于许负的另一些记载就有些夸大其词，也需要我们在惊叹之余厘清一下。

第一个问题：许负封侯了吗？

有记载显示：公元前202年，汉朝建立，刘邦即位。许负被封为鸣雌亭侯时年方19岁。于是，她成了中国古代少有的几个被封侯的女性之一。

疑点一：正史中没有记载，"高祖封许负为鸣雌亭侯"这个说法来自

西汉陆贾的《楚汉春秋》，司马迁写《史记》曾采用此书的许多史料。但"许负封侯"没有被引用，不知太史公是否认为不可信？

疑点二：尽管记载了许负的两次神相经过，但在《史记》当中并没有给许负作传，太史公是否选择性遗忘？

疑点三："汉高祖时封皆列侯，未有乡亭之爵，疑此封之不然。"裴松之在《三国志注》里曾经表示怀疑，意思是汉高祖登基时，给他的得力手下封的都是"列侯"，那个时候还没有"乡侯"和"亭侯"这种级别。到了东汉，县侯之外，才加上了都乡侯、乡侯、都亭侯和亭侯等。这是最大的一个疑点。

疑点四：就算是高祖给封了侯，它的名字也透着诡异，一般侯和亭侯之类的前面都是地名，用以表明其封地和食邑，比如张良的留侯（他与刘邦相遇的留地，即今江苏沛县），萧何的酂侯（今河南永城市酂城镇），其他如韩信的淮阴侯和周勃的绛侯等也都如此，但封许负的鸣雌亭侯，按理鸣雌应为地名，但遍查诸书，除了查到"雄鸟用鸣声招引雌鸟"这么一个"动物世界"的解释之外，实在不知鸣雌在何方。

第二个问题：许负给邓通看过相吗？

这个问题在《史记》中找不到答案。《汉书》卷九十三《佞幸传·邓通传》中记载如下：

"上使善相人者相通，曰：'当贫饿死。'上曰：'能富通者在我，何说贫？'于是赐通蜀严道铜山，得自铸钱。邓氏钱布天下，其富如此。及文帝崩，景帝立，邓通免⋯⋯竟不得名一钱，寄死人家。"

汉文帝找来一个擅长看相的人给他的宠幸邓通看看，结果那人看了邓通的相竟然说他会饿死。文帝大不以为然，哈！我让他富他就能富得流油，

怎么会饿死？他还真较劲，赐给了邓通一座铜山，让他自己铸钱花。但是文帝死了，靠山倒了，景帝来了，有人告发邓通在塞外铸钱，于是他的钱全部被没收，只能去乞讨，最后饿毙街头。

看得倒是也很准，有资料也说邓通和周亚夫一样有横纹入口，但是《汉书》并没有说出许负的名字，后世之人想当然地把这个能通帝王的神相之名给了许负。

个人认为，相法并非独家之秘，也有资料说许负五十岁的时候就向文帝请辞，归隐商洛山，按她的出生时间倒推一下，应该是在公元前171年左右，《史记》和《汉书》对邓通这样的人都不肯给出准确的生卒纪年，文帝是公元前180年至前157年在位，宠幸邓通是晚年的事了，所以推断，许负给邓通看相的可能性极小。

《史记》中还有一次记载许负：汉代知名游侠郭解是她的外孙。由此可见，许负这个女相士应该是真实存在的，其他的事迹则不排除后人附会的成分。

根据《怀庆府志》记载，许负除著有《德器歌》《五官杂论》《听声相行》等书外，还著有《许负相耳法》，但大部分是别人借用其名写就的。如明代周履靖的《许负相法十六篇》就传为她的著作。他在序中写道："许负者，即汉文帝令相邓通者也。然通传不载负名。"

* 参考书籍

《汉书》《史记》《资治通鉴》《史记索隐》《怀庆府志》《楚汉春秋》

秋月未央

贰

泛楼船兮巡四方,承灵威兮伏戎羌。

长安走天马,汉师过敦煌。

黄沙白草,万里秋霜。

汉武大帝曾经用过刘彘（小猪）这么滑稽的名字？

咱们百姓人家为了孩子好养活，生下来一般会取个贱名，老辈人的说法是贱名可以避免邪祟，利于孩子茁壮成长。

中国人给孩子取贱名的历史源远流长，先秦时期就有了。比如春秋时期鲁文公的嫡子就取了一个贱名叫"恶"，而齐田氏有个儿子取名为"乞"，再比如西汉大文学家司马相如，也有个如雷贯耳的贱名叫"犬子"，呵！这不就是"狗娃"嘛！

个人认为，取个阿猫阿狗的名字，叫起来顺口，又显得可爱可亲。我们家的孩子就叫"臭宝"，虽然孩子大了以后百般不愿意，甚至小名成了她在同学中间的特级秘密，但我们就觉得叫"臭宝"才过瘾。

汉朝一代雄主汉武帝刘彻，这名字实在大气辉煌，人也很有本事，彻底打垮了匈奴，让汉人扬眉吐气。但他小时候的名字可没有这么雄壮虎气，甚至可以说有点滑稽，叫"刘彘（zhì）"，学过一点古汉语的人都知道，这不就是猪嘛！皇子怎么会起这样的贱名？有没有搞错？是不是还有别的什么冠冕堂皇的意思？

说实话，还真没有，就是这个意思，而且武帝的爹景帝也心知肚明，因为在《小尔雅》里就明明白白地写着："彘：猪也。"本人为了慎重起见，又查了一下，发现象形字的"彘"本义指野猪，下方的"矢"字和两

边的符号表示箭射中了野猪。"彘"的本意是大猪,与"豚(小猪)"区别,后来在演变之后也就泛指一般的猪了。总之,不管是家猪还是野猪,"彘"有"猪"的意思是跑不了的。

那汉武帝怎么就会有这么个贱名呢?这里还真有神奇的故事。

这个记载一般来自《汉武故事》,一本已经无法查知作者的笔记。

"汉景皇帝王皇后内太子宫,得幸,有娠,梦日入其怀。帝又梦高祖谓己曰:'王夫人生子,可名为彘。'及生男,因名焉。是为武帝。"

意思是说王皇后侍寝,怀孕了,其间还做了一个很高级的梦,梦见太阳投入了她的怀里。而景帝竟然也做了一个梦,梦见了他伟大的爷爷——汉朝的开国皇帝刘邦先生对他说:"王夫人会生下儿子,可以取名叫刘彘。"等临盆了,她果然生下一个男孩,于是就起了这个名字,这就是后来响当当的汉武帝。

那为什么又改名叫刘彻了呢?

《汉武故事》记载:景帝后来废了太子刘荣,正式立了武帝的亲娘为后,他就变成了皇太子,当时他七岁。"上曰:'彘者彻也',因改曰彻。"个人分析,既然已经是太子了,原来的名字叫起来毕竟有损皇家气象,这是给儿子改名的潜在原因。至于他解释的那个"彘者彻也",不管别人怎么理解,个人觉得总有点无中生有强词夺理的意思,但人家是金口玉言的皇帝,就由他说了算吧。

笔者的另一个版本来自《汉武帝内传》,作者也不明确。有人认为是汉代的班固所作,也有人认为是晋代的葛洪所作,不管是谁,反正这书也入了《四库全书总目》,有一定的史学价值。

记载如下:

好看到停不住的中国史

武帝未生之时，有一天，景帝忽然做了一个梦，梦到"赤彘从云中下"，一头红色的大猪从云端下来了，而且进入了崇芳阁。

景帝一觉醒来，坐在崇芳阁，竟然看见"赤龙如雾，来蔽户牖"。是说突然起了赤色大雾，像巨龙一样盘住了崇芳阁，门窗都被遮蔽了。其他宫里的侍女、嫔妃，也远远看见这边云蒸霞蔚。云霞消散之后，好像有一条赤龙在屋宇之间盘旋。

景帝也觉得神奇和不可理解，于是就召来一个姓姚的老汉询问，老汉应该是通阴阳的占卜家，回答说这是大吉之兆啊！这间阁子里一定会降生了不起的人物，可以奋起抵御外侮而大获全胜，"为刘宗盛主也"，就是说必然成为你们老刘家的一代盛主！

景帝听了当然很快慰，于是就让他宠幸的王夫人移居崇芳阁，"欲以顺姚翁之言也"，还把"崇芳阁"改名为"漪澜殿"。

只过了十几天，景帝又做梦了，这次梦见一个神女手里捧着太阳呈送给王夫人，而王夫人竟把太阳一口吞下，随后就怀孕了，再后来就生下了武帝。

该给孩子起名字了，景帝想："我梦到赤气化为赤龙，占卜的老汉认为大吉，那就得以'彘'来命名才好。"于是就起名叫刘小猪了。

小猪三岁的时候，景帝把他抱在膝上，问："我的猪儿，你喜欢当天子吗？"小猪回答："由天不由儿呀。儿子的心愿是每天住在宫里，时时能在陛下面前嬉戏，但又不敢太过放纵，怕有失儿子的本分。"

景帝听了简直惊呆了，这哪里像是三岁小儿的话，99%的大人都说不出来！这小猪果然非同寻常！

景帝于是派专人负责小猪的教学工作。

秋月未央

又过了一段时间,景帝又把小猪抱到了膝上,试问:"我的猪儿,你现在读的什么书啊?给爹学学。"小猪于是开始背诵"伏羲以来群圣所录阴阳诊候及龙图龟策数万言",不光是先圣先哲的学问,甚至连占卜的卦辞爻辞都背得滔滔不绝,"无一字遗落"。

景帝听罢,叹息良久,小猪这儿子不能仅用聪明来形容了,果然是受命于天,迥非凡人。

到小猪七岁那年,景帝给他改了一个响亮通透的大名"彻"。

后来,刘彻也没有让他的爹失望,君临天下之后,他派兵征战四方,降服四夷,开疆拓土,成为千古一帝。

这两种版本都被后来的史学家称为野史,比较起来,个人认为《汉武帝内传》虽然也不免有渲染和神化的色彩(这是历代皇家的惯用伎俩),但是记载较《汉武故事》详细,可信度应该稍高一些。

顺便说一句,所谓"正史",一则是用正规体例写作的史书;二则是官修的史书。个人认为,体例只是个样子和方法,远没有史实重要,而官修的史书虽然是下一朝修订,但屁股坐歪了的很多,胡说八道的也不少。所以,正史未必正,野史未必野,将两者参照着看,更有意思。

✱ 参考书籍

《汉书》《汉武故事》《汉武帝内传》

好看到停不住的中国史

一代名将卫青因奴隶出身遭人暗讽，姐姐到底帮了多大的忙？

"卫青不败由天幸，李广无功缘数奇。"

这是唐代大诗人王维的诗作《老将行》里的名句。王维的诗，尤其是那些山水诗，或可称为"禅诗"的部分，笔者佩服得简直五体投地，只是对于这句诗却不大信服，甚至不敢苟同。诗意是说，卫青获得的那些赫赫战功、不世勋业都是侥幸得来的。"天幸"有两种理解，一是老天爷的垂青，二是汉武帝的偏爱。不管是老天爷还是他的儿子——天子，都在帮卫青的忙。反倒是"飞将军"李广，打了一辈子仗，连侯都没封上，王维先生认为是他点儿太背，命不好。

细想一下，哪里有这么简单？卫青率领汉军七击匈奴，七战皆胜，不仅收复河朔和河套，且打得匈奴狼狈逃窜，仓皇不敢南顾。要说胜一次有撞大运的成分，七战皆胜还说是靠运气就太勉强了。难道命运之神只是卫青帐下的一名裨将？

卫青是河东平阳人，故里就在今天的山西省临汾市尧都区刘村镇青城村，与笔者的老家洪洞县刘家垣镇仅相距几十公里，忝为卫大将军的同乡，心里不由得会生出自豪之感。史家公认的汉前名将，历来有"韩白卫霍"之称，即韩信、白起、卫青、霍去病。四大名将中，出身临汾的就占了一半，

笔者不能不傲娇一下。后人说，"山左出相，山右出将。"信不虚也。

"青之少贱，无异凡奴。"

卫青的起点很低，甚至连草根都算不上。他出生在一个重视门阀的时代，对那些缙绅、士大夫来说，卫青的出身低到被他们严重鄙视的程度。首先，卫青是一个私生子，他母亲（被称为卫媪）行为有些不检。她曾经在平阳公主府干过一些洗衣之类的杂活，后来就神不知鬼不觉地和县吏郑季私通，如此才生了卫青。这段历史太公史司马迁毫不为尊者讳，据《史记·卫将军骠骑列传》："大将军卫青者，平阳人也。其父郑季，为吏，给事平阳侯家，与侯妾卫媪通，生青。"

虽然从根本上来说，卫青似乎应该姓郑，但这个姓郑的爹很配不上这个名分。卫媪管生不管养，把卫青送还给他的生父，而郑季则把他当成了奴隶。

小小年纪的卫青遭遇了他爹其他儿子的虐待，一个当奴隶的私生子过得苦不堪言，能活命都极不容易。后来，连他爹都实在看不下去了，毕竟生在手背上的也是肉，于是他把卫青带到边地当牧童。

这个牧童的职务让卫青终身受益。因为这里已经与匈奴交界，年幼的卫青很快就和匈奴的孩子们打成一片。他们每天都在草原上策马飞驰。数年之后，卫青不仅练就了高超的骑术，还学会了匈奴语言。

此时，机会第一次来到了卫青的面前。他的主人老爹告诉他：你姐姐卫子夫进了宫，偶然受到了天子的宠爱。现在你姐姐和母亲要你回去了。卫青当真是一脸懵，他甚至连自己有一个姐姐都不太清楚。

好看到停不住的中国史

"卫青原是侯家奴，旧日侯家今有无？"

初到长安，卫青不过是平阳公主的骑奴。公主出行，他骑马相随，责任类似保镖。当魁伟的卫青以极矫健的姿态纵马驰骋的时候，平阳公主脑洞再大也不会想到，这个壮如钢铁的汉子，后来会成为她的丈夫……此是后话不提。

在宫中的姐姐与皇上越来越亲密，而且也喜爱这个弟弟，就帮他在宫里谋了一份差事。应当说，这是姐姐对他最大的帮助。卫青终于不用再给别人当奴隶，可以抬起头堂堂正正做人了。

公元前138年，卫子夫再次有了身孕，可想不到引来了陈皇后的嫉妒，其母馆陶公主派人捉了卫青，意图杀害。幸亏有同僚公孙敖等人拼命相救，卫青才得以大难不死。

汉武帝得知此事，大为震怒，立刻任命卫青为建章监、侍中。侍中这个官在汉代仅仅是正规官职外的加官之一，但可贵在能够随侍皇帝左右，出入宫廷，与闻朝政。简单说，如果你发挥得好，就会成为皇上的亲信。

正是这一次灾祸，让卫青平步青云了。皇上和他进行了一番对话之后，对这个内弟青眼有加。

雄才大略的汉武帝为雪国耻，一直把匈奴当成死敌。卫青虽然不爱说话，显得木讷，但他对于匈奴的了解让汉武帝很是兴奋。匈奴人的生活方式、对事物的想法以及行动模式，都是他未曾获知的信息，对于将来的作战都很有参考价值。

武帝决定重用卫青，这绝不是卖面子给自己的爱妃，不然给他一个虚职就足够了。现在，武帝要让卫青进入他的军事中枢，除了器重他通晓匈奴国情和地理之外，还希望他为暮气沉沉的军队带来活力。

秋月未央

"潜军渡马邑，扬旆掩龙城。"

如果说被皇上召见、入宫为官都是姐姐的功劳，有"裙带关系"，这个阶段可以称为王维先生说的"天幸"。但从此之后，卫青是靠真本事在沙场中拼死搏杀，为大汉开疆拓土的，他万户侯的爵位是在瞬息万变、残酷无情的疆场上自己挣来的。

第一战：元光六年（公元前129年），卫青为车骑将军，统领一万骑兵，越过长城，直捣匈奴基地龙城。汉军分四路出击，另外三路中有两路失败，还有一路无功而还，只有卫青这一路俘虏700人，取得胜利。汉武帝奖罚分明，封卫青为关内侯。

第二年，卫子夫生下了一个宝贝儿子，并由此登上了皇后的宝座。可以说，母以子为贵，但此时在汉武帝的心里，不能不说有"姐以弟为贵"的成分。在卫子夫的天平上，武帝不能不加上弟弟的重量，卫青终于有能力回报自己的姐姐了。

第二战：元朔元年（公元前128年），卫青再度以车骑将军的身份率三万骑兵出雁门关，斩首俘虏数千人。

第三战：元朔二年（公元前127年），匈奴杀辽西太守打渔阳，卫青率大军攻击匈奴盘踞的河套地区。他在此战中成功运用"声东击西"和"围魏救赵"的战术，长驱进兵直杀到陇西，歼敌数千，得到牲畜数十万头。过去属于匈奴的领土，现在被纳入大汉版图，还建立了"朔方郡"，卫青因功被封为长平侯。

第四战：元朔五年（公元前124年）春，车骑将军卫青率领三万骑兵，从高阙出兵，出其不意长途奔袭匈奴右贤王。汉军如神兵天降，右贤王只带数百人突围北逃。汉军俘虏右贤王旗下的小王十余人，男女1.5万余人，

075

牲畜千百万头。武帝接到战报,派特使捧着印信,到军中拜卫青为大将军,加封食邑 6 000 户(《汉书》记载为 8 700 户),所有将领归他指挥。卫青的三个儿子都被封为列侯。

第五战及第六战:元朔六年(公元前 123 年)春、夏,大将军卫青两次率领十万骑兵出定襄,歼敌过万人。

第七战:漠北决战。元狩四年(公元前 119 年)春,卫青与霍去病各率领五万骑兵,跨漠长征出击匈奴。漠北之战击溃了匈奴的主力,十几年内再无南下之力。武帝为表彰卫霍的战功,特加封他们为大司马。按《史记》记载,卫青所得封邑总共为 16 700 户,《汉书》则有 22 000 户和 30 000 户的不同记载。

卫青贵极人臣,宠任无比,而上不疑,下不忌,这得益于他的为人谦和仁让,气度宽广。元封五年(公元前 106 年),卫青病故,谥号为烈侯,葬于茂陵。

"卫青不败由天幸,李广无功缘数奇?"

卫青没有确切的生卒年记载,这是他不幸童年留下的最真切的印迹,小时候的苦难磨砺了他坚韧不拔的品质。根据推算,他病故时应当 45~48 岁,而他成为威震匈奴的大将军时,应该在 20~25 岁。也许有人会说,不过是个外戚大将军嘛!但仅东汉一朝,就有窦宪、邓骘、阎显、梁商、梁冀、窦武、何进七位外戚以大将军身份当政。窦宪曾两次大破匈奴,功绩尚可,却暗存不轨之心,而其他几个人中甚至有祸国殃民之徒,与卫青比起来,不啻霄壤。

王维当时写诗的背景,是他奉使凉州,出塞宣慰,并任河西节度使判官,

实际上是把他排挤出了朝廷,所以王维深感怀才不遇,暗讽卫青也是可以理解的。太史公司马迁本就极不满于开边生事,而卫霍二将却正是武帝的两把利剑,故篇中屡有微言。且太史公与李广的后人李陵关系甚好,难免抑卫扬李,对后世产生了很大的影响。实话实说,卫青无愧为兵家之翘楚,大汉帝国之柱石。

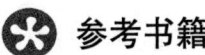 **参考书籍**

《史记》《汉书》《十八史略》

好看到停不住的中国史

汉武帝与卫青见了面可以互相叫姐夫？这什么关系？

开门见山地说，他是卫青，千古一人的卫青。他是一代战神，与匈奴大战七战七捷，先是奇袭龙城，后来收复河朔河套，再后来在漠北大破单于，使匈奴人仓皇北逃不敢南顾者，卫青也！汉武帝在位时，他官至大司马大将军，封长平侯。

今天要说的不是他的煌煌战绩，而是一段姻缘，那才真正是逆袭的典范。

卫青的出身，寒微到令人唏嘘，他本是私生子，亲爹很刻薄，让他去放羊，他后来回到母亲身边，成了平阳公主的骑奴。

所谓骑奴，从目前的词典解释看，是骑马随从的奴仆。个人认为不是这样，从罗大经《鹤林玉露》里所载："公主曰：'此我家马前奴也。'"这个"马前奴"应该是匍匐在马前，用自己的后背给公主当上马石的角色，比普通的骑马随从还要低贱一些。

但是英雄不问出处，就是这样一个低贱的奴隶，后来成了贵显天下的大将军！王维说："卫青不败由天幸"，真是有几分书生的天真，在大漠戈壁的艰苦环境里与凶暴残忍的匈奴部落血战，还七战七捷，哪里是简单的"天幸"那么容易？还有人说，卫青靠的是他的姐姐卫子夫，历史上靠着姐姐上位给皇帝当小舅子的人也有千千万，试问有哪一个能拎出来和卫青比比？

秋月未央

现在正式说说卫青的这段奇葩姻缘，先不说是怎么成的，就是在叫法上也让人觉得很恶搞，因为卫青和汉武帝见了面可以互相叫姐夫！

这什么意思？就是都娶了对方货真价实的姐姐！当然还是皇帝占了一点便宜，公主也占了一点便宜，公主已经嫁过两次，而且比卫青大十来岁。

这就是汉武帝和卫青关系好到简直不顾君臣名分和颜面的地步，以至于他在蹲坑的时候都可以召见卫青，这让后来的管得很宽的苏轼先生很不忿，他怒而写道："汉武帝无道，无足观者，惟踞厕见卫青……"他大骂汉武帝无道，一无所长，竟然蹲在便所里见卫青，当然他顺便也骂了卫青，骂得很寒碜（让笔者都怀疑苏轼的素质了），此处略过不提。

单说平阳公主也不知道是红颜薄命，还是长着奇高的颧骨，杀夫不用刀。她可是汉景帝与正宫皇后的长女，就是汉武帝刘彻的同胞长姐，本封为信阳公主。她最初嫁给了开国功臣曹参曾孙平阳侯曹寿，故又称平阳公主。曹寿死了，她改嫁汝阴侯夏侯颇。夏侯颇是开国功臣夏侯婴的曾孙，但此人也是干了有违人伦的恶事，竟然敢跟父亲的姬妾劈腿，结果东窗事发，只好畏罪自杀。

反正两任丈夫都死了，公主不能独守空房，别人就给她推荐卫青大将军，说他功劳大、颜值高什么的，公主还看不上，说了前面写的——他是我的马前奴之类的傲娇的话，但是选来选去，还真是没有比卫青更合适的，所以，公主也就"屈尊"下嫁了。

也就是卫青命硬，扛得住公主的命，据《汉书》记载，卫青与平阳公主婚后的感情还是不错的，卫青这个人特别忠厚，大概跟谁都能处好，反正公主与大将军就幸福地生活在一起了。

大约过了十年，卫青先死了，可怜的骑奴小时候出身太惨，连个出生

日期都没有，到底活了多少岁，还是个未知数。

后来，公主临死前要求与卫青合葬，西汉的合葬制度并不同墓，只在近处即可，平阳墓约在卫青墓东侧1 300米处。

这应该也算是一段佳话吧。

✱ 参考书籍

《史记》《资治通鉴》《鹤林玉露》

这位美女唱了一曲,男人听得呆了,连鲜花都谢了

中国超级美女的专享成语是"沉鱼落雁,闭月羞花"。各有典故:"沉鱼"——说的是西施浣纱;"落雁"——说的是昭君出塞;"闭月"——说的是貂蝉拜月;"羞花"——说的是贵妃观花。

按说这四位也是古往今来的顶级美女了,历代文人对她们歌咏不绝,好词都用尽了。但是把这些字句用在汉武帝的那个妃子身上,恐怕还不够,力度还差点儿。因为她轻展歌喉,唱了一支小曲儿,汉宫的花儿不是羞得收束起来,而是直接"翻落"了。

汉武帝刘彻在封建帝王堆里是个硬人,业绩突出,作风强悍,但他又有格外风流温柔的一面。他的左右,见于史籍的美人,就有阿娇、卫子夫、李夫人、尹婕妤、赵钩弋等,美女如林,就像走马灯一样替换。这些美人都有故事,但今天要说的还不是她们。

要说那位"轻歌一曲繁花谢"的美女,得先从李夫人说起。

李夫人是著名音乐家李延年的妹妹,也是汉武帝青眼相看的美人。据《汉书》记载:李夫人"实妙丽善舞",长得天姿国色,还擅长舞蹈。汉武帝一见之下,魂不守舍,"由是得幸",跟她生下一个儿子,封为昌邑哀王。

不幸的是,天不假年,李夫人在某年秋天猝然离世,彼时汉武帝大概

好看到停不住的中国史

50岁，他悲痛异常。史书记载他"思念李夫人不已""又自为作赋，以伤悼夫人"。据王嘉《拾遗记》记载："汉武帝思李夫人，因赋落叶哀蝉之曲。"

意思是汉武帝亲自写了一篇极伤感的曲子，名为《落叶哀蝉》，光看这名字就知道他的心境多么悲凉了。

写好词曲之后，要有人唱出来，于是一个女伶就适逢其时地出现了。有资料记载说此女是善解人意的皇后卫子夫特意给汉武帝挑选的。

那天天色已近黄昏，凉风起天末，汉武帝泛舟在水上，风激水声，一片萧瑟。此时，女伶的歌声清亮地传出：

"罗袂兮无声，玉墀兮尘生。

虚房冷而寂寞，落叶依于重扃。

望彼美之女兮，安得感余心之未宁！"

歌中所唱的意思被两千年后的一位美国诗人庞德改写了出来：

"丝绸悉窣的响动停了

灰尘飘荡在宫院，

这儿足音不复，落叶，

匆匆堆积、静止，

心之所悦的她长眠于此，

一片黏于门槛的湿叶。"

改得如何暂且不论，只说女伶所唱的《落叶哀蝉》，恰恰合上了此时

的景致，恰恰又合乎了汉武帝的心境。想念李夫人的汉武帝悲伤得不能自持，命人点起"龙膏之烛，以照舟内"。侍从以"文螺之卮"奉上"洪梁之酒"，汉武帝干了三杯之后，心情大好。

于是汉武帝传刚才唱歌的女伶过来，准备赏赐，但想不到一见之下，竟又是一位绝色佳人，于是共饮，然后令侍寝，"息于延凉室"。

这位有着动人歌喉的女伶就是本文的主人公丽娟了。此时的她刚刚十四岁，正是豆蔻年华。

这位美女的美该怎样来形容呢？东汉时著名术士郭宪在自己所著的《洞冥记》中用了八个字："玉肤柔软，吹气胜兰。"

娇小玲珑，皮肤白皙，柔若无骨，吹气如兰。

每当丽娟开始婆娑起舞时，她身上的骨节竟然会发出近似敲金击玉的声音，这也让汉武帝感到新奇不已，对此敬若神灵（其实她只是把琥珀制成了环珮缀在衣裙里，在舞蹈时，琥珀相互撞击就会发出悦耳的天籁之音）。

在汉武帝的眼里，丽娟简直就是仙女翩然降到了凡间。

丽娟最拿手的绝技还是唱歌，它与李延年的合作才真正叫作"珠联璧合"。

有一天，当丽娟轻启朱唇，唱出一首《回风曲》时，李延年的和声也应时响起，一曲歌罢，余音绕梁，不仅汉武帝听呆了，一阵轻风拂过时，庭中的鲜花竟然也像醉了一样纷纷掉落……

此曲只应天上有，人间能得几回闻？

丽娟享受了汉武帝非同一般的宠爱，她的皮肤细嫩，似乎吹弹得破，武帝担心她穿衣服时会被衣带勒出伤痕来，甚至害怕她会突然乘风而去，竟然天真地把自己的衣带和丽娟的衣裙系在一起。这还不算，武帝忽然又

想到，外面的尘垢会侵袭他的美人，于是特意把她安置在重重锦帐之中。

据《贾氏说林》记载：某一日，武帝与丽娟在上林苑中赏花，当时蔷薇初开，仿若美女含笑。武帝赞叹："此花绝胜佳人笑也。"丽娟就戏问道："花的笑可以买吗？"武帝说："当然可以。"丽娟于是命人取来黄金百斤，作为买笑钱，以尽武帝一日之欢。

丽娟的故事在正史中未见记载，故事出自郭宪所著的《洞冥记》，该书又名为《汉武洞冥记》，《隋书·经籍志》始见著录，题为东汉郭宪作，共六十篇，记录的皆为神仙道术与远方怪异故事。

郭宪的《洞冥记》中也没有写明丽娟的归宿，估计在汉武帝的女人中，她也像李夫人一样，只是一个匆匆的过客。李夫人好在还有一个儿子，所以在《汉书》中有传，而丽娟可能连子嗣也没有，于是像她唱歌时的花儿一样，谢了也就被人遗忘了。

白居易有一首描写李夫人的诗，同样也适用于丽娟：

"生亦惑，死亦惑，尤物惑人忘不得。

人非木石皆有情，不如不遇倾城色。"

❋ 参考书籍

《汉书》《洞冥记》《贾氏说林》《拾遗记》

秋月未央

不是老太太果断出手，微服私访的汉武帝就危险了

皇帝们在宫里待的时间长了，一定很憋闷，免不了要出宫放风，这跟犯人也很像啊。

历史上著名的汉武大帝也有一个不安分的灵魂，没事就喜欢出去走走，这当然也可以理解。以老百姓的身份体察一下民情，遇到紧急情况就亮出天子的身份把人吓个半死，应该也是很好玩的。但是有一位公孙丞相屡次劝谏，武帝始终不以为然，再加上丞相还有其他几件事也都给汉武帝泼凉水，比如不要大规模讨伐匈奴等，但武帝根本不听，于是这位公孙丞相竟然一气之下自杀了！武死战，文死谏，他是要以"尸谏"的决绝方式来捍卫自己的发言权。

汉武帝也理解丞相之言不是为私，乃为公也。他当时也很伤感，在有些事上就稍稍有所收敛。

但微服私访的游戏太有趣，他还是忍不住要出去。在公孙丞相死后二十多天，汉武帝就跑出了宫，但这次可是遇上了生命危险。

武帝当时只带了十几个随从到了柏谷。这个地方在今天的河南省灵宝县西南一带，柏谷水经此流入黄河。春秋时期，晋国公子重耳逃亡时曾经路过此地，当时四顾茫然，他不知道该去齐国还是楚国，于是在这里算过一卦。

好看到停不住的中国史

再说汉武帝那天走得兴起，错过了宿头（借宿之处），只好带人去找当地的亭长，这个官负责维护当地治安，相当于现在的派出所所长一职，武帝的祖上——开国皇帝刘邦先生就干过这个行当。

没想到，人家亭长不给面子，也许是因为警惕性很高，看见他们这么一帮人都是佩刀带剑的，不像良民，于是不肯收留。

没办法，一伙人只好找了一家客店凑合住一晚。

但是这客店的总经理老头很倔，警惕性也挺高，话还说得很难听，竟然直愣愣地对汉武帝说："你也是一个堂堂大男人，身高体壮，不在家好好种庄稼，带着这么一群人，还带着凶器，照我看，不是强盗就是淫贼。"

倔老头说得义正词严，武帝也不知道该说什么好。他还想跟老头要点水喝，老头说："我这小店，尿倒是有，水？没有！"说完径直回屋去了。

武帝多了个心眼，派人偷偷去侦查了一下，发现老头已经邀请来了十几个年轻人，有的拿着刀剑，有的拿着弓箭，还让自己的老伴过去假意安抚武帝这群人。

一会儿老太太回来了，说："我看为首的那个人，气质也不像一般的人，而且他们也有防备，最好别动他们，倒不如以礼相待。"老头说："有防备也不怕，如果不行，就击鼓再召集更多的人来，还不能把这群强盗一网打尽？"

老太太说："我再过去稳住他们，等他们睡下之后，你们再动手。"

老头答应了。

形势陡然紧张，武帝身边的十几个随从听到他们有这样的图谋，都有些担忧，只怕皇上万一有闪失，他们可就万劫不复了。

有人劝武帝马上离开，一刻也不再停留！但是武帝认为，这样匆忙一

秋月未央

走,必然被随后追杀,危险更大。倒不如以静制动,留在这儿见机行事。

说话间,老太太过来了,神色紧张地对武帝说:"你们刚才没听到老头子的话吗?这个糟老头子好喝酒,骄狂大意倒也不足为虑,今夜请诸位放心睡觉就是,安全的事都包在老身身上。"说完,老太太告辞出去了。

当时天寒夜冷,老太太回去给老头子和那些年轻人做菜烧酒,一群人喝得大醉。

老太太亲手把老头子绑上,那些年轻人见这种情况,也就纷纷散去了。

三声鸡鸣后,天亮了。

老太太请出武帝一行人,给他们道了歉,并杀鸡摆酒款待。

天光大亮,武帝安然离去。

当天回到宫里,武帝便召客店里的老头、老太太来见,赐以千金重谢老太太的救命之恩。至于那个倔老汉,武帝也认为他是为公而不是为私,有胆气,有正义感。于是提拔他当了一个羽林郎,羽林郎是汉代皇家禁卫军的军官,手下管的也有百把人,跟连长差不多,但待遇可是校尉级别的,不次于团长。

回宫之后,武帝想想也有点后怕,又想起一再劝谏的公孙丞相,就更加追悔痛惜,因此下诏将公孙丞相改葬,就在茂陵(武帝为自己准备的陵寝)旁边为他起了一个坟,还亲自为他写了一道诔文:

"公孙之生,污渎降灵。元老克壮,为汉之贞。弗予一人,迄用有成。去矣游矣,永归冥冥。呜呼夫子!曷其能刑。载曰:万物有终,人生安长;幸不为夭,夫复何伤。"

故事就讲完了,它来自《汉武故事》,作者不详。

在这本书里这位丞相的名字是公孙雄,但笔者查了一下汉武帝执政期

间的所有丞相，共十三位：卫绾、窦婴、许昌、田蚡、薛泽、公孙弘、李蔡、庄青翟、赵周、石庆、公孙贺、刘屈氂和田千秋。复姓公孙的倒是有两位——公孙贺和公孙弘，公孙贺是因巫蛊之祸冤死在狱中的；而公孙弘是一代名臣，多次向汉武帝谏言停止边疆的营造工程，但他是自然死亡的，活了八十岁，跟自杀也不沾边。我再查了一下，公孙弘倒是陪葬于茂陵了，他的墓在茂陵的西面。再回头看武帝的那道谏，似乎也是写给他的。

我再一想，既然是"故事"，那也就是一些传闻和佚事，也许经不起考据，客官您看个热闹就行。

❋ **参考书籍**
《汉书》《汉武故事》《资治通鉴》

秋月未央

山东智圣每年换一个老婆？汉武帝还帮他的忙？

相声界供奉的祖师爷是汉代的东方朔，有人质疑，他跟相声有什么关系？他又不是创始人，为什么供奉他？

首先声明，祖师爷可不一定是创始人，但一定跟这个行当有很深的渊源，就像印刷业供奉仓颉，梨园行供奉唐明皇李隆基一样。东方朔此人很有智慧，笑料百出，诙谐滑稽。数历代幽默人物，他算是该圈知名度最高的人，所以相声界把他请出来供着，也算顺理成章。

著名相声演员马三立当年拜周德山为师，就曾经向东方朔行了礼。

先来了解一下东方朔其人。

《史记·滑稽列传》中有关于东方朔的内容，但并非出自太史公笔下，而是西汉经学家褚少孙增补的，其史料非常有限，不足以支撑东方朔成为相声界的祖师，因此他机敏过人、谈吐生风、滑稽自如的形象并没有立起来。不过，笔者从一件轶事中，也能窥知他的机智与荒诞。

话说建章宫后阁某一天突然跑出一只动物来，样子很怪，跟麋鹿有几分相似。消息传到宫中，汉武帝很好奇，亲自去看。

看了半天，他问身边的群臣这到底是个什么玩意儿？群臣面面相觑。

武帝于是让人传东方朔来。

东方朔施施然地来了，看了一眼说："这个东西嘛，我倒是知道，陛

下您得赐我美味佳肴，叫我好好吃一顿，我才说呢。"

武帝说："这还不简单。"当即下令赐他酒饭。

吃饱喝足之后，武帝看着他擦嘴，问道："该说了吧？"

想不到东方朔又觍着脸说："那个什么地方，有公田、有鱼池还有苇塘，无非也就几顷地，陛下您要是赏赐给我，我就说。"武帝表面很大度地说："可。"心里一定在想，等你说不出来的时候，看朕怎么收拾你！

但东方朔还真知道，侃侃而谈："这动物就叫驺（zōu）牙，是一种仁兽。因为它的牙齿前后一样，大小相等，所以叫驺牙。"武帝派人近前查看，竟然让他说对了。

"为什么驺牙会跑出来，是什么征兆？"

"依我看，这是大好事，驺牙出现，预示着会有远方的番国前来投诚归顺。"

这是汉武帝最想听到的话，事实证明东方朔没说错，仅过了一年左右，匈奴浑邪王果然带领十万人归降大汉朝。

武帝大悦，赏赐了东方朔很多钱财。

若想了解更多东方朔的滑稽故事，还得去看《汉书》。

这一年夏天，正逢三伏，武帝下诏给侍从官员们赏肉吃。按规矩，这肉得大官丞来给大伙分，可是那天，大官丞迟迟不来，眼看天都快黑了。

大家都乖乖在那等着，可东方朔等不了了。他拔出剑来割下一块肉，对同僚们说："三伏天得早点下班回家，请允许我接受皇上的赏赐！"

说完，他把切下来的肉包好，揣在怀里径直走了。

大官丞有点恼火，跑到汉武帝那儿告了东方朔一状。

次日，东方朔入宫，武帝绷着脸说："昨天赐肉时候，你也太没规矩了！

诏令还没有下达,怎么就擅自用剑割肉呢?"

东方朔赶紧摘下帽子,跪下,给皇上谢罪。

武帝说:"免跪平身啦,你还是站着做检讨吧。"

东方朔没站起来,又磕了一个头,接着大声说:"东方朔呀!东方朔!接受赐肉时不等大官丞,你是多么无礼啊!拔剑割肉,你是多么豪迈啊!割肉不多,你是多么廉洁啊!回家把肉送给妻子吃,你又是多么仁爱啊!"

武帝实在忍不住笑了:"朕让你深刻检讨,你倒好意思把自己夸了一顿!"

想到东方朔的样子实在好笑,武帝一高兴,又赐给他一石酒再加一百斤肉,让他带回去给妻子吃个够。

说到妻子,《汉书》中称之为"细君",至于东方朔有没有那么"仁爱",倒值得好好说道说道。

东方朔的妻子太多了,个个都是长安城里的大美女,他简直视婚姻如儿戏,一年换一个老婆。

这可不是后人的想象和编排,在《史记》中有明文记载:"徒用所赐钱帛,取少妇于长安中妇女。率取妇一岁者即弃去,更取妇。所赐钱财尽索之于女子。人主左右诸郎半呼之'狂人'。"

从前文中可以看出,除了日常的工资收入外,汉武帝动不动就会大手笔地赏给东方朔钱财。有了钱,他全花在了女人的身上,一年娶一个媳妇,几乎年年做新郎。每年娶了新人,就给一笔分手费把旧人打发掉。

呵!这事最招人羡慕嫉妒恨,再加上他平时眼高于顶,看不起人,多一半官员们背地里叫他"狂人"。也有人就把这事反映到了汉武帝那儿,意思是皇上您看看,这东方朔有多不靠谱啊,您赏赐给他的钱,他都干了些什么!

好看到停不住的中国史

可没想到，武帝竟然护着他，还说了一句挺打脸的话："令朔在事，无为是行者，若等安能及之哉！"

意思是说，假如东方朔不干这些荒唐事，一本正经地当官，你们有哪个能比得上他？

说到荒唐事，东方朔还干过一件。有一回，他喝醉酒进了皇宫，一时尿急，"小遗殿上"，他竟然在皇宫的大殿上尿了一泡尿！

这一回，就是舌绽莲花也没用了，有人赶紧弹劾他，一个"大不敬罪"把他坐得死死的。

武帝怒了，下诏把他贬为平民，但又舍不得让他走远，于是命他在宦者署待诏。后来，他抓住了一次机会，几句话解了武帝的围。武帝心花怒放，又给了他一个官当，还赐帛一百匹。

写到这里，需要追究一下，东方朔智商那么高，为什么要一年换一个媳妇，为什么要办这些荒唐事？

在《史记》中，他自己有解释："如朔等，所谓避世于朝廷间者也。古之人，乃避世于深山中。"这句话，很明白地道出了他的初衷，他是一个朝堂上的大隐者。晋代王康琚有《反招隐诗》："小隐隐陵薮，大隐隐朝市。"

有一次，东方朔又喝大了，唱了起来："陆沉于俗，避世金马门。宫殿中可全身，何必深山之中，蒿庐之下。"

——我本清高之人，不幸沦落于红尘。看来庙堂之上也能避世全身，那又何必躲进深山老林，钻进蓬门草舍呢？

歌谣中所唱的"金马门"，是汉代宫门的名字，武帝时期立铜马于门外，始有此名，后为官署代称，在这里指朝堂。

他说的和唱的都是在表明，自己隐在朝堂上，办这些荒唐事是一种自保的手段。但这就又自相矛盾了，人常说乱世隐，盛世出，他赶上了汉代最强盛的时期，又遇到了明君，按说他应该一展所长，造福苍生，但他其实没什么大作为。

东方朔终其一生最高职务为一千石的太中大夫，除"直言切谏"了几次外：在修上林苑之事上谏戒奢恤民，在昭平君杀人之事上谏公正执法，在主人翁事件上谏矫枉风化。这几件事，汉武帝倒是都听进去了。

他一本正经上书所言的"农战强国之计"，却被汉武帝视为俳优之言，一笑置之。既然是大隐，又何必再言政治得失？

所以他的"隐"，只是一种自私的托词，一是他也没什么"震主"的大功，谈不到"秽德"以自污；二是为了江山社稷，何须巧言令色，避世全身？

《汉书》作者班固认为他"应谐似优，不穷似智，正谏似直，秽德似隐"，乃是一个"滑稽之雄"。也有人认为他只是汉武帝的一个弄臣，是一个"开心果"而已。汉朝辞赋家、思想家扬雄就看不上他，说"朔言不纯师，行不纯德，其流风遗书蔑如也"。认为他的言行都很浅薄，不足以传世。

但扬雄说得也有些绝对了，东方朔也有很正经的时候。《史记·滑稽列传》记载：临终前，东方朔郑重劝谏武帝："诗云'营营青蝇，止于蕃。恺悌君子，无信谗言。谗言罔极，交乱四国'。愿陛下远巧佞，退谗言。"

武帝很纳闷，"你今天怎么突然也会好好说话了？"

不久，东方朔病死。

至此游戏结束，他人生的大幕徐徐拉上。

※ **参考书籍**

《史记》《汉书》《资治通鉴》

好看到停不住的中国史

像这样正直如钢宁折不弯的犟汉，现在还会有吗？

当下社会，大家都越活越圆滑了。你要说你是一个直人，有人会说你就是傻而已，也有人会笑话你情商低，低到没朋友。

几千年历史变化其实不大，古时候直人也不是满大街都是，但总能冒出那么几个又硬又横又愣的犟汉，唐朝的魏征就算一个，但他也有自己的镜子，那个人比他还耿气、还霸气，连大杀四方的汉武帝也拿他没脾气，此人就是汉代名臣汲黯。

汲黯一身傲骨，官职是主爵都尉，位列九卿，负责诸侯国各王及其子孙封爵夺爵等事宜。

为什么说汉武帝也拿他没脾气？据《史记》记载，汉武帝其实很不拘小节，比如见卫青，人家毕竟是个大将军，虽说也是你的小舅子，但你在蹲坑的时候召见人家总是太过分了吧？还有接见公孙弘，好歹人家也是大汉的丞相，你连帽子也不戴毕竟失礼吧？就说这不戴帽子的事，要是汲黯来了，汉武帝就不敢不戴了，有一回甚至赶紧回避到了帐后，派近侍出面代为批准他的奏议。

为什么皇上被一个臣子治服了？说起来话也不长，只要汉武帝干了不合适的事，汲黯就会很不客气地说到他头上，让他在群臣的面前尴得下不了台！

比如有一回，汉武帝兴致很好，召集了一群大学者，说："我欲振兴政治，

效法尧舜,如何?"

"那当然好啊!"

"陛下的功绩其实已经不次于尧舜了!"

"臣为陛下贺!"

一群人马屁拍得山响,汉武帝听得如沐春风。

只有汲黯站出来冷冷地说:"陛下内多欲而外施仁义,想效法唐虞之治恐怕很难吧?"

你内外不一,这么虚伪,怎么能和唐虞相比呢?

一句话把汉武帝噎得目瞪口呆,沉默了半天,怒而罢朝,拂袖而去。

回到后宫,武帝仍然很窝火,说:"简直太过分了!汲黯这个戆头!"

有人很为汲黯担心,劝他认错,给皇上一个台阶下,皇上也是有自尊心的嘛!他还振振有词:"朝廷延用我们这些公卿大臣,不就是为了匡正皇帝的错误?难道都来拍马屁?让我见错不说,陷皇帝于不义之地,对不起,本人做不到!"

确实是耿介如石,刚直不阿。

匈奴浑邪王率部众降汉,汉武帝多少年来的夙愿终于达成。他认为这是他一生中的最辉煌时刻,兴奋之余,下旨,全国征召两万辆车前去接运。

两万辆!说起来容易,地方官一时怎么筹集得到?没办法只好向老百姓借马。老百姓也不愿意,把马能藏的都藏起来了,结果两万辆车迟迟无法凑齐。汉武帝大怒,要杀长安县令。

此时,汲黯挺身而出,说:"长安县令没有罪,皇上实在要杀人,就杀了我吧!"

武帝知道他有话要说,就让他说出自己的道理来,汲黯认为朝廷对待

匈奴人的举措很有问题。

"匈奴头领背叛他们的君主来投降汉朝,朝廷可以慢慢让沿途各县准备车马把他们依次接运过来,何至于让全国扰攘不安,兴师动众去侍奉那些匈奴的降兵降将!"

汉武帝沉默无言。

《史记》中记录了汲黯四次犯颜直谏,威武不屈。几个回合下来,武帝虽然也恼羞成怒,甚至动过杀机,但他毕竟不糊涂,知道汲黯不是为私而是为公,是一名堂堂正正的社稷之臣。

身为诤臣,能遇明主,也算是他极大的幸运;否则,汲黯纵然有十个脑袋也不够皇上砍的。

从汲黯的角度来看,他对皇上已经算是很客气了。其他人?不管他是丞相公孙弘还是什么御史大夫张汤之流,办的事不入他的眼,那就直接开骂了,骂得极为尖锐无情,所以公孙弘和张汤等人对他是恨之入骨却又畏之如虎,只是苦于抓不到他的把柄。

当年,王太后的弟弟武安侯田蚡出任丞相,一时权倾朝野。那些趋炎附势的人(包括一些年俸超过二千石的高官)来谒见时,都两腿一软,就给他跪下了。田蚡志满意骄,竟然都不还礼,但汲黯根本不吃这套,见到田蚡,一般都是拱手作揖就完事了。

别说一个丞相了,就是见了位高权重的大将军卫青,汲黯也只是跟他行平等之礼。

有人劝他:"大将军有大功于国,他姐姐现在又是皇后,皇帝也有心把他推在百官之上,您还是应该行跪拜之礼吧?"

汲黯回答:"大将军有拱手行礼的客人,就不能显示他的尊贵吗?"

秋月未央

卫青是一个虚怀若谷的人,听汲黯这么说,倒认为他很有水平,遇到疑难的大事还多次来向他请教,以国士之礼待之。

武帝毕竟是一代名君,虽然汲黯直得像根木头,他极力容忍,而且对他的评价非常高。

"古有社稷之臣,至如黯,近之矣。"——我们常说的那些能够安邦定国的忠臣,就是像汲黯这样的人啊。

理智的时候武帝是这么说的,但真正遇到事情被汲黯顶撞得肝疼的时候,他还是收不住自己的脾气。后来武帝就找了点汲黯的不是,干脆把他免了官,省得他每天在自己眼前晃来晃去。

于是汲黯归隐于田园,家中门可罗雀。

后来,汉武帝改铸五铢钱,楚地老百姓胡乱盗铸,弄得乌七八糟。武帝忽然又想到了能干的汲黯,想让他去当淮阳郡太守,当时他身体已经非常衰弱了,于是不肯接印。

汉武帝好说歹说,还给他戴高帽子,号称他能"卧而治之",意思是你这大才,到那儿躺着就能把事办好。

汲黯只好上路,临行前,他去探望李息。李息当时任大行令,位居九卿,掌管王朝对属国之交往等事务。汲黯对他说了一番话,意思是劝他及时向武帝进谏,一定要提防御史大夫张汤,此人"内怀诈以御主心,外挟贼吏以为威重",如果放任他,你和他都有性命之忧。

汲黯走了,到了淮阳郡,很快就把政务理顺了。

可李息胆小,害怕张汤,始终不敢向武帝进谏。后来,张汤果然身败名裂。武帝得知汲黯当初对李息说的那番话后,判李息有罪。

一切都如汲黯所言。武帝虽然提高了他的待遇,却没想把他从淮阳郡

再调回朝里。

七年后（《汉书》记为十年），清高、孤傲、正直的汲黯黯然离世。

撰写《中国历朝通俗演义》的蔡东藩这样评价他："独汲黯一再直谏，最得治体，御夷以道，救人以义，汉廷公卿，无出黯右，惜乎其硕果仅存耳。"

※ **参考书籍**
《史记》《汉书》

秋月未央

小龙女手臂上的守宫砂是汉武帝玩的"黑"科技?

《神雕侠侣》第七回写道:倒灶鬼老毒物欧阳锋非要教杨过武功,又怕小龙女偷听,就点了她的穴道,结果阴差阳错,便宜了全真道士甄志丙……呜呀呀呀!看得人当真是七窍生烟!

"小龙女卷起衣袖,露出一条雪藕也似的臂膀,但见洁白似玉,竟无半分瑕疵,本来一点殷红的守宫砂已不知去向,羞道:'你瞧。'"

就因为这事,杨过和小龙女失散,多少金庸迷痛断肝肠。少年的我当时对他们的爱情故事并不十分向往,只是对这个神奇物什——"守宫砂"十分迷惘。

这一迷惘就是近四十年,直到前几天,我看晋代张华的《博物志》时才在其中发现,这原来是东方朔教唆汉武帝玩的一个把戏,原文如下:

"蜥蜴或名蝘蜓。以器养之,食以朱砂,体尽赤,所食满七斤,治捣万杵,点女人支体,终年不灭。唯房室事则灭,故号守宫。《传》云:'东方朔语汉武帝,试之有验。'"

意思就是用朱砂喂养壁虎,壁虎全身变赤。吃满七斤朱砂后,把壁虎捣烂(还得捣一万杵),再点在女人的肢体上,轻易就不会褪色了。只有在发生房事后,颜色会变淡消退。这就是"守宫砂"的来历及制作秘籍。

看到这儿,一是替壁虎——也叫守宫的这个可爱小动物喊痛、喊委

099

好看到停不住的中国史

屈，不光是被逼着吃带毒的朱砂，死得也极其惨烈，被捣一万杵！难道九百九十九杵就无效了？简直人神共愤，尤其是现在养守宫当宠物的人，都得念阿弥陀佛来超度了！

二是东方朔真是一个好事的人，还碰到一个又有钱又有闲又好事的汉武帝，他还真去做科学试验。朱砂在《神农本草经》中被列为上品中药材，据说其价格是黄金的近十倍，估计也就皇帝壕玩得起，更不可思议的是他竟然玩成了——"有验"！也真是奇哉怪也，我查《汉书》发现，只有东方朔猜过覆盖之物是守宫，根本没有说它有验证处女的功效。

故此，我怀疑就是汉武帝和东方朔联手给大家下了一个套。为什么这么说呢？

一是张华本人对此也不信，他把这归入《戏术》一章，也是代表作者的一种态度吧。什么是戏术？比如他还说，五月五日，把蜻蜓的头埋在西门下，三日不食（存疑），则化成青真珠。要是这事靠谱，我们每天还巴巴地车什么珠子，抓点蜻蜓埋上不就发达了？蜻蜓至今没绝种，说明这事真是戏术。

二是不少大医家也持怀疑态度。深通药性并著有《唐本草》的苏恭就说："饲朱点妇人，谬说也。"李时珍也说："点臂之说，《淮南万毕术》、张华《博物志》、彭乘《墨客挥犀》，皆有其法，大抵不真。"

神医们当然也不至于会荒唐到亲自去做试验，但是以他们对药物药性的理解，如果这事从医理上能说通，他们也不至于断然否定它。

当然，梁朝的名医陶弘景有自己另一套饲养法："守宫喜缘篱壁间，以朱饲之，满三斤，杀干末以涂女人身，有交接事，便脱；不尔，如赤志，故名守宫。"呵！逼一只壁虎吃剧毒的朱砂，还能把它养到三斤重的公鸡那么大！个人以为这是一项不可能完成的任务，朱砂难道是古代的激素吗？

100

秋月未央

也有医家认为，守宫砂是取其寒凉之性，置于玉臂，使之沿手三阳经遍行络脉，涵养心神，去欲女心火。现代医学也认为，这应该是一种心理暗示疗法，使女性在潜意识里产生敬畏廉耻之心，不敢越过道德底线。这是擦边球，没抡在正点上。

所以，守宫砂这事确实太玄，本人不信。看官也许有信的，那您就信吧。

❋ 参考书籍

《汉书》《博物志》《唐本草》《神雕侠侣》

河东平阳的霍氏兄弟，撑起了大汉朝的文武江山

西汉元狩二年（公元前121年），十九岁的霍去病被汉武帝委以重任，官拜骠骑将军，奉命出击匈奴。

此次北伐，途经平阳，他被河东太守出迎至一间高等级旅舍中。

大将军坐定后，太守请出了一位满眼泪水的老人，称其即是霍将军的生身父亲。

自从生下来就从没见过自己的父亲，霍去病也知道父亲当年从长安回到了平阳，可哪里能想到，此次远征途中，还能与生身父亲相见！

生而弃养，本为薄情寡恩，但大将军胸怀广阔，无怨无恨，随即行大礼叩拜父亲。

因军情紧急，霍去病给父亲留下银两，着人帮忙购买田地、房屋和奴婢，随即挥师北进。

此次北击匈奴，十九岁的骁将如李白诗中所赞："流星白羽腰间插，剑花秋莲光出匣。"他指挥汉军精锐所向披靡，两次河西之战均告大捷，歼灭和招降匈奴近十万人。他率军直取祁连山，开辟了丝绸之路。从此，汉朝控制了河西地区。

李白复有诗，不吝赞美之辞："弯弓辞汉月，插羽破天骄。阵解星芒尽，营空海雾消。"

待出征凯旋，霍去病途经平阳，再次拜见父亲。

回师长安的队伍中多了一个十几岁的孩子，他叫霍光，是霍去病的异母弟弟，大将军要把他带到长安照顾。

没人能想到，这个矜持的小男孩，后来成了汉武帝的托孤重臣，继而成为安定大汉社稷的擎天玉柱。

交代一段背景：霍去病的父亲名为霍仲孺，当年在平阳府为吏，奉命到长安平阳侯府当差。在此期间，他与侯府侍女卫少儿生下霍去病，此时是汉武帝建元元年（公元前140年）。霍仲孺当差期满后，回到平阳县，即与卫少儿母子失去了联系。后来，卫少儿的妹妹卫子夫嫁给了汉武帝，成为皇后。霍去病在少年时代就"善骑射"，汉武帝很喜欢他的骁勇，一心想栽培他。元朔六年（公元前123年），他跟随大将军卫青出战匈奴，两次功冠全军，因此仅仅十七岁的霍去病被封为冠军侯。

再说霍光跟着哥哥凯旋还朝后，也进宫当差了，先任郎官，随后迁任各曹官、侍中等，随侍汉武帝左右。

两年之后，汉武帝命卫青、霍去病各率骑兵五万先发，数十万大军跟进，深入漠北，与匈奴主力展开决战。

汉军北进两千多里，大破匈奴左贤王部，乘胜追杀至狼居胥山（今蒙古国境内肯特山），在此举行了祭天封礼。接着，汉军兵锋一直逼至北海（今俄罗斯贝加尔湖）。经此一战，"匈奴远遁，而漠南无王庭"。

元狩六年（公元前117年），霍去病因病英年早逝，年仅二十四岁。对他的意外离世，汉武帝非常痛心，宣布暂时停止对外作战，再调来河西五郡的铁甲军，列阵为其送灵，沿长安一直排到茂陵东的霍去病墓！

武帝还下令将霍去病的坟墓修成祁连山的模样，以纪念他力克匈奴、

开疆拓土的盖世奇勋。

哥哥去世后，霍光一步步崛起，升任奉车都尉、光禄大夫等职。他出落得一表人才：身材魁梧，皮肤白皙，眉目疏朗，长髯飘飘。最难能可贵的是，他忠诚勤恳，持心公正，前后出入宫禁二十多年，未曾犯过一次错误，因此深得汉武帝的信任。

到武帝临终时，霍光被授予大将军大司马之职，成为集大权于一身的托孤重臣。

霍氏兄弟二人同为汉朝鼎盛时期的大司马，掌管全国军政，位极人臣，这在中国封建史上也是凤毛麟角。

在霍光的主持下，太子刘弗陵即位，是为汉昭帝。元凤元年（公元前80年），霍光果断粉碎了上官桀拥立燕王刘旦的阴谋，被册封为博陆侯。十三年后，昭帝去世，霍光先拥立昌邑王刘贺即位，但仅仅过了二十七天，他又以淫乱无道的理由报请上官太后废除了刘贺。随后，霍光从民间迎接武帝的曾孙刘病已（后改名刘询）继承帝位，是为汉宣帝。

霍光效法殷商伊尹，行废立天子之事，从此，后人合称其二人为"伊霍"。

这个时期，他独自摄政，权倾朝野。

对内，他采取休养生息的措施，多次大赦天下，鼓励农业发展，使汉朝被武帝穷兵黩武所耗空的国力逐步得到恢复。昭帝朝与宣帝朝被合称"昭宣中兴"，是汉朝继"文景之治"后的又一番盛世。霍光擎天架海，挥斥八极，厥功至伟。

对外，他完成了对匈奴的最后大战。汉宣帝本始二年（公元前72年），霍光分遣各路大军共十万余骑出师，大败匈奴军主力。他调度乌孙和丁零、乌桓从三面围攻匈奴，令其国力大衰，附庸属国纷纷独立，互相攻杀，匈

奴单于只得哀乞与大汉和亲。北疆边塞从此长久安宁。

积蓄十余年国力后一击必杀，彻底击溃匈奴帝国。霍光主导的出击匈奴之战，是百余年汉匈战争中耗损最少、成果最大的一战，也是霍光二十年执政生涯最辉煌的手笔。

以霍光当时的权势，几乎可以一手遮天，他想自己当皇帝也不难，但他只是匡国家、安社稷，从无非分之想。正如司马光所说："霍光之辅汉室，可谓忠矣。"

霍去病和霍光两兄弟的名字起得也很适当，一位战神，"去"掉了汉武帝最大的心"病"；一位名臣，"光"弼大汉王朝数世繁荣。

但毕竟月满则亏，水满则溢，仅在霍光死后三年，汉宣帝认定他的后人谋反，竟将他们满门抄斩。

为什么霍氏一族会落得如此下场？司马光分析认为："夫威福者，人君之器也。人臣执之，久而不归，鲜不及矣。"个人认为，功高震主只是其中一个方面，霍氏的倒塌，值得专文研讨。

虽然霍家被灭族，但汉宣帝并没有把事做绝，甘露三年（公元前51年），他令人画十一名功臣图像于未央宫麒麟阁以示纪念和表扬，霍光仍然被列在首位。有趣的是，宣帝还不让写出霍光的全名，只尊称其为"大司马大将军，博陆侯，姓霍氏"。

可笑班固说霍光"不学无术"，实是书生迂论，试数历代有学术的权臣，有几位能有霍光那等经纶天下的手段？后世的王莽、曹操、司马懿倒是都很有学问，但让他们站在霍光的前面，能抬起头来吗？

✱ 参考书籍

《史记》《汉书》《资治通鉴》

好看到停不住的中国史

司马相如与卓文君私奔另有隐情？司马迁闪烁其词？

且说司马相如在梁孝王刘武去世后，因为混得不得意，就"因病辞官"。

这里一是注意一个"官"字，"武骑常侍"，官虽然不大，却是他花了不少钱买来的（他家曾经是有过钱的），二十岁以前，他也特别喜欢舞刀弄剑，只是这个官虽说是近侍，不过是皇帝出去打猎的时候凑个热闹。年龄渐大，上升空间有限，司马相如的心就渐渐冷了。

二是注意一个"病"字，年纪轻轻得病？欺君当然是万万不敢的，这至少说明当时司马相如确实是有病的，什么病？按下不表。

辞官之后，二十七八岁的风流才子司马相如就来到了卓文君的家乡临邛，似乎是和县令还绞尽脑汁地设计了一番，又是弹琴挑逗，又是夜黑风高，才把十七岁的绝色小寡妇偷走了。他们自以为得意，哪里读得懂当爹的心思？卓文君的老爹卓王孙才是"黄雀在后"。等他们跑了，命人关起门来，老汉烫了一壶小酒，拈着胡子哼着小曲慢慢享受。

以司马相如的人才，那是龙凤之姿，虽然有点口吃，只是白璧微瑕，算不得毛病。要论文才，那是文曲星临世，满腹锦绣。自己的女儿虽然也有几分姿色，但是寡居在家，又心高气傲，眼瞅着过了二十岁，基本上就是终身荣誉寡妇了。

天上掉下一个司马相如！

秋月未央

卓王孙早把他的背景摸了个烂熟——本为世家子弟，家道中落，只是蛰伏于此，他日一飞冲天，前途不可限量！但要把女儿按常规提亲的方式嫁给他，呵呵！来得太轻巧，没准会撅了老汉的面皮。而明修栈道，只是给他们提供了一个"偷"的机会，岂不是更容易？这世间的情，只有偷来的才最珍惜。

一切都在卓老汉的算计之中——跑倒是容易（不追你，你还跑不掉？），可混口饭吃太难了，你们开了小酒馆当我不知道？只是让你们体验一下世道艰险，人情冷暖。可笑的是，后世人以为我老汉脸上会挂不住，我本是商人起家，女儿开酒馆也是经商，有什么关系！倒是那个相如小白脸，好大的一个"士"，现在穿着犊鼻裤亲自洗盘子，我看你能坚持几个昼夜？

果然，没过多久，司马相如和卓文君的体验式私奔节目"奔跑吧情人"就正式结束了。老汉送给他们家奴丫鬟老妈子足足上百人，又给了一百万钱，让他们建一个豪宅，似乎从此以后，"王子和公主就幸福地生活在一起了"。

不仅如此，司马相如后来的际遇也完全在他老丈人的料算当中，先是他所写《子虚赋》本就得到汉武帝的赏识，到了皇都之后，再拼尽终生所学，洋洋洒洒地巴结出一篇《上林赋》，汉武帝龙颜大悦，于是司马相如被授予郎官之职，摇身一变成了武帝的侍从官。

那这时候他的病呢？据《史记》所载："相如口吃而善著书，常有消渴疾"。这是正史当中对于消渴疾的第一次记载，所以，后世说到此病，就直接说"相如病""长卿病""临邛渴"，病以人冠名，也算是盛名之下的一种负累吧？

从中医的角度来说，这消渴疾跟今天的糖尿病有点相似，属于一种很公平的"富贵病"。

《黄帝内经》中记载，长期食用肥甘之物，会导致脾胃运化失职，积热伤津，从而引发消渴。故患这种病的往往是"肥贵人"，即体形肥胖的养尊处优者。

应该说，在司马相如去临邛前就已经得了消渴病，他正是凭借这个病辞的官，病来自家族遗传也未可知。最糟糕的是，那时候应该没有现在对付糖尿病的特效药，比如直接注射胰岛素。当时，国人对消渴病的认识还在混沌阶段，直到唐代，孙思邈才告诫百姓：消渴疾患者要忌酒、节制房事、限盐、少吃面食。

即使是药王，所能提供的也只是被动防御的办法。

司马相如当时恐怕连这也不知道，美人入怀，风情无限。据《西京杂记》载："文君姣好，眉色如远山，脸际常若芙蓉，肌肤柔滑如脂，十七而寡，为人放诞风流。"

而司马相如"悦文君之色"再正常不过，"遂以发痼疾"，于是病情加重。《西京杂记》的作者葛洪说："乃作《美人赋》，欲以自刺，而终不能改，卒以此疾至死。"

意思是说司马相如好像意识到了问题的严重性，还写下文章来警醒鞭策自己。

"女乃驰其上服，表其亵衣。皓体呈露，弱骨丰肌。时来亲臣，柔滑如脂。臣乃脉定于内，心正于怀，信誓旦旦，秉志不回。翻然高举，与彼长辞。"

笔者私下认为《美人赋》的笔法似乎不够老辣，应该是司马相如在梁孝王手下混日子的时候写的。

文章中的他自己简直是柳下惠的 N 次方，其实是手一滑就写出来的，老年司马相如哪里有那么笃定？他在茂陵的时候也很不老实，还打算纳一

个小女子为妾，被冷落的卓文君不得不写了一首诗《白头吟》给他上课。

可见，他临死之前还蠢蠢欲动。

元狩五年，即公元前118年，五十三岁的司马相如应该是死于消渴病的并发症。

✱ 参考书籍

《汉书》《史记》《西京杂记》《黄帝内经》

好看到停不住的中国史

会望气的神汉王朔说，李广封不了侯，因为干过这件事

原谅我的孤陋寡闻，生活在当代社会，一直不知道王朔是何许人，听别人侃侃而谈说起他的时候，只能在旁边悄悄地听着。没学问当然没有发言权嘛，这是一件一直以来令我惭愧的事。

直到不久前，我终于从浩如烟海一样的古籍里把王朔先生给抓出来了。所谓史海钩沉，即使钩不住一条古鱼化石，也能钩出点泥沙来。我果然有收获，所以在这里迫不及待地想告诉大家，王朔原来是一个神汉！

《史记》第一百零九卷《李将军列传第四十九》中写道，"广尝与望气王朔燕语，曰：'自汉击匈奴而广未尝不在其中。而诸部校尉以下，才能不及中人，然以击胡军功取侯者数十人，而广不为后人，然无尺寸之功以得封邑者，何也？岂吾相不当侯邪？且固命也？'朔曰：'将军自念，岂尝有所恨乎？'广曰：'吾尝为陇西守，羌尝反，吾诱而降，降者八百余人，吾诈而同日杀之。至今大恨独此耳。'朔曰：'祸莫大于杀已降，此乃将军所以不得侯者也。'"

李将军，当然是指飞将军李广了。此人大名如雷贯耳，此处不赘述。

我的小老乡王勃的著名文章里写道，"冯唐易老，李广难封"。

李广很能打仗，"与匈奴大小七十余战"，但时运乖舛，连当年的不少手下都封侯了，却没有他什么事，最可恨的是他的从弟李蔡，为人很一般，

110

秋月未央

本事也很平常,却被封为乐安侯。是官方的问题还是自己的问题?李广对这件事当然很想不通。

这一天来了一个叫"望气王朔"的人,"望气"之说是最滑稽和无从考证的事,现在没人信这个了。所以这个王朔,可以称为星相家,也有人用一个很时髦的称呼叫"大师",可惜现在"大师满街走"。所以大师的公信度也很低。其实说到底,此王朔先生,用老百姓最朴实的话说,就是一个神汉。

王朔前来,不管是打秋风也好,还是捞点油水也好,他都是在李广最迷茫和最无助的时候,像一缕春风一样地来了。

李广一介武夫,对于大师之类的有学问的人当然很认可了,所以就对他诉说了自己的烦恼。他说:"我李广(沙场征战)不在人后,却没有尺寸之功而得到封邑,是什么原因呢?难道是我的长相不该封侯吗?还是命该如此呢?"

人一旦对某件事想不通的时候,往往会把这件事归于"宿命",司马迁见过李广,他说李广长得"悛悛如鄙人",可能确实不怎么帅,没有首长的气质。

王朔虽然是吃神汉饭的,但也不是前知五百年,后知五百年,腰里也没有别着一面镜子可以拿出来对着李广一照,就全明白了。所以李广一问,他也摸不着边际,只能和一般的江湖术士一样,先旁敲侧击,打探一点虚实,于是说:"将军自己想想,是不是做过悔恨的事?"

李广还是很实在的,说:"我过去做陇西太守时,羌人曾经反叛,我诱降了他们,当时投降的有八百多人,我一天里把他们都杀了。直到现在,我最悔恨的只有这一件事。"

好看到停不住的中国史

"哦，原来如此。"王朔正好借坡下驴，说："论罪祸，没有比杀投降的人再大的了，这就是将军不能封侯的原因。"

李广听了这话之后是什么反应？给了王神汉多少银子？司马迁老先生都没有交代，就连王神汉后来去干什么了也没有说，毕竟是给李广立传，和王神汉没有多大关系。

其实王朔说的话确实有一定的道理。古人一直认为"杀俘者不祥"，白起就是个典型的例子。长平之战获胜后，白起坑杀赵军降卒四十万。秦昭王五十年（公元前257年）十一月，白起被赐剑自裁，曰："我固当死。长平之战，赵卒降者数十万人，我诈而尽坑之，是足以死。"

白起死的时候倒是明白了，人之将死，知道为什么而死，也算不白死，只是当地老百姓并不宽恕他。我曾经有一年到长治高平一带采访，还听当地人把豆腐叫作"白起脑子"。如果不是把一个人恨到了食肉寝皮的地步，何以会吃人家的脑子呢？

项羽也是一样，他先是在新安城南活埋了秦兵二十多万人，接着"屠咸阳"，后来又活埋了齐国降卒，数量想必也不少。楚霸王最后在乌江自杀。

这再一次印证了"杀俘者不祥"，但是项羽自杀以后，追上来的汉军为了抢他的遗体邀功，几十个人打得不亦乐乎，后来把他分成了五份，抢到的五个人竟然都封了侯。

不过是抢一块死人的身体也能封侯？这足以让李广郁闷，更足以让英雄气短，史载他后来还真是自杀而死的。

✱ **参考书籍**

《史记》《汉书》

汉宣帝太子的非常规任务，一年内生不下儿子则皇位不保？

汉宣帝庙号中宗，是与汉高祖、汉文帝、汉武帝并列拥有庙号的四位汉朝皇帝之一，算是一位很有作为的皇帝，他治下的汉朝被称赞为"孝宣中兴"或"孝宣之治"。大将军霍光对他的评价是"操行节俭，慈仁爱人"，虽如此，他对儒家却向来不感兴趣，他主张"霸道""王道"并用，认为"图王不成，弊犹足霸"，并以此破匈奴，平西羌，使四夷宾服，国力强盛。

后世的唐太宗对汉宣帝也很佩服，说："汉宣帝政事明察，其光武之俦欤？"意思就是他似乎跟光武帝也有一拼吧？但虞世南回答说："光武仁义，图王之君也；宣帝刑名，图霸之主也。"他认为，宣帝比光武帝还是略逊一筹的。

汉宣帝对儒家不感兴趣，偏偏他的儿子——太子刘奭"柔仁好儒"，对老爹"以刑名绳天下"很不以为然，为此父子俩还发生过激烈的争执，结果太子把宣帝说火了，大怒道："俗儒不达时宜，好是古非今，使人眩于名实，不知所守，何足委任！"最后宣帝叹息了一句："乱我家者，太子也！"

这是来自《汉书》中的一段记载。因为政见不同，宣帝竟然产生了废除太子的想法，但是这个太子是他和已故的许皇后在民间落难时所生的，而宣帝和许皇后的感情确实很好，所以一时还不忍心就此把太子废掉。

好看到停不住的中国史

宣帝认为，天子必须也是政治家，但太子多才多艺又多愁善感，更像一个艺术家，他善鼓琴瑟，还会自己作曲。让宣帝特别不满的还有一条，就是太子无后。宣帝曾想，这小子也二十多岁了，接触女人已有七八年，后宫里侧室成群，为什么没有给他多生几个孩子呢？

所以，当宣帝与丞相黄霸商量此事，提出有意废掉太子，改立淮阳王刘钦时，老成持重的丞相，认为应该再观察一段时间。

于是，宣帝就下了决心，那就再看一年，一年内如果太子没有生小孩的迹象，到时就断然废了他！

宣帝与丞相的这段对话被屏风后面的一个人听到了，此人姓许名嘉，是在宫里值班的中常侍。《三国志》中所描述的中常侍，几乎等于是宦官的别称，但在前汉，这个职务则一般是由士大夫担任的。

这段话让许嘉听得心惊肉跳，因为事情与自己有极大关系，他是太子的至亲，如假包换的舅舅。一旦太子被废，他以后别说是晋升了，想保住中常侍这个位子都难。

那么，事情已经明摆着了，太子若不想被废掉，就必须在一年之内得子！

这事对于别的男人来说，也许算不得是多艰难的任务，但是对于太子而言，因为曾经深爱的一个女人司马良娣死了，他非常之悲恸，并固执地认为良娣是被别的女人咒死的，为此不愿再接近女色。这样说来，一年内得子几乎就成了一项不可能完成的任务。

舅舅苦口婆心地劝过太子，但他对皇位似乎并不在意，对于老爹可能废掉他也无动于衷。

许嘉无奈，想来想去，只好向皇后求援。

秋月未央

王皇后无子,一向把太子视若己出。太子也是她一手养育成人的,所以跟她非常亲近,对她像对亲娘一样。

此时,许嘉认为,他已经与王皇后成为一个利益共同体,太子能即位,皇后必然会以皇太后的身份,继续维持在宫里的权威,可太子一旦被废,淮阳王刘钦的母亲张氏尚健在,届时,张氏便会以皇帝生母的身份执掌后宫,那么,王皇后的生死就可能会控制在他人的手里,这当然是不能接受的。

几番劝告之后,太子依然对别的女人丝毫不感兴趣。皇后只能锲而不舍地劝他,甚至声泪俱下地表示:"如果你没有儿子,我的前途必是一片黑暗,与其到时候任人摆布,那我不如现在就当着你的面自杀算了!"

至此,太子才不得不有所让步,但他对于后宫那些女人还是耿耿于怀的,好在他同意可以找新人来,并且只要一个。

王皇后对此很欣慰,她急匆匆地找到了五名身体健康的女子,一起带到太子面前,太子打起精神挨个看了看,原以为会有容貌酷似司马良娣的,结果一个也没有,于是他又意兴阑珊,对皇后说,随便哪一个都行。

皇后还是逼着他说出一个来,于是皇太子就随口说,那就左边第一个吧。

太子无意中的这个选择,对于汉朝来说,却有着极其特殊的意义。

因为王皇后找来的五个女子都姓王,虽然跟她没有血缘关系,但肥水不流外人田是显而易见的道理。

这个被选中的女子名叫王政君,其父名叫王禁,在政府的法务机构任职。

再说太子,在祈求司马良娣原谅后,他不得不与王政君共赴巫山。

"一度幸而有身",《汉书》中是这样记载的。

让王皇后乐不可支的不仅是王政君有了身孕,而且她在怀胎十月之后,

生下了一个儿子。

宣帝喜得皇孙，打消了改立淮阳王为太子的心思，很重骨肉情感的他，经常把这个孙儿带在自己身边，皇孙的名字叫骜，爷爷给起的字那叫一个直截了当，就叫"太孙"。这个孩子就是后来与赵飞燕姐妹上演了一场风流佳话的汉成帝。

后来，宣帝在未央宫驾崩，太子顺利即位，是为汉元帝。

此时，一人得道，鸡犬升天。太子的舅舅许嘉被封为平恩侯，而皇后王政君的父亲王禁被封为阳平侯。

王禁是一位豪放型的人物，很能喝酒还好色。他有多名侧室，共有子女十二人，八男四女，其中有一个儿子叫王曼，他本身并不出名，在历史上也并没有什么大作为，一度还以卖油饼、高馍为生，但他生出了一个让后人谈之色变，让大汉朝也为之颤抖的人物——王莽。

历史就是这样充满了戏剧性和偶然性，太子的随手一指，不仅指出了两个皇帝、一个皇后，还指出了一个巨奸大憨。当然，对于王莽的评价，看官可以畅所欲言，也有历史学家认为他"完全是一种书生的政治""并不是一个很坏的皇帝"。笔者感到有趣的是，如果太子随口说出的不是左边，而是右边，历史又会怎样演变呢？

✱ 参考书籍

《汉书》

秋月未央

厌极了与赵飞燕的宫斗,班婕妤做出什么选择?

唐代大诗人王昌龄被后人誉为"七绝圣手",记得当年背《唐诗三百首》的时候,有他一首《长信怨》,后半段诗文如下:

"奉帚平明金殿开,暂将团扇共徘徊。
玉颜不及寒鸦色,犹带昭阳日影来。"

当时我只认为这是一首宫怨诗,没有太多留意。近来,我发现《长信怨》又名《长信秋词》,乃是一组诗,共五首,都是写给汉代班婕妤的。

王昌龄为什么对班婕妤如此感冒?后来查了一下,似乎找到了一点门道,原来两人是山西同乡。班婕妤是楼烦人,在今天的宁武县一带;而王是晋阳人,就是今天的太原,他们的家乡离得很近。

从王昌龄的诗里可以看出,班婕妤过着极凄清落寞的生活。按道理,汉代婕妤的地位很高,位于妃嫔之首,往往能晋封为皇后。据《汉书·外戚传序》记载:"至武帝制婕妤、娙娥、充依,各有爵位……婕妤视上卿,比列侯。"她确实是位高爵尊,那凄苦又从何而来?

这得从她被选入宫说起。

班婕妤是世家出身,祖上班孺和班长等都是一代人杰,她的父亲班况

好看到停不住的中国史

在汉武帝时期抗击匈奴,驰骋疆场,曾经立下汗马功劳,被封为左曹越骑校尉。她自幼聪明伶俐,又肯苦读诗书,及长成,不仅出落得仪态万方,更难得的是她工于诗赋,文采飞扬。

班家女儿如此出众,当然盛名远播。公元前32年,汉成帝刘骜即位,天降奇缘,她被"一朝选在君王侧"。一开始只是封了名叫"少使"的下等女官,后来成帝完全被她的美貌和才华征服,不久就给她连升九级,赐封为"婕妤"。

班婕妤这样的妙人儿,百万人里也难挑出一个,何况她还擅长音律,既能写词又会谱曲,汉成帝一度与她如胶似漆,形影不离,还特意命人制作了一辆大辇车,以便二人同车出游。车成,想不到班婕妤却拒绝了,她说:"古代圣君,往往都是名臣在侧。只有身死国灭的夏桀、商纣王和周幽王之类的人,才有嬖幸的妃子在坐。妾身不敢依仗宠爱而连累了您的圣贤英明,您想想,这车我能坐吗?"

这番话不仅让汉成帝肃然起敬,连王太后也大加赞赏,说:"古有樊姬,今有班婕妤。"

王太后所说的樊姬很贤惠,曾辅佐楚庄王成为"春秋五霸"之一。王太后把班婕妤比作樊姬,这是极大的嘉勉与鼓励。

于是,班婕妤"三千宠爱在一身",成帝让她居于增成舍宫,日夜在此流连。班婕妤也曾生下一个皇子,但不幸出生数月就夭折了,之后她再也没有生育。

笔者在此不能不感叹,上天给了你闭月羞花的貌,又给了你锦心绣口的才,还给了你与皇上琴瑟和鸣的爱,总会给你留一些缺憾吧?

欢娱的日子总是嫌短的,一晃十几年过去了。公元前18年,汉成帝

118

30岁了。民间舞蹈家赵飞燕、赵合德姐妹入幸，后宫从此波谲云诡，鸡犬不宁。

纵然班姬很像樊姬，汉成帝却不是楚庄王，赵氏姐妹受宠，一步登天，"俱为婕妤，贵倾后宫"，班婕妤和许皇后自然受了冷落。

气极了的许皇后出了昏招，她在寝宫中设置神坛，一面祈求皇上多福多寿，一面诅咒赵氏姐妹灾祸临门。

想不到此事被赵氏姐妹的线报查到，赵飞燕即刻报给汉成帝，说许皇后不仅咒骂自己，也诅咒皇上。在汉成帝的盛怒之下，许皇后被废。

赵氏姐妹还想利用这一"巫蛊"案诬陷班婕妤，班婕妤并不惊慌，她回复皇上："妾闻死生有命，富贵在天。修正尚未蒙福，为邪欲以何望？使鬼神有知，不受不臣之诉；如其无知，诉之何益，故不为也。"

大意是说，一个人好好修行还不一定能得到福报，做邪事就更别指望神灵保佑了。如果鬼神有知，这种诅咒必然不会听；如果鬼神无知，诅咒还不是白费劲儿！这种事儿，本人不屑做！

汉成帝尚且还没有到了昏聩不明的程度，觉得班婕妤说得在理，毕竟曾是恩爱夫妻，只能厚加赏赐——赐黄金百斤，以此来弥补心中对她的愧疚。

事后，班婕妤思来想去，实在厌极了后宫的种种谗构、嫉妒和倾轧，于是她写了一篇奏章，自请前往长信宫侍奉王太后。此举之意是要远离是非之地，且能把自己置于太后羽翼之下，生命安全至少有了保障。汉成帝允其所请。

从此，班婕妤移居长信宫，悄然隐退。每天长信宫门开启时，她便顺着台阶扫地。这种清冷寂寞的日子一过就是11年。

曾经繁花似锦，今日枯木成灰。恩爱夫妻一朝劳燕分飞，毕竟心里

好看到停不住的中国史

还是有不平的，班婕妤觉得自己像极了秋天被弃的团扇，于是作《团扇歌》以抒其悲情（《文心雕龙》的作者刘勰疑为后人托名之作，但笔者宁信其真）：

"新制齐纨素，皎洁如霜雪。

裁作合欢扇，团团似明月。

出入君怀袖，动摇微风发。

常恐秋节至，凉意夺炎热。

弃捐箧笥中，恩情中道绝。"

这就是团扇也被称为班女扇的由来。长日漫漫，弄筝调笔之余，班婕妤还写下了许多佳作，可惜大多没有流传下来。

公元前7年，44岁的汉成帝驾崩。班婕妤请求为皇上守墓，太后准许了。

每天陪着石人和石马，守墓的日子也许更加阴森萧瑟。9年后，班婕妤默默告别人间，陪葬在了汉成帝的延陵。

班婕妤墓在延陵东北约600米处，形如覆斗，底部周长320米，高14米，顶部周长30米，当地群众称其为"愁女坟"或"愁娘娘墓"。

✳ 参考书籍

《汉书》《艺文类聚》

秋月未央

董贤自辩"断袖之癖"子虚乌有，班固的文章自相矛盾

这是一段两千多年前的冤案，一直被当成是男同代表的董贤冤枉大了，被谁冤枉的？班固吗？还是悠悠大众之口？

故事虽奇诡，但绝不算胡说，它来自清代袁枚所著的《子不语》，其中专谈一些人间看不到的奇闻轶事。

康熙年间，袁枚的从叔祖（就是祖父的堂弟）袁弓韬在陕西当官，任西安府同知，有一年遇上大旱，他到终南山求雨。袁弓韬在山边上看到有一座古庙，里面塑着一个美少年的雕像，服饰像汉代的公侯。

于是他就问道士，这是何方神圣？道士说是孙策，袁弓韬以为孙策横行江东，也没有来过这里，而且小霸王是何等英武，这个塑像未免过于秀气了，所以怀疑这是一尊邪神。

随后，朝廷要在太白山修建龙王祠，袁弓韬就准备派人把这座庙拆了，把木瓦之类移过去用。

当天晚上，袁弓韬梦到有神召见，对他说："我并不是孙策，我乃汉代大司马董贤也，当年我被王莽害死，死得很惨。我虽然高位官居，但没有害过一个士大夫，天帝可怜我无罪，所以封我为大郎神，主管这一带的晴雨之事。"

大概这时候，袁弓韬想到了董贤和汉哀帝之间著名的"断袖"轶闻，

不由得多打量了几眼。

　　大郎神已经猜到了他的心思，就说："你们都被班固给欺骗了，他写的《哀皇帝本纪》中，既然已经写到哀帝得了痿病，不能生子，还怎么会有那些事？真是自相矛盾之语！"

　　"当年哀帝和我确实情谊非同一般，'与帝同卧起，事实有之'，但是武帝在位之时，卫青和霍去病两位将军也曾经与皇帝同卧同起，怎么能和安陵、龙阳之类相比呢？"

　　"还是天可怜见，封我在此地为神，但是这件两千年的冤案，还是要请您为我湔雪！"

　　袁弓韬第二天就捐俸一百金，修葺了董贤庙，还以少牢之礼祭祀。

　　晚上又梦到大郎神来谢，还说："蒙君修庙，甚感高义。"又说："当年我的掾史（官名，掾与史的合称。古代指分曹治事之属官）名叫朱栩，此人是大义士，因为收葬我的尸骨，被王莽杀了。我感念他的恩德，上奏于帝，荫庇他的儿子朱浮当了光武帝的大司空，请君留意察看。"

　　后来，袁弓韬又塑了朱栩的像立在了董贤塑像一侧，还塑了一个王莽的囚犯像跪在阶下。

　　故事到这就结束了，也不知道现在终南山上还有没有董贤庙，住在终南山附近的读者可以寻访一下，也很有趣。

　　民国曾出版一本《烟霞万古楼文集》，为王崑所著，书中曾经收录"汉高安侯董贤庙碑"并附有袁弓韬董贤庙碑原文，可见此事并非空穴来风。

　　文中所提到的义士朱栩，没有找到什么史料，果然被彻底埋没。倒是确实查到了他儿子朱浮，这人是光武帝时的大司空，文武全才，下笔如行云流水，"亲者痛，仇者快"的典故就出自他的《为幽州牧与彭宠书》，

广为后人所传诵。

✱ 参考书籍
《后汉书》《子不语》《烟霞万古楼文集》

好看到停不住的中国史

"执金吾"是个什么官？比九门提督还牛？

在读史书的时候，经常会碰到"执金吾"，从架势上猜，像是手里持着兵器家伙的侍卫护从。以前看书不求甚解，后来我才知道，这可不是简单的侍卫，用现在的官职来比对，大概相当于京城卫戍区司令，甚至比卫戍司令的权力还大。另外，惭愧"吾"字也读错了很多年，其实人家的读音是 [yù]。

清代福格的《听雨丛谈》里说到"步军统领"这一条的时候，"即古之执金吾，今俗呼九门提督"。哦，原来是这样！如此看来，这个"执金吾"确实是一个分量相当重的官员。当年雍正成功上位，有人说外靠年羹尧，而京城里能够威慑其他试图夺嫡的对手，靠的就是九门提督隆科多。

当时，隆科多为什么是各方拉拢的对象？三大件：九门锁钥、白塔信炮和大内合符，这都在他手里握着。他不仅管辖着八旗五营和巡捕五营，还掌管刑罚，"徒罪以下词讼，皆得自理"。所以此人在京城里巡视的时候，摆的谱比亲王还大，要"清尘洒道"，一大堆属官跟着，前呼后拥，八面威风。

"执金吾"从来就是非常霸气的官儿，从汉武帝手里出现的时候就是这样，位同九卿，是守卫京师尤其是皇城北军的最高统帅。《后汉书》中对于这位"执金吾"的拉风出行有这样的记载：

秋月未央

"执金吾缇骑二百人，持戟五百二十人，舆服导从，光满道路，群僚之中，斯最壮矣。世祖叹曰：'仕宦当作执金吾。'"

意思是"执金吾"出行时，骑兵就有二百人，还有持戟甲士五百二十人！近千人的队伍浩浩荡荡，威风耍得淋漓尽致。这盛大的场面，把初来长安的乡下少年刘秀震撼得目瞪口呆，不由得感叹："仕宦当作执金吾！"当官就得当"执金吾"！

"执金吾"责任重大，要负责典司禁军，保卫京城和宫城的安全，担负京城内的巡察、禁暴、督奸等任务，还主管武器及典司刑狱，明代锦衣卫出演的也是这个角色。

"执金吾"还有一项重大的职责是每月要绕宫巡察三次，以预防和消除宫外水火之灾和其他非常事故。为什么一定要整出这么大的动静，摆足了排场？个人认为，还有一个不言自明的用意就是震慑不良分子。

"执金吾"的代表人物是东汉名将耿秉，率军平定车师，北击匈奴，屡立战功，受到汉章帝的器重。

当然，历代能担当这个官职的人，都是皇上最信任的王公勋臣。东汉末年，群雄并起，有一个"执金吾"叫袁逢，他本人低调，但两个儿子都名震江湖，一个是袁绍，一个是袁术。

"执金吾"一词要再解释得详细点，就有点挠头了，因为有关"金吾"，古人的意见并不统一。第一种说法是"金吾"乃是一种鸟名，这种鸟有"辟不祥"的特异功能，所以天子出行之时，以它为先导，"故执此鸟之象，因以名官。"这说法出自《汉书百官公卿表》注。第二种说法出自《古今注》，认为"金吾"是一种两端涂金的铜棒，官员出行的时候手里拿着，作为权杖。两种说法似乎都有道理，笔者更倾向于第二种。

好看到停不住的中国史

✱ 参考书籍

《后汉书》《听雨丛谈》《汉书百官公卿表》《古今注》

权力让人疯狂,"圣人"王莽如何逼死三个儿子?

绥和二年,即公元前7年,成帝去世,哀帝继位。一朝天子一朝臣,此时,哀帝的祖母定陶王傅太后与丁皇后的家族开始得势。三十八岁即任大司马的王莽只得靠边站,他卸职后一直隐居在封地新都,且闭门不出,像后世的袁世凯一样,表面当了个闲人,其实他内心对于权力的渴望越来越热烈。

当傅氏和丁氏没落,王莽再度被请出山任大司马的时候,已经不满足于一人之下、万人之上的大司马,他的心里有了一个偷天换日的打算,故被皇帝提议升格为安汉公,食邑增到两万八千户时,他力辞不就。当然,他的话说得太漂亮了:"等老百姓都富裕后,臣再接受这个加封。"

真是圣人呀!老百姓怎能不交口称赞?

重掌实权的王莽此时还有一个重量级的对手,即年幼的平帝之母卫氏家族,他若要实现自己的梦想,就必须把卫氏一族从宫廷内扫地出门。

斗争的结果如了王莽的意,卫氏及其一族被封到中山国,还被禁止再回京城。

从表面上看,王莽大获全胜,但王莽的长子王宇是一个有良知有远见的人,他劝父亲,把事情做得太绝,就不怕平帝日后报复吗?到那时,王家将死无葬身之地了,但王莽根本听不进去。王宇跟他的老师吴章商议后,

想到一条"血计"——利用王莽比较迷信的弱点，以天象示警的方式让他改变主意。

这条"血计"的迷信背景是，对于做坏事的人，鬼神会在他的家里洒鲜血，以为警告。

于是，他们杀了一头牛，搞到了大量的牛血，在一个月黑风高的深夜，这些牛血被涂在了王莽宅邸的内壁上。

没想到，王莽看到这些牛血之后，根本不动声色，他其实一点也不信鬼神，平时在众人面前就是装装样子，但是他的演技实在太高超了，所以连他的儿子也被蒙住了。

王莽知道这一定是反对他的人干的，所以悄悄等着对方再次下手。

王宇等人见血涂在内壁上没效果，商量以后决定再来一次，这次索性把血涂到宅邸之内。

万万想不到，王莽早已派人埋伏，这些洒鲜血的"鬼神"被抓了个正着，稍加审问，他们就把王宇等人的名字和盘托出了。

王莽以此大肆弹劾并株连卫氏，借此逼迫除皇太后以外的所有卫氏族人自杀，卫氏这一脉被他连根拔掉。

至于大儿子王宇，王莽给他定了一个"首谋"，勒令他服毒自尽。王宇的妻子怀有身孕，她生下孩子后，也被王莽逼死了。

在外界看来，卫氏确实是在策划什么阴谋吧？因为安汉公连自己的儿子都杀了！

掀翻卫氏的代价只是赔上了自己的大儿子，王莽认为还是划算的，因为他还借此除掉了一批反对自己的势力，逼杀了敬武公主、梁王刘立等朝中政敌。"牛血"事件果然足够血腥，被杀者数以百计。

秋月未央

王莽又很会利用宣传工具，令人把此事说成是他"大义灭亲、奉公忘私"的壮举，甚至还写成赞颂文章分发各地，由此更赢得了天下人的称赞。

但让人不解的是，其实在此之前，他已经逼死了自己的次子王获，目的就是为了赢得"忠义"和"不徇私情"的美誉。

在他还担任大司马的时候，王获杀了一名家奴，在他的眼里，家奴只是一个物件，说白了命并不值钱，他并不认为自己犯法。可不幸的是，他有一个正想着要为自己造势的父亲。王莽不肯放过这个机会，于是小题大做，严厉指责王获草菅人命，并要求他以命抵命，逼迫王获自尽而死。

都说虎毒尚不食子，似乎一心建功业的王莽根本没把自己的儿子当回事，利欲熏心的他，真像某些人说的，像是穿越回去的，所以和儿子们没有骨肉亲情，还把他们都视为自己夺取皇位的砝码。

王获的命换来的舆论效果是，大司马那么高贵的人，为了区区一名奴隶的性命，竟然让自己的儿子偿命，他的所作所为真是让人高山仰止啊！

这个处心积虑的阴谋家，最终假惺惺地顺从"天意"，篡夺了大汉江山，自立为"新帝"。

登基之后，王莽将自己家的老四王临立为太子。

谁能想到，这个太子是扶不上墙的登徒子，他探望王太后之时，居然染指了她身边的侍女。其实，这本来也算不得什么大事，但是后来有人告诉他，这个侍女早与王莽有关系，太子这才惊得魂飞魄散。

冷静下来后，太子开始谋划，干脆一不做二不休，杀了他的老爹，结果行事不周密，还没有布置妥当，已经有人向王莽告发了他。

就算是亲儿子，王莽也绝不饶恕，他的心肠真是铜打铁铸的，让第三

129

个儿子服毒自杀了。

王临临死之前也算耿气，偏不喝王莽送来的毒药，拿刀往脖子上一抹，把命还给了他的老爹。

至此，王莽四个嫡出的儿子只剩下老三王安了，《汉书》记载"安颇荒忽"，可能是两位哥哥的死让他受了惊吓，最后精神恍惚，疯魔而死。那么，这账是不是也得记在他那个冷酷的爹头上？

用儿子的鲜血染红宫廷的王座之后，王莽终于走上了权力的巅峰，但是嫡生的儿子一个也没有剩下，谁来继承他的皇位呢？

没关系，王莽这个"道德圣人"还有两个庶出的儿子，本来一直藏在民间，现在为了后继有人，他也顾不得那么多了，把两个儿子接到宫中，并承认了他们的身份。

新政不得人心，社会暴乱不断，王莽的新朝风雨飘摇。

最终，当了十五年皇帝的王莽在乱军中被杀了，身体被分裂开，脑袋被悬挂在宛市中，两个庶出的儿子也成了殉葬品。

笔者总结：若德不配位，谋得越大，则伤得越重。王莽先生费尽一生为自己画了一个饼，最终发现这个饼不过是一场虚空而已。

王莽的"成功"，对于那些孜孜于功名的人来说，无疑是一种从头凉到脚的警示。

✱ 参考书籍

《汉书》《后汉书》《十八史略》

在汉代当个乱世隐士有多难,还得冒生命的危险?

儒家有"盛世则出,乱世则隐"的古训,来自《论语》:"天下有道则见,无道则隐。"意思是赶上好的世道,就出来干一番事业,为百姓谋福利;如果碰上乱世,就找个地方藏起来保全性命要紧。这和佛家、道家的思想都有些区别,道家往往反其道而行之,乱世则出来助有道之人安定天下,一旦战火平息,则"事了拂衣去,深藏功与名"。佛家则无所谓治与乱,只是红尘中的纷然之相,关起山门,安静修行。总体来说,儒家入世,道家出世,佛家遁世。

但有时,身为一个儒家学士,也不是你想出仕就出仕,想隐居就隐居的,尤其是当你有了一个大大的虚名之后,就更加身不由己了,这时候人才能明白"名缰利锁"是什么意思,若要彻底打破这些枷锁,必须以命相搏。

西汉末年有一个大名士姓李名业,四川广汉人。从小就有远大志向,谨慎修身,后来拜了博士许晃为师,学业大进。

汉平帝元始年间(公元1—5年),由益州刺史举荐,李业被朝廷任命为郎,虽然官阶不高,但是是皇上的近臣,备顾问和差遣。

没过几年,王莽夺了皇帝那顶帽子,"假皇帝"成了真皇帝。李业看出天下即将大乱,于是托病辞官回家,闭门谢客,连州郡中的那些官员也一概不支应,就在家里过自己的清净日子。

好看到停不住的中国史

但是广汉郡的太守刘咸不让他清净,他心想,有这么一个大贤士在我的治下,不出来当官不是浪费吗?意思是你也别装病了,必须出来当官!李业也不想得罪父母官,只能还拿有病当借口。就这么推辞了几次,刘咸火大了,这不是给脸不要脸吗?我这太守的脸就这么不值钱?干脆派人去强"请"。李业实在没办法,只好带病前来。

刘咸还有一番他的大道理:"我认为贤明的人并不躲避灾难。就像我们现在开弓向市里射一箭,薄命的人先死,躲也没用!我一直景仰您的大名,想请您出来一起治理这块地方。这是您的家乡,您怎么能一直用有病来当借口推辞呢?"李业无奈,只能声明自己确实有病,刘咸很恼火,既然这样,你就到我的监狱里去养病好了!

李业并不惧怕监狱,但刘咸看他仍然不买账,一怒之下,连杀他的心都有了。

这时候幸亏有人出来劝解,"当年就是因为赵简子杀害了贤人窦鸣犊,孔子才走到黄河边就决定不入晋国了。自古以来,还没听说过哪一个真心求贤的人用坐牢来威胁别人的。"

刘咸想想也是,这样对待名士,以后谁还敢来!这才把李业给放了。

刘咸刚放了李业,王莽又惦记上了。此人来位不正,更想找一些名士来给自己撑撑门面。他下诏给了李业一个"酒士"的官位,这是王莽新朝的发明,每郡都设了一个,"掌督察酒利"。王莽一心想恢复古制,设置这个官位可能也是想让已经被打破的盐铁和酒类专营重建起来,酒士就是专管酒类的生产销售及税收的官员。

但是李业还是不给面子,理由还是有病,后来又担心王莽再使出刘咸那样的毒招,干脆躲进了大山里,跟老百姓同吃同住同劳动,就像蝴蝶飞

秋月未央

进了菜花丛里,确实找不出来了,就这样,一直到王莽塌锅倒台。

本来以为王莽完了,世道该清平了,没想到公孙述在成都又当了土皇帝,倒霉的是他也知道李业的大名,还想征他出来当博士。李业也没有别的借口,只能还用老招数,继续称病,而且这病还从不见好,根本就没有出来当官的心思。公孙述请不动他,栽了面子,又羞臊又恼怒,于是派了一个叫尹融的人找到李业的门上。临行前,公孙述交代说:"如果李业答应出山,可以给他封侯,如果不肯从命,那就让他把这瓶毒药喝了!"

给毒药之前,尹融先晓之以理:"你看现在天下分崩离析,哪里有什么是非可言?您现在何必用胳膊拧人家的大腿呢?朝廷仰慕您,高官厚禄给您留着,七年了都等不到您。平时有什么稀罕的好吃食,皇上也记挂着您,让人给您送来。您只要轻轻点头,出来就职,既对得起皇上的一片殷勤之意,子孙后代又跟着您沾光,这是多好的事啊!"

见李业不置可否,尹融继续劝说,但话里已经有了威胁的成分:"先生您不能不出山啦,皇上已经起了疑心,这次如果不从命,天威难测,可能灾祸立至,您还是三思而行啊!"说完把毒药亮出来,放在了案几之上。

李业长叹了一声说:"圣人有言,'危邦不入,乱邦不居',现在我为了享受优厚的待遇而去侍奉乱主,不是道义所在。君子重义,可以舍生忘死,不是这些高官厚禄所能诱惑的。"

尹融见李业还是听不进他的话,只能动之以情,劝他再跟家人好好商量一下,也许他见到妻子儿女就心软了。

李业摇了摇头说:"大丈夫当断则断,这事我意已决,跟妻子儿女没有什么关系。"

说罢,他从容地拿起毒药一饮而尽。

好看到停不住的中国史

尹融无奈回成都汇报，公孙述见李业宁死不屈，还是吃了一惊，接着又想到，这下自己可是又摊上了一个"杀贤"的恶名，还是需要再演戏糊弄一下的，于是派出特使前去吊唁，还送来了一百匹绢。李业的儿子李翚知道父亲正是为此而死，现在受了这些东西怎么给地下的父亲交代？处理完丧事之后，他干脆逃走了。

后来，汉光武帝刘秀派人灭了公孙述，而且为了表彰李业的高尚节操，下诏在《益部纪》中记载了他的事迹，还在他的家乡梓潼为他建立了墓阙。中国古代的阙，至少在西周时代就已出现，是一种体现封建礼制的高规格建筑，登临可以远观，所以阙也称为观。在中国有确切年代可考的汉阙中，李业阙建立的时代最早，迄今已经近两千年了。

在汉代，君子可杀不可辱，不想干的事请别逼我，否则我就死给你看。不光是李业，就在他的同一时期，还有"二王"，跟他的故事如出一辙。

所谓二王，一是王皓，一是王嘉。王皓在汉平帝时当过美阳县令，治理今天所在的陕西武功西北；王嘉跟李业是同事，都是平帝的"郎"。

王莽篡位后，这二人弃官归隐，回到了蜀中。等到公孙述称帝的时候，也是屡次派人来"请"，皓嘉二人当然不肯从命，公孙述怒了，先抓了他们的妻子儿女，再派人来通知他们，如果听话，妻子儿女的命还可以保全。

王皓说："犬马都知道忠于主人，何况我这样的汉臣！您带不走我，倒是可以带走我的首级！"说完就自刎而亡了。

公孙述气急败坏，诛杀了王皓的全家老小。

王嘉听说了王皓一家的遭遇，长叹一声："那就让我步他们的后尘吧！""乃对使者伏剑而死"。

二人都以最决绝的方式捍卫了自己的意志和尊严。

至此，我要对两位烈士的死表达无限的敬意，但还有一个小小的疑问，王皓是自刎的，这个容易理解，就是用剑割颈而亡，但与他不同的是王嘉的"伏剑而死"，这又是一种什么样的自杀方式呢？

从春秋战国到秦汉时代，"伏剑"比"自刎"的人要多得多，似乎是一种更有尊严的自杀方式。据唐代孔颖达的《左传正义》："谓仰剑刃，身伏其上而取死也。"这个解释语焉不详，如果把剑仰起来，怎么固定？把身体对着剑刃倒下去？是对准身体的什么部位？

欢迎探讨赐教。

✱ 参考书籍
《后汉书》《资治通鉴》《左传正义》

乾坤旋转

叁

◆

新莽纷然乱朝堂,刘家有儿是豪强。

真龙飞白水,战鼓动昆阳。

千秋亭上,日月重光。

◆

好看到停不住的中国史

庄稼汉骑牛上阵，为大汉朝续命二百年

在中国历史上，如果要推举最仁慈的皇帝，想必汉光武帝刘秀和宋仁宗赵祯应该可以进入前三名。这两位皇帝不只是仁慈，治国也都是一等一的高手，其中一个一手开启了"光武中兴"，另一个隆重推出了"仁宗盛治"。两个人生活的时间整整差了一千年，但在历史上都足以光前裕后，成为后世皇帝的楷模。

今天我想说的是有关光武帝刘秀的几个小段子，让大家看看这名"田舍汉"是如何一步步逆袭成为一位扭转乾坤的开国明君的。

细算一下，光武帝也是根红苗正，源出于汉景帝之子长沙定王刘发一脉，是汉高祖刘邦的正宗九世孙。因为汉代实行"推恩令"，皇亲国戚的待遇随着一代一代的降生而递减，原来是王、是侯、是公的，一步步走进普通老百姓的行列。所以到了刘秀的老爹刘钦这一辈，只混到了县团级，当了济阳县令这样的芝麻官。按说也不愁吃喝，日子应该不错，但可惜父亲死得太早，刘秀刚九岁，老爹就没了。据《后汉书》记载："光武年九岁而孤，养于叔父良。"一个"孤"字足以说明可怜的孩儿日子有多难过了，好在，他还有一个远在南阳郡蔡阳县的叔叔，名叫刘良，发了慈悲心收养了刘秀兄妹几人。生活虽说是有了着落，但是原来的祖荫是一点也享受不到了，就此成了平头百姓。

乾坤旋转

刘秀从小就踏实，那就当一个好百姓吧。等他慢慢长成一个小伙子，真成了一个种庄稼的好把式。为此，刘秀经常被他那位以"侠士"自居的大哥刘縯耻笑，说他种地倒是很勤快，简直就像汉高祖刘邦的二哥刘喜。

据《东观汉记》记载，有一天，姐夫邓晨带着刘秀去做客。在西汉末年，谶书很是流行，王莽篡汉玩的就是谶书的把戏，其实内容荒诞不经，基本没什么依据可言。在大家聊天的过程中，有人说自己看到了一则谶书，里面写的是："刘秀当为天子。"

有人就分析说，那这谶书上说的人一定应在国师公刘秀的身上。这个国师公刘秀是刚改的名字，他原名叫刘歆，也是一个大儒，对谶纬之类的事很精通。可刘秀却冷不丁冒了一句："你怎么就知道不是说我呢？"原话是："安知非仆乎？"话音未落，哄堂大笑！这个庄稼汉原来这么幽默！

后来这个"幽默的庄稼汉"还真坐上了皇帝的宝座。刘秀登基后的第三年，有一回跟姐夫邓晨畅谈往事，说到了那则谶书的事。邓晨摇着头说："仆竟然做到了！"刘秀听后抚掌大笑！此是后话。

再说当庄稼汉的刘秀，别人怎么看他，他不以为意，但也并没有放弃学习。20岁的时候，他到长安投师求学，认真攻读《尚书》等，也算粗通文墨。

此期间，"谦谦君子""一代圣人"王莽终于露出了本来面目，一举废掉了皇帝，自己登基建立了新朝，历经214年的西汉终于黯然谢幕。

王莽此人当皇帝终究还是欠火候，他盲目崇古，改革不切实际，导致民怨沸腾，再加上老天爷也跟着裹乱，水灾旱灾不断，老百姓没了活路，只能铤而走险。一时之间，赤眉、绿林、铜马等数十股农民起义军揭竿而起，导致海内分崩，天下大乱。

好看到停不住的中国史

刘秀的大哥刘縯早就按捺不住了，他广交英雄豪杰，久有平定天下的志向。他和南阳当地的一批豪横子弟早就想趁乱起兵，但处事极为谨慎的刘秀一直认为时机不到。直到地皇三年，即公元22年，刘秀冷静分析了全国的局势，认为天变已成，于是采买甲弩，于当年十月正式起兵。这一年，他只有28岁。

刘秀跟李通、李轶等一帮铁哥们从宛城起兵后，来到春陵，就是现在的湖北省枣阳市吴店镇一带，当时他大哥刘縯也正式起兵，这兄弟俩一文一武，是天生的好拍档。

想不到初次上阵，刘秀就办了一件大糗事。他和李通等人到了柴界后，碰上了王莽的军队。看了看人家的架势，他们的腿都软了，哪敢上阵，直接落荒而逃，一口气跑回了济阳，就是他出生的老窝。

初战打得这么怂，也不能全怪刘秀，当时他们兵少将寡，装备很差，一开始，刘秀可怜得连一匹战马都没有。这个曾经的庄稼汉骑牛倒是很内行，干脆就骑着牛上阵了。直到后来，经过激战，他们杀死了新野尉，刘秀才算正式有了战马。

我印象中，骑牛上阵打仗的牛人是"东岳大帝"黄飞虎，在《封神演义》里，他骑的是一头五色神牛，也叫五彩神牛。据说那头神牛有五色毛发，力大无穷，不惧凶兽，可以托云走路。

光武帝刘秀骑的这头"神牛"也把他送上了皇帝的龙椅，他应该给那头牛也建一个博物馆，以资纪念。

虽然开局是庄稼汉骑牛，但是四年过后，刘秀的势力就发展到"跨州据土，带甲百万"，而且在众将的拥戴下，他正式于河北鄗（hào）城的千秋亭即了皇帝位。这四年中究竟发生了什么？光武帝如何在群雄混战中

140

脱颖而出？且听在下慢慢道来。

✱ 参考书籍

《后汉书》《东观汉记》《太平御览》《论衡》《封神演义》

好看到停不住的中国史

如果脑子再多根弦，东汉的首位皇帝妥妥应该是他

"勇略震主者身危，功盖天下者不赏。"这句话出自《史记·淮阴侯列传》，这是对韩信的高度总结，一句话就把他不能见容于汉高祖刘邦，最后身死族灭的最深层原因说清楚了。用老百姓的大实话来说，你比领导还能，比领导的本事还大，又不低调点，那就是在茅坑边上栽跟头，估计离死不远了。

韩信的前车之鉴并不远，大约二百年后，又一位大英雄步入了他的后尘。他正是东汉开国皇帝刘秀的大哥刘縯，如果不是一步走错，以刘縯的能力和功绩，开创东汉二百年基业的首位皇帝妥妥应该是他！

王莽篡汉之后，天下大乱。公元22年，刘縯和刘秀兄弟在南阳起兵，举起反王莽的大旗。和那些揭竿而起的农民起义军不同，兄弟俩是有远大志向的，要"复高祖之业，定万世之秋"，而且他们一文一武，天生一对龙兄虎弟，在战场上也是势不可挡的。后来，他们又跟起义的新市军和平林军结盟，从此更加如虎添翼，所向披靡。

王莽在南阳的最高军政长官甄阜和梁丘赐率十万精兵扑向刘氏兄弟的队伍，双方激战于小长安，义军初战不利，刘氏数十个同宗兄弟都死于这场惨烈的混战。这一仗把新市和平林两支义军打得都有点怕了，但刘縯毫不气馁，制订了详尽的攻略，将全军分为六部，借着夜色掩护，先夺取了

官军的后勤基地,"尽获其辎重"。

第二天早晨,刘縯、刘秀兄弟率兵自西南方向猛攻甄阜军,下江兵也自东南方向攻击梁丘赐军,官兵大溃,被杀或溺水死亡者近两万人,甄梁也被杀死。此战全歼王莽的南阳精锐之师,刘縯兄弟从此威名远播。

随后,他们挥师北进,兵锋直指宛城。

在这里,他们跟王莽集团中的名将严尤、陈茂展开殊死决战。

刘縯跟当年的西楚霸王一样破釜沉舟,"陈兵誓众,焚积聚,破釜甑,鼓行而前",兄弟俩身先士卒,督率全军冲锋陷阵。在淯阳城下,起义军以一当十,越战越勇,斩首3 000余人。

此战过后,刘縯的大名几乎把王莽惊着了,这位寝食难安的伪皇帝做出了一个非常惊人的举动——为了得到刘縯的脑袋,他开出了有史以来最高的悬赏:无论何人,有得逆贼刘縯者,封邑五万户,赏黄金十万斤,拜为上公。

五万户,几乎是一个郡的人口总量数了;十万斤黄金,真叫作富可敌国;而上公,这是王莽政府能给出的最高官爵。其中任何一项都是天下汲汲于功名者终生努力不懈的目标,而现在三者相加于此,似乎除了皇位,没有比这更诱人的了。

当年刘邦曾经对霸王项羽的人头悬赏,那也不过是万户千金而已。

刘氏兄弟率军高歌猛进之时,来自义军内部的危险已经悄悄生根发芽。

在连续大败官军后,义军队伍迅速发展到了十多万人。大家一致认为,为了统一管理,应该拥立一位刘氏宗室为皇帝。

刘縯以为自己当然是不二的人选,想不到绿林军的一些将领却更钟意于他的族弟——性格怯弱的刘玄。用意很明显,他们要立的是一个听话的

143

傀儡，而威名卓著的刘縯让他们惴惴不安。

这个结果让刘縯很是气愤，毕竟人家人多势众，他纵然不甘心也只能看着刘玄在淯水之畔登基，当上了更始帝。更始帝给刘縯的官职是大司徒，封汉信侯。

尽管满腹不平，但刘縯还是有英雄气量的，能够以大局为重，随即率部奔赴前线。义军迟迟攻不下的新野，他的大旗一到，守城的新野宰潘临就乖乖献城投降了。同月，刘秀也创造了以少胜多的光辉战例，在昆阳城下大破王莽精兵四十万！

兄弟俩此时已经走到了"勇略震主，功盖天下"的边缘，他们的功业已经让刘玄一伙难以安枕了。

刘玄本想借大会诸将之机，在酒席间举玉佩为号击杀刘縯，但不知什么原因没有得逞。

刘縯的舅父樊宏是一个伶俐人，从中看出了杀机，会后对他说，这可是一场鸿门宴呐，但刘縯不以为意，一笑置之。

此时，曾与刘秀一同起兵的李轶，已经暗中投靠了刘玄。一向精明的刘秀对李轶十分怀疑，曾经多次告诫兄长，一定要提防此人，但刘縯认为李轶是一同起事的好友，一路奋战沙场过来的人，因此对他深信不疑。

不久之后，正是在李轶等人的一再唆使之下，刘玄下了寻机除掉刘縯的决心。

机会是刘縯的一名部将送来的，他叫刘稷，勇冠三军，却全无政治头脑。在刘玄被立为皇帝时，他正在前线指挥作战。得到这一消息后，他愤怒异常，直言不讳地说："我们把脑袋挂在腰带上起事，不就是为了刘縯兄弟当皇上吗？这个叫更始的是个什么玩意儿？"刘玄任命他为抗威将军，他拒绝

接受，这正好给了人家一个借口，以抗命为由，刘玄率诸将和数千士卒来到刘稷的驻地，直接把他绑了，紧跟着就下令斩首。

在现场的刘縯看到爱将要遭毒手，不能不据理力争。李轶等建议刘玄，何不乘此时机，将刘縯一并诛杀？

于是，刽子手屠刀挥起，刘縯与刘稷人头落下。

那他的兄弟会被株连吗？刘秀可不像他的大哥那么一根筋，"始伯升之见杀，而世祖驰诣更始，逡巡引过，深自咎谢，不为戚伤。是以更始信而任之……"君子报仇，十年不晚。他不能不虚与委蛇，韬光养晦，他不但跑到更始帝那里谢了罪，还不敢对大哥的死有一点悲伤的表情。他心里跟镜子似的，但凡敢有一点不平之色，刀就架在他脖子上了。

《后汉书》作者范晔的感慨如下："志高虑远，祸发所忽。呜呼！古人以蜂虿为戒，盖畏此也。"这是说刘縯志向远大，又深有机谋，就因为忽视了一些细节而招致了灾祸。小人就像蜂蝎一样，一不小心，就会受其所害。本来握着一把好牌，一招不慎，堕入自己人的算计里，死不瞑目。

我忽然很好奇，如果刘縯活下来了，他的亲兄弟刘秀会心甘情愿辅佐他当皇帝吗？

个人观点，以刘秀的性格，他会的。

✳ 参考书籍

《后汉书》《东观汉记》《太平御览》《汉纪》《资治通鉴》

好看到停不住的中国史

农家小子美梦成真，娶了河南最漂亮的女人

她是阴丽华，正如名字中的后两个字，一是美丽到极致，二是荣华到巅峰。中国历史有数千年，能活出她那种境界和格调的女人实在屈指可数。她是一位皇后，史上当皇后的女人车载斗量，但有色者未必有德，如纣王之妲己；有德者憾于姿容，如朱洪武之马皇后；德色兼美者未必有子，如宋仁宗之曹皇后，而有子者未必有寿，如唐太宗之长孙皇后。

独阴丽华却是四项全能，所以笔者认为她是斗南一人而已。

女强人是从苦难度出来的，女贤人是好男人度出来的，阴丽华就遇到了天底下少有的好男人——汉光武帝刘秀。

仕宦当作执金吾（yù），娶妻当得阴丽华

汉光武帝刘秀生长在枣阳，与新野的直线距离仅有七十公里，如果开车也就一百多公里。虽然现在两个地方分属湖北、河南两省，但汉代时都属于南阳郡，因此刘秀和阴丽华是地道的老乡，估计口音都很像。

之所以说到新野，是因为远近闻名的大美人阴丽华住在那里。阴家乃春秋名相管仲之后，是个显赫的世家大族。管子的第七代孙管修被封为阴大夫，其后家族便光荣地以"阴"氏为姓了。秦末汉初，阴家举族迁居新野。

阴丽华是身份尊贵的富家千金，而光武帝刘秀起初却在草根堆里混着。

146

虽然祖上也曾煊赫无比,乃汉高祖刘邦也,但到刘秀这第九代,已经成了八竿子也打不着的远支旁庶,没落到只能靠种地来填饱肚子,所以他成了名副其实的农家小子。

《后汉书》中有一段非常有意思的记载:"初,光武适新野,闻后美,心悦之。后至长安,见执金吾车骑甚盛,因叹曰:'仕宦当作执金吾,娶妻当得阴丽华。'"

刘秀早年到住在新野的姐夫邓晨家玩,因为邓家与阴家是亲戚,于是他有机会接触阴丽华。一见之下,惊为天人,这位阴家小姐的绝世美貌把刘秀的魂勾走了。后来,刘秀跑到长安求学,偶然看到了执金吾出行,那豪华盛大的场面也把他震傻了。当时还是太学生的刘秀有了一个梦想,或者说是发了一个大愿:"当官要当执金吾那么威风的大官,娶妻就得娶阴丽华那样的大美人!"

西汉时的"执金吾"(中尉)为什么这么牛?因为是天子近臣,权力很大,负责京城内的巡察、禁暴、督奸等任务,而且还执掌北军。如果硬要打个比方,跟清代的九门提督差不多。

所以,光武帝的经历告诉我们,人是要敢于有梦想的,你怎么就知道实现不了呢?

后来,王莽弄乱了朝政,兵戈四起。刘秀和他的哥哥刘縯也瞅准了机会,拉起了一支队伍。

虽然这支队伍起初筚路蓝缕,刘秀穷得只能骑牛上阵打仗,但对付王莽的新朝军队还是可以的,于是一路凯歌高奏,尤其昆阳一战,刘秀以弱胜强,更是名震天下。义军推举出的更始皇帝拜刘秀为破虏大将军,封武信侯。

好看到停不住的中国史

农家小子也有拖青纡紫的一天，戎马倥偬也免不了情思飞动，刘秀心里始终惦念着阴丽华。现在以他大将军的身份，按说比那个执金吾更牛，娶她应该也够分量了吧？

此时，刘秀已经29岁，而阴丽华似乎冥冥之中也一直在等他，19岁还未嫁，算是大姑娘了，所以，这事当然一说就成。

也许新婚之夜，与美人对坐饮酒之时，刘秀也得再揉揉自己的眼睛，我这不是做梦吧？

不是做梦，是梦想实现了。

新婚离别刘郎去，新人如霜一朝来

在结婚之前，哥哥刘縯被杀，刘秀一直隐忍不发，韬光养晦，现在娶了美娇娘回来，每天乐不思蜀，也让更始帝不再疑忌他。

六月娶了亲，入了洞房，新婚燕尔，正是如胶似漆的时候，可只过了三个月，刘秀便被更始帝派去洛阳。皇命不可违，刘秀本身也想离开这个是非之地，去发展自己的势力，但前路凶险，新婚妻子不能带走，只好千不舍万不愿地把她送回了新野的娘家。随后，刘秀又被皇帝下旨行大司马事，北渡黄河，去镇慰河北州郡。

在家独守空房的阴丽华哪能想到，他的刘郎到了河北还不到一年，就娶了一个小三，不，准确地说，应该是娶了一个小二，而本是原配的自己稀里糊涂地变成了小三。

实话实说，并不是刘郎移情别恋，而是他在河北遇到了极大的困难。为了对付在邯郸称帝的王郎，他不得不与真定王刘扬联盟，这次联盟附带了一段政治婚姻——刘秀以隆重的礼仪迎娶了刘扬的外甥女郭圣通。郭圣

通的嫁妆丰厚到让刘秀无法拒绝的程度，不少城池随着真定王归附于他，尤其是上谷、渔阳两郡的突骑投向刘秀，令他实力大增。所以刘秀才能取得南栾之战的胜利，随后攻破邯郸，击杀王郎。

接下来，刘秀势如破竹，击败并收编了以铜马军为主的大量河北农民军，军力骤增至数十万人。最终他平定了河北全境，"跨州据土，带甲百万"，更始三年（公元25年），刘秀在河北鄗城称帝。

同年十月，刘秀入主洛阳后，马上派人把他朝思暮想的美人阴丽华接到了身边。

离别两年，音信全无，阴丽华甚至做了最坏的打算。哪里想到再见面时，农家小子摇身一变成了皇帝！更让她发懵的是，皇帝的身边已经有了另一个女人，而且这个女人已经生下了一个皇子。

她不知道该如何面对她曾经的刘郎和如今的皇上，如何面对他新的女人？她究竟该如何自处？

阴丽华当时的心境现在已经无从揣测了，与夫君相对时，又会有怎样命运无常的心酸与感慨？

刘秀当时应该也非常矛盾。在阴丽华来之前，郭圣通并没有直接被立为皇后，而是封了贵人，真定王刘扬也并没有提出疑义，这说明他们早就知道刘秀还有一位原配。阴丽华来了，刘秀也给她封了贵人，与郭圣通平起平坐。

一方是自己心仪的女人，另一方却是不得已的投机婚姻，刘秀心里的天平会倾向哪一边？

辞后位甘居二线，得宠爱终成国母

新王朝转眼建立近一年了，虽然战事仍在持续，但皇上的中宫不能总虚位以待。两个候选人也被提上了日程，刘秀还是认为原配阴丽华"雅性宽仁，有母仪之美"，希望立她为后。

阴丽华在关键时刻头脑清醒，"固辞弗敢当，列于媵妾"，她说自己不够资格，甘愿让贤只当妃嫔。笔者认为，这位有大局意识的女人是不想让她的夫君太为难。

当时的形势是，刘秀的大本营在河北，虽然郭圣通背后的真定宗室此时已经没有足够的实力与刘秀抗衡了，但他们如果联合周边势力作乱，则局势危殆。刘秀正面临关中、南阳、淮阳等地多线同时作战的问题，如果河北乱了，他根本抽调不出足够的兵力应对。如果立郭圣通为后，立刘疆为太子，那必然可以缓和真定王室的焦虑情绪，让后院暂时稳定下来。

另外，阴丽华很清楚，虽然自己早来一步，但从出身、资历、子嗣各方面都输给了郭圣通，而且她的家族在刘秀建国过程中也没有起到多大的作用，站在皇上的位置考虑，他目前更需要拉拢郭氏一族来稳固政权，所以阴丽华坚决退居二线。

把自己的男人拱手让人，对于一个女人来说，在背后要流多少泪？能做出这样的决定需要拥有多大的气量？

阴丽华的通情达理让刘秀感激于心又如释重负，于是正式立郭氏为皇后，她的儿子刘疆也顺理成章地成为太子。

两年之后，即建武四年（公元28年）五月，在跟随刘秀出征的途中，阴丽华在元氏县生下长子刘阳。

这个孩子天生就不是凡胎，面色红润、丰下锐上，他爹越看越爱，认

为儿子长得很像上古时期的圣君尧。光武帝得赤符称帝,以火德自居,于是刘秀给这个宝贝儿子取名刘阳。

随后,阴丽华的肚子也大发神威,相继生下刘苍、刘荆、刘衡、刘京四个皇子。虽然不是皇后,但五个儿子的诞生也从侧面如实反映出了阴丽华的受宠程度。

版图越来越大,郭皇后则越来越边缘化,最终被废。一直与刘秀同甘共苦的阴丽华,在建武十七年,即公元41年,也就是在天下平定四年后,终于坐上了16年前就该属于她的皇后宝座,正式入主中宫。

是你的,终究会来临。

春去秋来,又一个16年过去了。

中元二年(公元57年),在夫妻相伴34年的峥嵘岁月后,刘秀走完了他波澜壮阔又辉煌灿烂的一生,享年六十二岁。临终前,刘秀将自己千辛万苦建立的皇朝基业交到了他与阴丽华的儿子手中。

刘阳更名为刘庄,继承大统,是为汉明帝。阴丽华被尊为皇太后。七年之后,六十岁的阴丽华追随刘秀而去,与她的刘郎合葬于原陵,谥号"光烈"。据考,阴丽华是中国历史上得谥号皇后的第一人,自她开始,历朝皇后的谥号都是在帝王的谥号后再加上本人的谥号,这成为定制,一直沿用到唐朝初年,长达六百年。

从根本上说,阴丽华的婚姻也是政治婚姻,但并非所有的政治婚姻都是不幸的,关键还是看你嫁的什么人,也得看自己的德行。

阴丽华的美貌不必多言,其性格恭谨俭约,不愧贤后之名。其"性仁孝,多矜慈",又可当德后之誉。追随刘秀,善始善终。有关汉代人的平均寿命,一说22岁,一说是男人49岁,女人52岁,不论哪个成立,阴丽华都算

高寿了。

有色有德，多子多寿，阴丽华不知前世修来了何等福分，才有今世的圆满果报。

※ **参考书籍**

《后汉书》《东观汉记》《太平御览》《汉纪》《资治通鉴》《后汉纪》

老帅哥被公主看中,又有皇帝保媒,能休掉老妻吗?

如果有那么一天,你忽然被公主看中了,公主不好意思直接追你,于是皇帝自告奋勇保媒拉纤,这是不是天方夜谭?在你掐了掐自己的大腿之后,恍然发现这事竟然是真的,会不会怀疑你的命有没有这么好?祖坟上的青烟有没有这么浓?当皇帝亲自征求你的意见时,你会不会迫不及待地应允下来?

或者且慢!你需要知道公主的芳龄?也不算太大,刚刚守寡,44岁了,但是挡不住人家长得漂亮,也保养得好呢?那么——你恐怕要拿一面镜子来端详一下自己,你是一个二三十岁的精壮后生是一说,是一个五十多岁的老汉是另一说;你有老婆是一说,没有老婆是另一说;你是一个一文不名的穷人是一说,是一位金印紫绶的高官是另一说。总之,在这样泼天的富贵面前,不管是哪一说,能守住心魂的人可不多,但是就有那么一位老帅哥,面对这样鲤鱼跃龙门的大机会,从容地说出了一句万古流芳的话,很笃定地就把这事给推掉了!

此事发生在东汉光武帝刘秀在位时期,并不是野史轶闻,因为《后汉书·伏侯宋蔡冯赵牟韦列传》里记载得很清晰:"时帝姊湖阳公主新寡,帝与共论朝臣,微观其意。主曰:'宋公威容德器,群臣莫及。'帝曰:'方且图之。'后弘被引见,帝令主坐屏风后,因谓弘曰:'谚言贵易交,富易妻,

好看到停不住的中国史

人情乎？'弘曰：'臣闻贫贱之知不可忘，糟糠之妻不下堂。'帝顾谓主曰：'事不谐矣。'"

这位湖阳公主刘黄是刘秀的大姐，很多人知道强项令的典故是因她而起的。奴仆杀了人，她存心包庇，洛阳令董宣不惧强权，直接将她的奴仆打死了。光武帝让他给自己的姐姐一个面子，只是道歉而已，他宁死不从，于是光武帝激赏他，赐他三十万钱，董宣把钱全部分给手下众官吏。

在成就一位直臣千古美名的同时，湖阳公主的骄横也同样被放大。其实作为一个女人，她只是没有做到大义灭亲，要说骄横霸道还谈不上。毕竟她也是穷苦人家出身，父亲去世得早，她又是家里女孩中的老大，从小既要帮母亲料理家务，又要照顾年少的弟妹，没读过什么书。

到弟弟坐了龙庭成为一国之君的第二年，即公元 26 年，湖阳公主那个没福气的老公死了。刘秀最能体谅人，有意在姐姐面前提到一些大臣，暗中观察姐姐对谁最有好感。有一次，当他说到宋弘的时候，姐姐眼睛一亮，对此人评价极高："宋公此人长得很爷们儿，德才兼备，器宇轩昂，我觉得大臣里没人比得上他。"

此时本文的男一号正式登场。宋弘——来自长安的老帅哥，本是官家子弟，出仕很早，在汉哀帝和汉平帝时，就担任侍中了。西汉的侍中官阶不高，不像后世能够比肩丞相，只是列侯至郎中的加官而已，但也算是天子近臣，"出入禁中、顾问应对，位次常侍"，也能在皇宫里行走，官职在常侍（中常侍或散骑常侍的简称）之下。

侍中的任务很杂，"分掌乘舆服物"，即掌管皇帝的车、轿、衣服、器物等，甚至还包括管理皇帝的尿壶。用现在的话说，相当于皇上的私人生活秘书。但这批人并不是宦官，又是读过书的人，所以也常被皇上顾问

应对，如果有才，很快就有出头之日。

提到这些是想论证一下宋弘的年龄，因为史书上并没有他的出生纪年，汉哀帝从公元前25年即位，汉平帝是公元前9年—前6年在位，取一个模糊值来算，宋弘当侍中是二十多岁，到公元26年，怎么也得五十岁开外了。

因为宋弘非常有才干，光武帝即位的公元25年，他被任命为太中大夫，这个官职已经是"秩比千石"的高官，《汉书·百官公卿表》载："郎中令所属有太中大夫等，掌议论。"仅仅一年之后，他就连升数级，直奔大司空的高位。

大司空可就了不得了，西汉末年改御史大夫为大司空，东汉沿置，秩万石，金印紫绶，所享受的级别待遇跟丞相和太尉一样，这是堂堂正正的位列三公（大司空、大司徒和大司马）。

宋弘当上了大司空，受封爵位为枸邑侯（后改封为宣平侯）。官高禄厚，宋弘一点也不飘，他把自己在封邑所得的收入悉数分给族人，家无恒产。

这样一个穷官能被湖阳公主看上，个人认为，公主眼光不俗，品位不低。从这个角度来说，宋弘应当把公主引为知己。

光武帝当然也认同姐姐的看法，宋弘品行清雅高洁，认他当姐夫自己还是很乐意的。再说，宋弘的老婆又老又丑，也没给宋弘生下孩子，断了宋氏香火，正在七出之列，写一纸休书再多给点钱还不就打发了？

于是，弟弟就开始给姐姐想办法。这一天，他单独召见了宋弘，事先安排姐姐在屏风后面听着，他要当面征询宋弘的意见。

谈话是慢慢展开的，皇上也不能单刀直入地提亲，如果直接被拒绝，岂不是很尴尬？

好看到停不住的中国史

皇上绕了个圈子，先说了个谚语试探一下："贵易交，富易妻"，意思是人当了大官，朋友圈肯定该升级换代了，发了大财，那换老婆也是人之常情吧？这事你怎么看？

想不到，宋弘很干脆地说了一句："贫贱之知不可忘，糟糠之妻不下堂。"一个影响后世两千年的光辉成语典故就此诞生了。

世祖刘秀的谥号是"光武"，个人认为他更是史上为数不多的当得起"仁"字的皇帝之一，只因他开国建基，重整乾坤，似乎"光武"是他更大的优点。

光武帝一点也没有要为难宋弘的意思，反而很愧疚地对姐姐说："老姐呀，你的事我怕是办不成了。"

从宋弘的角度来说，公主能看上咱，如果没有老婆，并不是咱攀附皇亲，这是皇命哟，至少还可以考虑一下。但宋弘偏偏有老婆，而且感情还不一般，那么宋弘的糟糠之妻究竟是何许人，能让他不离不弃呢？

这一段正史中无记载。相传宋弘当年曾跟着刘秀打江山。有一次因为被敌人追杀，宋弘受伤了，当他们逃到饶阳境内时，刘秀将宋弘托付给一户姓郑的人家。

郑家人善良，将他照顾得很周到。特别是郑家女儿，煎汤熬药，对宋弘如侍候亲人一般。时间一长，两人暗生情愫。宋弘很帅，郑家女儿虽然长得不算漂亮，但性格温顺，于是两情相悦，一俟伤好，两人便喜结良缘。

几十年都过来了，这时候让宋弘把自己的老伴抛弃了，他做不出这样的事来。有人说，何不兼收并蓄？难道能让公主当小妾吗？皇帝的脸往哪儿放？

老公死了，喜欢上一个宋弘又被拒绝，湖阳公主心灰意冷，皈依道门，

她来到封地西北部方城县境内的"炼真宫"诵经修真。

虽然没当成姐夫,但光武帝对宋弘还是很器重的。他当的这个大司空是负责监察百官的,在职期间,宋弘为朝廷推举引荐贤士冯翊、桓梁等三十多人,他忠正奉国,多次向光武帝直言进谏。后来他弹劾上党太守但因为没有证据,把官丢了,于是带着老妻回到家乡,数年后(公元40年)安然离世。

时间到了唐朝,太宗李世民打算把公主嫁给尉迟恭,也遭到了婉言谢绝,尉迟恭就以宋弘为榜样:"臣妻虽鄙陋,相与共贫贱久矣,臣虽不学,闻古人富不易妻,此非臣所愿也。"

✱ 参考书籍

《后汉书》《东观汉记》《资治通鉴》《后汉纪》

好看到停不住的中国史

中国戏曲开了历史的玩笑，东汉开国大将斩杀贤妻？

京剧麒派有一出经典传统剧目叫《吴汉杀妻》，又名《斩经堂》，乃大师周信芳之代表作。大致内容是，西汉末年，王莽用鸩酒毒死平帝后篡权，下令通缉刘秀。刘秀逃亡过潼关，被守将吴汉拿获。吴母得知，告以王莽弑君杀父往事，责令释放刘秀，并授剑命吴汉杀妻。吴汉的妻子正是王莽之女王兰英，剧中称她为"南宁公主"，为人温婉善良，吴汉左右为难。经堂中，正在念经的公主见吴汉带剑而至，知情后夺剑自刎，吴母亦自缢而死。吴汉纵火毁家，追随刘秀而去。

稍懂历史知识的人都知道，此剧纯属虚构，但是不光京剧唱得火爆，秦腔、湘剧和楚剧也有《吴汉杀妻》，川剧有《经堂杀妻》，绍兴文戏有《散潼关》，豫剧有《收吴汉》，甚至汉剧、徽剧、同州梆子、河北梆子也都有此剧目，说的都是王莽的女婿吴汉的故事，好像大家组团要把这事办成一个铁案。

1937年，联华影业公司还把这个故事改编成戏曲电影，更让人不能接受的情节是，吴汉亲手将自己的贤妻斩杀于诵佛的经堂。周信芳的演技已经炉火纯青，戏剧与电影结合的手法也有创新，但看的人越多，相信地下的吴汉就会越不安，不能不叫起撞天屈来——追随刘秀就必须杀死贤妻吗？我究竟是怎么得罪了后人，非要把我编排成这样一个无情无

义又无脑的人？

中国现代戏剧三大奠基人之一的田汉认为："这戏只能'姑妄唱之，姑妄听之'，若当真作为历史剧看，则殆不能成立。"

那历史上真实的吴汉究竟是何等样人？怎么就会受此无妄之灾呢？

吴汉本是光武帝刘秀的左膀右臂、开国名将，助其一统天下、重兴汉室，在响当当的云台二十八将中，赫然位列第二名。

他根本没跟王莽家发生过什么关系，也从来没有替王莽守过潼关，出身寒微的他开始跟汉高祖一样当了一个维护治安的小亭长，后来朋友犯了法，他们就一起逃到了渔阳（今北京一带）当马贩子，往来于燕蓟之地，私下结交各路豪杰。后来，刘秀到了河北，他经过了解得知刘秀是一代明主，就率众归顺。

吴汉可以说是刘秀在河北最大的收获之一，二人义气相投，肝胆相照。吴汉先是策反了渔阳太守彭宠，然后率众击斩王郎，攻克邯郸。随后，吴汉尽展其军事才能，一发而不可收，横扫河北、征讨关东、平定蜀地、北击匈奴，威震四方。刘秀后来称帝，他宝座下的半壁江山都是吴汉打下来的。

如果与刘邦当年的一帮手下相比，跟吴汉的功业半斤八两的应该是韩信，可惜的是，虽然都是伺候姓刘的主子，但刘邦是霸主而无赖，韩信下场可不妙。刘秀是雄主而宽仁，吴汉作为实权大将，多次违逆指令，这从来都是君臣之间最大的忌讳，但好在刘秀真有肚量，就吴汉这么不听话的人，换在刘邦手下估计早被收拾了，但是在光武帝的麾下，吴汉还能得善终，被谥号为忠侯，备极哀荣，他的丧礼完全参照大将军霍光的顶级规格进行，这应该是吴汉的大幸。

那么吴汉杀妻的故事就是空穴来风吗？编剧怎么就想到要折磨他一下呢？想来想去，这事恐怕跟春秋时期的军事家吴起有关。

同样姓吴，同样是河南人，同样擅长治军，编剧是由此受到启发，才把吴起杀妻的事安到吴汉身上吗？要知道，两个人可是整整差了几百年呢。

吴起是卫国人，虽然打仗很威猛，但人品极差。他本来娶了一位齐国宗室女子为妻，后来齐鲁交战时，为了求得鲁国国君的信任从而登台拜将，他竟将自己的结发妻子杀死。后来他倒是率军打了胜仗，但是鲁国人嫌弃他的人品，还是把他辞弃了。此人性格残忍暴烈，年少时因为浪荡而败光了千金之家，被同乡人耻笑，他一怒之下，竟然连杀三十余人。

吴汉身上的污点是攻下成都之后，纵兵大掠，烧毁宫室，残杀了不少百姓，但对于新朝廷来说，他功大于过。云台二十八将之首的邓禹对他如此评价："其人勇鸷有智谋，诸将鲜及。"据《新唐书》记载，建中三年（公元782年），礼仪使颜真卿向唐德宗建议，追封古代名将六十四人，并为他们设庙享奠，当中就包括"大司马广平侯吴汉"。《宋史》也载：宣和五年（公元1123年），宋室依照唐代惯例，为古代名将设庙，七十二位名将中也有吴汉的大名。

不管怎么说，这阴差阳错的事就落在了吴汉的身上，那他与妻子之间还有别的什么故事吗？《后汉书》倒是记载了一段：

吴汉出征，妻子在家购置田业。吴汉回来后，责备妻子道："军师在外，官吏士卒供养不足，何必多买田宅？"于是将田业尽数分给昆弟们和外家。

一直以来，东汉的开国者们籍籍无名，因为少有能在民间广为流传的话本、戏曲和评书等经典，所以老百姓向来知之甚少，如著名的云台

二十八将，就连一向喜欢历史的笔者也说不出几个来，他们跟后世一部《隋唐演义》捧红的凌烟阁上众位英雄的知名度不能相比。后来，好不容易有这么一出流行戏，却让吴汉得了杀妻的恶名，这跟谁说理去？

✱ 参考书籍

《后汉书》《新唐书》《宋史》《史记》《资治通鉴》

好看到停不住的中国史

看到朋友儿子的豪车骏马，隐士父亲为自己儿子难过了

今天要说的隐士是东汉时期的太原王霸。熟知汉史的人都知道，在光武帝刘秀的手下有一位能征善战的大将叫王霸，云台二十八将之一，曾任讨虏将军，多次击败匈奴和乌桓，功勋卓著，被封为淮陵侯。

大将军王霸是颍川颍阳人（今天的河南许昌襄城）。两人处于同一时期，同名同姓却不同命，走的是截然不同的两条路。也不知道推算姓名四柱的人该怎么解释这两位异人，一个是将军，向外求取功名，过得轰轰烈烈；另一个是隐士，向内求取安宁，过得清清静静。

太原王霸出生在官宦之家，他的父亲曾经是汉朝一位将军，祖先世居晋阳，后来散居各地。王莽篡汉的时候，王霸耻于跟新朝往来，"遂弃冠带"，与官场上的朋友一概断交。这种决绝的做法当然需要承受极大的压力，但王霸做到了。

刘秀执政后，得知王霸乃博学鸿儒，德才兼备，于是下旨征召他入朝为尚书。光武帝出手很大方，给的这个官职可不是虚衔，东汉政务均归尚书管理，是响当当的权力中枢。

一般人看来，这是喜从天降，富贵逼人，既可享受锦衣玉食的贵族生活，又可实现建功立业的宏伟志向。

王霸却不这么认为。他上朝面见天子，不肯称臣，只称自己的名。有

人责备他,他说:"天子有所不臣,诸侯有所不友。"意思是,我这种人,天子不能把我视为臣仆,诸侯也不是想跟我结交就能成为朋友的。

人到了无欲无求的地步,骨头自然就是硬的。何况王霸并不是狂得没边,他的话里有圣贤的教训——《礼记》曰:"儒有上不臣天子,下不事诸侯。"《资治通鉴》也有记载,东汉末年的汉桓帝时期有一位大隐士叫郭林宗,名士范滂对他的评价就是"天子不得臣,诸侯不得友,吾不知其他。"所以,别人也没什么话可说。

好在,光武帝也是一个极大度的人,别人不肯出来当官,他也不强迫。但此时大司徒侯霸做出了一个让贤的决定,侯霸本是光武帝的股肱之臣,在职期间,明察事理,坚持正义,奉公无私,政绩卓越。

侯霸认为王霸是大才,比自己更"霸",所以想把职位让给他。当时有一个小人叫阎阳,他诋毁王霸说:"太原一直有那么一群自以为脱俗的俗人,王霸身上就很有这种习气。"小人这种鬼蜮伎俩倒帮了王霸的忙,侯霸让贤这事也就不了了之。

小人帮了忙,王霸本来就对政治毫无兴趣,隐居才是他一生的追求,一看逼得不紧,赶紧告病回家了。

回来之后他住的是茅屋蓬户,跟自己的妻子躬耕于野。以他的家族背景,本不至于落魄到这种地步,他应该是主动断绝了与家族的经济往来,自力更生,以此来表明自己不仕的决心。

朝廷后来屡次征召,他都不肯出来。这事说着容易,做起来也需要承受极大的压力,因为汉武帝时有规定,不奉诏,以不敬论罪。如果有人追究起来,就得吃不了兜着走,王霸可能左脚跨出蓬门,右脚就会迈入牢门。

三国西晋时期学者、史学家皇甫谧在《高士传》里对他评价很高:"守

礼不移，草履野耕"。

事实是隐一时容易，隐一世还是很难的。尤其是遇到孩子的前途问题时，就很挠头，多少好汉都折在了儿女手里。王霸在隐居期间也曾经非常痛苦，甚至动摇过。

据《后汉书·列女传》记载：当年，王霸与同郡的令狐子伯是好朋友，后来子伯当了楚相，他的儿子也在郡里当了功曹。功曹倒也不是多大的官，不过是郡守或者县令的助手。

这一天，子伯的儿子替父亲来给王霸送信，车马侍从浩浩荡荡。王霸的儿子正在地里干活，看到这么豪气的客人来了，就扔下锄头回来了。

进了门，见到令狐子伯的儿子，王霸的儿子自惭形秽，甚至不敢抬头与客人对视。

儿子的表情都被王霸看到眼里，他感觉心里有愧，客人走了后，王霸很难过，倒在床上长吁短叹。

王霸的妻子看到老头不对劲，就问他，开始他还不想说。

王霸的妻子于是整了整衣服，跪下表示正式请罪。

王霸才不得不说："我从来没有跟子伯比过什么高低，但这回看人家的儿子相貌出众，衣着光鲜，举止适当；再看看咱的孩子，头发蓬乱，牙齿缺落，也不怎么懂得礼节，见到客人都抬不起头来。都是当爹的，相比之下，我觉得自己很失败。"

这番话情真意切，舐犊情深。尽管你自己高蹈世外，但毕竟连累了孩子，孩子不得不放弃了优厚的生活条件，跟着你吃苦，而他们又根本不懂隐居的深义。

想不到，王霸的妻子说："你从小就卓尔不群，功名利禄也不放进眼里。

被官服捆绑的子伯,他表面上的高贵哪里能跟自在恬淡的你相比?你今天因为儿女怅然若失,难道忘了自己的志向吗?"

王霸听罢,坐起来笑着说:"你说得是!"于是夫妻二人相依相伴,终身隐居在山野间。

王霸的这位妻子,果然是一位女子中的大丈夫。首先,她能够跟着丈夫由奢入俭,甘守清贫,已经非常不容易了。在丈夫动摇的时候,她又能三言两语讲清道理,坚定丈夫的意志,堪称有德有智。妻子的志行高洁并不在王霸之下,可惜她却连姓名也不曾留下。

让王霸欣慰的是,儿子们最后并没有因为自己隐居而耽误了前程。他的长子王殷,曾任中山太守,食邑就在山西祁县。次子王咸未出仕,侍奉父母终老。

✽ 参考书籍

《后汉书》《资治通鉴》《高士传》

好看到停不住的中国史

伏波将军写了一封教育孩子的家书，惹出了多大的麻烦？

不少人都知道，"老当益壮"和"马革裹尸"这两个成语都出自《后汉书·马援传》，跟东汉开国大将伏波将军马援有关。

马援这员大将文武双全，为刘秀一统江山立下了赫赫战功。东汉建立后，他仍然领兵征战四方，西破陇羌，南征交趾，北击乌桓，兵锋所指，望风披靡。最后，六十四岁的老将在讨伐五溪蛮时病逝，"只解沙场为国死，何须马革裹尸还。"这是清末志士徐锡麟的诗，也正是马老将军一生的写照。

按说，这样一位为国捐躯的大将死后应当受到极高的礼遇，但非常吊诡，刘秀那样一个厚道人，竟然下旨追收马援新息侯的印绶。天威难测，马援的家人惴惴不安，将他的尸体运回之后，只能草草埋葬。宾朋故旧也没有人敢来吊唁，景况十分凄凉。

探究其中的缘由，和马援所写的一封家书有关，即是《诫兄子严敦书》，不少人也读过这封著名的家书，可谓是言简意赅，字字珠玑，而且还有两个著名的成语也在其中，一个是"刻鹄不成尚类鹜"，另一个是"画虎不成反类狗"。

马援写这封信的时候，正在远征交趾，戎马倥偬，但他还是非常关心后辈的教育，当听到有人说侄儿马严和马敦二人喜欢评人短长，论人是非（马家向以孝悌传家，他不希望后辈染上这种浮华的习气），于是在军务

缠身的间隙写了这封信对他们进行教育和劝诫。

为什么要教育自己的侄儿呢？马严和马敦是他的二哥马余的儿子，也是两个苦命的孩儿，马严七岁丧父，八岁丧母，只能在梧安寄人篱下。直到马严十三岁那年，马援随刘秀东征，路过梧安，才把他们兄弟二人带回了洛阳。从此他对二人视同己出，严加教诲。马援征讨交趾应该是建武十八年至建武十九年（公元42—43年），此时的马严兄弟应该有二十七八岁了。

再看这封家书，马援教子的殷切之情，溢于言表又感人肺腑，本来没一点毛病。但是不该的是这封本来很私密的家书被人公开了，而且被光武帝刘秀看到了，更不该的是家书中举了两个人当例子，因为这封家书他们的命运也发生了转折。

所以，好经也有被念歪的时候，一封正常的私密家书也架不住被别有用心的人利用。

马援信中举的两个例子，一个是龙伯高，一个是杜季良。龙为人厚道，节俭自重，奉公守法；杜轻财尚义，行为豪放，爱交朋友。马援在信中的意思是，要学习龙伯高，纵然学得不像，那也是"刻鹄不成尚类鹜"；不要学习杜季良，学得不好，可就"画虎不成反类狗"了。他的本意一点也没有贬低谁，一个是"鹄"，一个是"虎"，都"爱之重之"，都是极高的评价。

但是这封家书不知道怎么就被杜季良的仇人看到了，此人以马援家书为据，上奏章告杜季良："行为轻薄，乱群惑众，伏波将军从万里外写信回来以他训诫兄子，而梁松、窦固与之交往，将煽动轻佻虚伪，败乱国家。"刘秀当时就信了，结果任越骑司马的杜季良直接被罢官，窦

好看到停不住的中国史

固和梁松也被召来痛斥,直到二人把头磕到流血的份儿上,刘秀才免去他们罪过。

马援哪里能想到他的一封家书能有这样的影响力。其中提到的两个人,一个被罢官,另一个被提拔(龙伯高升任零陵太守)。他更想不到,这封家书还伤及了两个无辜的人,其中一个梁松时任虎贲中郎将,如果只是一个小小的中郎将也不能把马援怎么样,但此人的另一个身份是驸马都尉,他娶了光武帝刘秀之女舞阴公主,那就不可小觑了。

更糟糕的是,梁松随即被任命代监马援的军队,并责问他为何迟滞不进,结果梁松到达五溪时,马援已经病死。

原先那封信结下的梁子,现在发酵了。梁松本就是小人,心中怨恨难消,人死了也不肯放过,他趁机诬陷马援。于是光武帝大怒,这才有了下旨追收马援新息侯印绶的事。

一看皇帝对马援下手,马上又有人落井下石了,上奏说他当年征交趾的时候曾经拉回来一车珍宝。刘秀征询跟随马援出征的马武和侯昱等人,他们也说马援确实运回了一车珍稀之物,但具体是什么没人知道,刘秀听完更加愤怒。

凄凉地埋葬了马援之后,他的妻子儿女连同侄儿马严等很惶恐地去向朝廷请罪,刘秀就拿出了梁松的奏章给他们看。马援的夫人这才明白丈夫受了天大的委屈。她六次给皇帝上书,申诉冤情,说那一车"珍宝"只是一种能治疗风湿的植物果实,名叫薏苡。马援班师回京时确实拉了满满一车,准备用来做种子的,想不到这竟然成了他的"罪状"。

刘秀知道真相后,才下令好好安葬马援。

永平三年,即公元60年,光武帝的儿子汉明帝刘庄立马援的女儿为

168

皇后。同年，他命人在洛阳南宫云台阁绘制了二十八位大将的画像，都是在当年追随他的父亲光武帝重兴汉室江山、建立东汉政权过程中功勋卓越的名将，此即为"云台二十八将"。

其实说二十八位的画像并不准确，应该是只有二十七位，当中单单没有马援。

东平王刘苍观看画像时，问明帝："为什么不画伏波将军的像呢？"明帝笑而不答。

汉明帝是为了避"椒房之嫌"，倒不是有什么别的原因。

再回顾整个事件，马援写家书教育自己的孩子，希望他们学习龙伯高而不要效仿杜季良。他怎能知道由此还引发了连锁反应，杜季良的仇人借此家书发难，而杜竟因此被罢官，被牵连的梁松和窦固更是被无辜殃及的池鱼，当然也都恨极了他。马援莫名其妙就给自己树了强敌。后来梁松构陷于他，死后都不得安宁。马援的本意是告诫子侄千万别议论人的长短，哪里能想到他正是因为议论人而陷入祸患。古人云"祸从口出"，马援这件事应该算是教育后人最好的教材了吧。

✳ 参考书籍

《后汉书》《新唐书》《宋史》《史记》《资治通鉴》

太原义士温序自杀殉国,为什么不让胡须沾土?

燕赵之地,自古多慷慨悲歌之士。

《后汉书·独行列传》中记载了一位出自山西祁县的英雄,此人威武不屈,以自杀殉国,除了留下一段传奇之外,还留下了一个问号。

我们先来看这段记载:

"温序字次房,太原祁人也,仕州从事。建武二年,骑都尉弓里戍将兵平定北州,到太原,历访英俊大人,问以策谋。戍见序奇之,上疏荐焉。于是征为侍御史,迁武陵都尉,病免官。六年,拜谒者,迁护羌校尉。序行部至襄武,为隗嚣部将苟宇所拘劫。宇谓序曰:'子若与我并威同力,天下可图也。'序曰:'受国重任,分当效死,义不贪生,苟背恩德。'宇等复晓譬之。序素有气力,大怒,叱宇等曰:'虏何敢迫胁汉将!'因以节楇杀数人。贼众争欲杀之。宇止之曰:'此义士死节,可赐以剑。'序受剑,衔须于口,顾左右曰:'既为贼所迫杀,无令须污土。'遂伏剑而死。"

这位英雄名叫温序,字次房。温氏是山西祁县的名门望族。一开始,他当了州从事(也叫从事掾),是汉代刺史的佐吏。东汉光武帝刘秀登基的第二年,派骑都尉弓里(复姓)戍平定北方各州。骑都尉掌监羽林骑,银章青绶,秩比二千石,是等同于刺史一级的高官。

话说弓里戍到达太原之后,遍访当地名士,听到了温序的大名。一番对话之后,弓里戍发现温序果然有经纬天下之才,非常钦佩,马上给光武帝上疏推荐。

光武帝正在用人之际,下诏征温序为侍御史。这是一个在御史大夫之下的官,负责弹劾违法官员。因为才能出众,他很快就被提拔为武陵都尉。都尉与太守并重,专管一郡军事戍防,有独立的治所官属。但不幸的是在此期间他生了一场大病,不能理事,按朝廷律例,温序被免去官职,回家养病。

过了几年,温序病愈被重新起用,先当了谒者,这官级别不算高,是一个在皇帝左右负责传达文书等事的近侍,但他很快就又被重用,升任为护羌校尉,执掌边疆民族事务,专管西羌,秩比二千石。温序驻守边防重地,不仅独当一面,更重要的是"持节"。"节"代表皇帝,凡持节者,平时可杀无官位之人,战时可斩杀二千石以下官员。由此可见光武帝对温序的信任和器重。

温序到任之后,卓有政绩。某次到襄武(今甘肃漳县)一带巡察时,凉州地方割据军阀隗嚣的部下苟宇突袭,将温序一行劫持。

苟宇心怀叵测,却有识英雄的眼力,他劝温序:"如果咱俩能够携手,一定可以雄视海内,成就一番霸业宏图。"

温序不为所动:"我受皇上重托,既然被抓,就只有以死报国,我如果按您说的做,岂不是成了一个贪生怕死忘恩负义的小人!"

苟宇并不死心,仍想劝降,但说来说去,温序就火了:"区区几个胡虏,怎么能胁迫我堂堂大汉将军!"

温序可不是文弱书生,天生膂力超群,说着出手如风,用手中的节杖

击杀了数人。

苟宇的手下蜂拥而上,叫嚷着要砍死温序。苟宇倒还有几分气度,他止住了众人,说:"这样的壮士死不可辱,可以赐剑给他。"

温序接剑在手,把他的大胡子衔在口中,坦然看着左右的贼众说:"既然如此,我自当为国尽忠,但请不要让我的胡须被土玷污!"说完,"伏剑而死"。

此时,问题就来了。命都可以不要,温序为什么如此看重自己的胡须?

《释名》曰:"颐下曰须。须,秀也,物成乃秀,人成而须生也,亦取须体长而后生也。"

第一种解释:须发不敢毁伤。《孝经》中强调:"身体发肤,受之父母,不敢毁伤,孝之始也。"在古时,保全须发被认为是最基本的孝道。除此之外,男人与胡须还有更进一层的关系。古人留胡须也不是谁想留就留,想什么时候留就什么时候留的,有所谓"母在不庆生,父在不留须"的说法。留须也有先后,父亲去世后,可以将上唇的胡须留长,而母亲去世后,可以将下巴的胡须留长。如果双亲全部辞世了,则上下一起留。胡须留起来之后只能进行简单修剪,不能再全部剃光。蓄须是要表达哀思,故胡须与父母有极大的干系。所以温序要传达的意思是,我可以把生命献给国家,不许弄脏胡须是保持对父母的孝敬之意。

第二种解释:胡须是男性地位的象征和力量的彰显。拥有一部长长的胡须,正是伟丈夫的标准形象,"巾帼不让须眉"即用"须眉"来指代昂藏男儿。温序不让玷污了胡须的内涵正是要说,大丈夫为国捐躯,要堂堂正正地去死。

《史记》里记载:"秦太后拔嫪毐(lào ǎi)须眉,为宦者。"有无胡须,

这是常人与被践踏了人格尊严的宦官在外观上最大的区别。

被强行剃掉胡须,在秦汉时还是一种刑罚,叫"耐刑",比剃掉头发的"髡刑"轻一级。《说文解字》指出:"耏("耏"通"耐"),罪不至髡也。"东汉学者应劭给《汉书》作注时,也认为:"轻罪不至于髡,完其耏鬓,故曰耏。"用剪除胡须作为惩罚措施,更可见胡须代表着男子的体面和尊严。

视胡须珍逾生命的人不在少数,史册中还有其他记载。在北魏崔鸿所著的《前赵录》里:"刘聪以谗愬故诛詹事曹光。光临刑,举止自若,谓刑者曰:'取席敷之,无令土污吾须。'"

这位被谗言害死的曹光应该也是生着一部很有气势的大胡子,所以在临刑前特意交代刽子手去拿一张席子铺在地上,以防土污了他的胡须。

温序死后,部下把他的遗体带回洛阳。光武帝刘秀听到温序尽忠死节的过程,非常感动,下旨在洛阳城边赐他一块墓地,另"赗谷千斛、缣五百匹,除三子为郎中"。郎中是侍从官的通称。

温序的长子温寿,为父亲守制三年期满后,被任命为邹平侯相。有一天忽然梦到父亲对他说:"久客思乡里。"

温寿是个孝顺儿子,当即辞官,并给皇帝上书,请求将父亲的骸骨归葬故土,"帝许之"。

南朝著名诗人庾信曾在《哀江南赋》中言及此事:"班超生而望返,温序死而思归。"

* **参考书籍**

《后汉书》《史记》《释名》《前赵录》

好看到停不住的中国史

两则聊斋故事被记入正史，可信度有多高？

纪传体断代史书《后汉书》是南朝宋时期的历史学家范晔所著，被列为"二十四史"之一，与《史记》《汉书》《三国志》合称为"前四史"。

这部史书中有一个开创性的篇目《独行列传》，记载了一些奇人奇事，有的事以现代人的眼光来看，不仅吊诡而且玄幻，甚至会被一些人归于迷信。比如有关王忳(zhūn)的两则精彩故事，几乎可以直接移进《聊斋》里了。我们先来看看其中讲的到底是什么故事。

王忳是现在的四川新都人，新都汉代属广汉，现在属成都，具体的生卒年不详，若按《独行列传》前后排序，大约在东汉光武帝刘秀时期的建武年间。

王忳有一次出远门去京师洛阳，在途中住旅舍时遇到了一个书生。书生当时病得很重，无人看护，王忳动了恻隐之心，决定留下来照顾他。

书生已经病入膏肓，知道自己快不行了，对王忳曰："我本来是要去洛阳的，哪里想到一场大病袭来，我的命就在这呼吸之间了。在我的身子底下藏着十斤黄金，我现在全部赠给兄台，但请在我死后将我的尸骨收葬。"

萍水相逢，还没有来得及问姓名，书生已经咽了气。

王忳拿出一斤黄金，置办了一应物什，又买了一块坟地，给书生办了一个风光体面的葬礼。

174

在入殓前,他趁没人的时候,把剩下的金子全部放在了书生的棺材底下。

办完此事,王忳从洛阳返回老家。过了几年,县里给了他一个官当,跟汉高祖当年平级,当了一个亭长,负责维护一方治安。

他上任的第一天,就发生了咄咄怪事。有一匹马无端跑来,进了他的小衙门就停下不走了。他正在好奇的时候,忽然起了一阵大风,从天下降落下来一床绣花被子,正好掉在了他的脚前。

好蹊跷!王忳觉得这无主的飞来物件得上报,于是就禀告了县里的领导。领导认为,既然是从天而降,而且是瞄着你降下来的,就是要给你的,你收着就是了。

王忳也不知道这东西该还给谁。后来有一天,他骑着那匹马到雒县办事。刚到了雒县,那匹马就不听使唤了,扯缰绳都停不下来,一直把他带进了一户人家门前才停下。

正在疑惑的时候,这家主人出来了,看见马之后,笑道:"啊哈!这次可是把盗马贼也抓住了!"

王忳被盘问,这马你是从哪弄来的?

王忳就原原本本地说了那天的经过,还提到了那床绣花被子。

他的一番话把这家主人说懵了:"看来还真不是偷的,那天我家的被子被风刮走,和马一起丢了,想不到都被老天爷送给了你,你也得做过一些什么积阴德的好事吧?"

王忳就说了当年收葬书生的事,还描述了那个书生长什么样,甚至还说了金子的事。

哪里想到,这家主人听罢之后,号啕大哭:"那是我的儿子金彦呀!

好看到停不住的中国史

他是要去京师的，一去就杳无音信了，我们一直不知道他到底在哪儿。哪里能想到这个苦命的孩子已经没了，还是恩人您好心收葬了他。这番大恩一直不能报答，老天是用这种办法来彰显您的功德啊！"

王忳却说，好不容易知道了马和被子的主人，那一定得奉还，但金彦的父亲坚决不要，反过来还要赠送给他很多东西。王忳诚恳地辞谢，不受而去。

金彦的父亲当时在州里当从事，就是当刺史的佐吏，相当于秘书或者助手之类的官。他专门致信给新都县令，请他准了王忳的假，二人一起去迎金彦的灵柩。到了地方，发棺一看，果然如王忳所言，剩下的金子一分不少。

王忳因此闻名遐迩。

后来，他被调到郡里当了功曹，也是秘书之类的助手官职，就像萧何当年一样。不久，他被举荐为茂才，呵！茂才就是秀才，当时为了避光武帝刘秀的讳，就把秀才改称为茂才。当了茂才，身份改变，从原来的吏升为官，王忳被任命为郿县令（今为陕西眉县）。

去就任的路上，王忳路过一个地方叫斄（tái）亭，在今天武功县南。

当时天色已晚，他准备在这里打尖过夜。但当地的亭长力劝他换一个地方，说："这里有鬼啊，已经死了好几个人，太凶险了！"

王忳倒不怕："仁胜凶邪，德除不祥，我没做过什么亏心事，就是有鬼又能怎样？"

当晚，他就宿在亭内。

到了深夜，他果然听见了动静，是一名女子的声音，好像在喊冤。

王忳也有点心虚，但他仍壮着胆子说："有什么冤屈？可以过来说话！"

隐隐听那女子说:"我没有衣服,不敢进去。"

王忳就找了一件衣服扔给她,于是女子着衣现身,哭诉道:"我的丈夫原是涪县县令,上任的途中经过此地,投宿亭内。亭长残杀了我们全家十余口,埋在楼下,把我们的财物都拿走了。"

王忳就问亭长的姓名,女子道:"当时他是亭长,现在是你属下的游徼!"

有人误以为"游徼"是个人名,其实它也是个乡里官吏的名称,不过是最低级的,掌巡察缉捕之事。《汉书·百官公卿表》:"大率十里一亭,亭有长;十亭一乡,乡有三老、有秩、啬夫、游徼。"

"既然是他,你为什么杀了那么多其他的人?"

女子回答:"我白天不能出来申诉,只有在夜间陈述冤情。那些人总是睡觉,不予理睬,我很恼火,所以杀了他们。"

王忳说:"好吧,我来为你申冤,但请别再伤害无辜的人了。"

女子应声隐去,衣服滑脱于地。

第二天一早,王忳把那名游徼召见讯问。他大惊失色,不得不服罪,王忳将他收押。他的十多个同党都被抓获,也都认罪伏法了。

随后,王忳派人起出了那家人的尸骸,装殓之后将他们送归故乡。

由此,鲁亭又恢复了往日的清静和平安。

王忳后来的发展情况如何,史书中没有记载。

两则故事讲完了。《后汉书》作者范晔既然收录其中,想必他是信的。颜之推将其采入《冤魂志》,其中有"飞被走马与鬼语"之说。明代金怀玉著有传奇戏文《绣被记》,演的也是"王忳葬金"一事。

王忳在后世成为施恩得报的典范。

唐代李瀚著有《蒙求》,其中有"王忳绣被,张氏铜钩"。这是一本

很有价值的儿童识字读本,四言韵文,上下对偶,各讲一个掌故。

据此来看,关于王忳的故事,李瀚也是信的。

※ **参考书籍**

《后汉书》《资治通鉴》《汉书》《冤魂志》

东汉第二位皇帝文治武功出类拔萃,比雍正完美

东汉有这样的一位皇帝,文治武功均可为后世镜鉴。他勤政到了废寝忘食的地步,而脾气却相当暴躁,想来跟清世宗雍正很有几分相似。那是不是雍正先穿越过去试了试身手?见仁见智,现代人脑洞大,怎么想象还不是由你?

此人即汉明帝,他本是光武帝刘秀的第四个儿子,可他凭什么能承继大统,能成就一番足以彪炳史册的事业?

刘秀的后宫并不复杂,所以也没有上演什么波谲云诡的宫斗戏。宫中向来有"母以子贵"的说法,妃子们需要想尽一切办法生下一位皇子来提高自己的地位。但刘庄不用,他正好相反,"子以母贵"。

刘庄的母亲是大名鼎鼎的阴丽华,她跟光武帝刘秀的爱情故事能写出一部大戏。她本是刘秀明媒正娶的原配夫人,后来为了经略河北,刘秀迁就了一场政治婚姻,又娶了真定王刘扬的外甥女郭圣通。登基后,明理的阴丽华主动提出让位,刘秀于是立郭氏为皇后,但是心里对阴丽华充满了歉意。

建武十七年(公元41年),光武帝下诏:"皇后怀执怨怼,数违教令,不能抚循它子,训长异室。宫闱之内,若见鹰鹯(zhān)。既无《关雎》之德,而有吕、霍之风,岂可托以幼孤,恭承明祀。"

好看到停不住的中国史

大意是郭皇后有诸多不是，不配再当皇后，于是就被废了。委屈了十几年的阴贵人终于伸展了腰，坐上了皇后的宝座。

连带的反应是郭皇后的大儿子刘彊本来是正宗的太子，现在却是"子因母废"，娘不是皇后了，儿子也当不成太子了。两年之后，他不得不上表辞位，四个弟弟刘辅、刘康、刘延和刘焉自然也跟着他靠边站。

于是光武帝与阴皇后的长子——15岁的东海王刘庄（原名刘阳）走到台前，成为正式的太子。

话说光武帝与阴丽华也生了5个儿子，虽然刘庄最长，但太子也不是长子的铁饭碗，凭什么一定是他当？

给光武帝生儿子的还有一位许美人，她生下了曾被封为楚王的刘英，但许美人几乎不曾得宠，所以她的儿子也自知不具备觊觎太子之位的资格。

刘庄也确实有过人之处。他小时候就非常聪明，十岁就通晓《春秋》。再举一个例子，看官就知道此子有多不简单了。

建武十九年（公元43年），当时刘庄还叫刘阳。单臣、傅镇等起兵造反，占据了原武城，刘秀派大兵围剿。虽然叛军被困在城里，但粮草充足，汉军久攻不下，死伤枕藉。刘秀召集群臣研究对策，刘庄提出，不要围得太紧，留出一个空隙让叛军突围，这样只用一个亭长就能对付他们了。结果正如刘庄所料，叛军分散突围后被迅速消灭。

久经沙场的光武帝刘秀不能不对这个儿子刮目相看，认为他"聪敏有君人之度"。同年，刘庄被立为太子。

中元二年（公元57年），30岁的刘庄正式即位，是为汉明帝。即位之后，一切遵奉光武帝既成制度，继续执行休养生息的政策。

对内，他提倡儒学，注重刑名文法；多次下诏减免赋税徭役，减轻刑罚；

令官吏劝督农桑,并以公田赐予或赋予贫民。此外,他还大力兴修农田水利,他做过最大的惠民工程是治理黄河,因此直到东汉末年,黄河都未曾决口。

对外,他一改过去父亲对西北地区的羁縻政策,积极经略,致力消除北匈奴的威胁。永平十六年(公元73年)春,他命窦固率军出酒泉,大败匈奴呼衍王于天山。

次年,窦固、耿秉等率领大军再次击败北匈奴于蒲类海(今新疆巴里坤湖),复置西域都护和戊己校尉,恢复了汉朝对西域地区的统治。令班超出使西域各国,扬威万里沙漠,"于是诸国皆遣子入侍,西域与汉绝六十五载,至是乃复通焉。"

光武帝给儿子交班的时候,全国载于户籍的人口为2 100多万,到汉明帝的统治后期,不到20年,全国人口激增至3 400多万。过去判断政治是否清明、经济是否繁荣、人民赋税轻重的一个重要依据是人口的增速,如果赋税过重,则百姓往往溺杀婴儿,人口不会有太大的增长。

汉明帝刘庄和其子汉章帝刘炟(dá)共同开创了东汉的盛世局面,史称"明章之治"。刘庄非常勤政,史载其"乙更尽乃寐,先五更起,率常如此",是说他通常二更末才睡,不到五更就起,差不多只睡几个小时(23:00—4:00)。觉睡得少,人可能就会暴躁,史载他"性褊察",一点也不像他的父亲光武帝刘秀和母亲阴丽华。但刘庄确实是一个好皇帝,驭下有术,为政和清,对手下的官吏非常苛切,但对百姓还是很仁厚的。

汉明帝尊师重教,令人感动。做太子时,博士桓荣是他的老师。后来他当了皇帝,"犹尊桓荣以师礼"。每次去探望老师,都是刚进街口,他就下车步行,以表尊敬。进了门,让老师坐东面,设置几杖,像当年讲学时一样,聆听老师的教诲。桓荣生病,他登门看望,进门后,往往拉着老

师枯瘦的手,默默垂泪,良久乃去。老师去世,汉明帝亲自临丧送葬,并把其子女妥善安置。

正因为如此,上行下效,明章之治,四夷宾服,四海升平,为后世所景仰。

梁启超曾经赞叹:"汉尚气节,光武、明、章,奖厉(励)名节,为儒学最盛时代,收孔教复苏之良果。尚气节,崇廉耻,风俗称最美。"

❋ 参考书籍

《后汉书》《资治通鉴》《艺文类聚》

汉明帝做了一个梦，圆梦圆出了划时代的大事

东汉开国皇帝刘秀很有远见，他慧眼选出的接班人汉明帝刘庄也很争气，文治武功均可为后世镜鉴。刘庄和他的儿子汉章帝刘炟共同开创了一番轰轰烈烈的盛世，史称"明章之治"，四夷宾服，九州安乐，百代景仰。

然而更多人知道的是，汉明帝曾经做了一个梦——一个很离奇而又神奇的梦，正是在探讨这个梦境的过程中，他无意中办了一件事，即将佛教引入中国，这确实是一件划时代的大事。佛学东渐，漫漫两千余年，对中国的文学（仅佛典的翻译就为中国增加了三万五千多个新词）、艺术（包括建筑、雕塑、壁画、书法和音乐等）、科学、哲学、民俗等方面都产生了极其深远的影响。佛学与中国本土文化交融和合，成为中国古代文明中璀璨瑰丽的一部分。

那么，汉明帝究竟做了一个什么样的梦？

不听传奇故事，只看史书。

司马光主编的《资治通鉴》（卷第四十五）记载了这件事："初，帝闻西域有神，其名曰佛，因遣使之天竺求其道，得其书及沙门以来。"从这句话能看出，是汉明帝刘庄听人说西方有佛，于是派人出了一趟远差，到天竺（今印度）取回了佛经，还请回了高僧，所以他是最早将佛教引入中国的皇帝。但司马光老先生很严谨，没有写这件事的缘起。

好看到停不住的中国史

从时间上来看，汉明帝派人取经的时间是"永平八年"，即公元65年，有不少记载显示，在此前一年，汉明帝做了这个梦。

范晔在《后汉书·西域传》里记载："世传明帝梦见金人长大，顶有光明，以问群臣。或曰：'西方有神，名佛，其形长丈六尺而黄金色。'帝于是遣使天竺问佛道法，遂于中国图画形象焉。"

范晔也很谨慎，在汉明帝的梦前面用了"世传"两个字，几乎是现代尚不能求实的新闻报道的通行写法，但他对梦的内容记录得很清楚：在梦里，汉明帝看到一位金色巨人，头顶放着光。次日，他把梦境告知群臣。有博学的人回禀：西方有佛，身高一丈六尺，而且正是金色的。皇上所梦，想必就是佛呀。

而晋代袁宏所著的《后汉纪》里就没有"传"字，直记其事："初，帝于梦，见金人长大而项有日月光，以问群臣，或曰：西方有神，其名曰佛，其形长大，而问其道术，遂于中国图其形像。"

他对"佛"的描述所不同的是，"项有日月光"，这就有点不好理解了，日光为金色，月光为玉色，是交错还是次第呈现的？

当时请回来的高僧是摄摩腾和竺法兰。摄摩腾所译的《四十二章经》是中国历史上第一部汉译佛经。

《大正藏》第十七册《四十二章经》的序文中也记述了这件事：

"昔汉孝明皇帝，夜梦见神人，身体有金色，项有日光，飞在殿前，意中欣然，甚悦之。明日问群臣，此为何神也？有通人傅毅曰：'臣闻天竺，有得道者，号曰佛。轻举能飞，殆将其神也。'于是上悟。即遣使者张骞、羽林中郎将秦景、博士弟子王遵等十二人，至大月支国，写取佛经四十二章。"

"飞在殿前""轻举能飞",应该是编者加入的想象成分,日本人对于中国历史还是摸得不透,这段序文中有两处明显的错误:一是张骞乃西汉人也,公元前114年就仙逝了,怎么可能穿越到东汉来,还前往西域取经?那他得活二百多岁才能完成这个任务。二是傅毅在汉章帝时才出仕,明帝永平年间,他还在平陵(今陕西咸阳西北)刻苦读书呢。

另外,这里记载的去求经的人与《资治通鉴》中的记载也有出入,不是王遵,而是秦景和蔡愔(yīn)。二人辛辛苦苦地跑到西域的大月氏国(今阿富汗一带)时,正好遇到了在那里传教的天竺高僧摄摩腾和竺法兰。蔡、秦邀二僧到汉讲佛,还用白马驮载回来一批佛经和佛像。永平十年(公元67年),一行四人抵都城洛阳。刘庄为此敕令仿天竺样式修建寺院,遂有了中国历史上第一座寺院——白马寺。

刘庄这段求佛故事,史称"永平求法"。

顺便提一句,蔡、秦二人求得佛法归来后奏明汉明帝:印度摩揭陀国每逢正月十五是参佛的吉日良辰。为了弘扬佛法,刘庄下令每年正月十五夜在宫中和寺院"燃灯表佛",吸引了无数百姓前来观赏游乐。后来就演变成为一个传统的重要节日——元宵节,这是佛教对中国民俗显而易见的影响。

有人认为,佛教传入中国以汉明帝为嚆(hāo)矢,这个梦是中国佛教的缘起,但似乎还不能这么说。

公元65年,就是汉明帝做梦的那一年,他给自己的异母兄弟楚王刘英写了一道诏书,这道诏书后来被收入范晔的《后汉书·光武十王列传》中,其中赫然写道:"楚王诵黄老之微言,尚浮屠之仁祠,洁斋三月,与神为誓,何嫌何疑,当有悔吝?其还赎,以助伊蒲塞、桑门之盛馔。"

这就是著名的"退赎诏",其中不仅言及浮屠祭祀、洁斋三月等宗教仪式,而且出现了伊蒲塞(优婆塞,指在家的男居士)、桑门(沙门,指出家的僧人)等佛教专用译名,说明当时已有僧有寺,佛教文化的传播已初具规模。

笔者发现山西就有始于汉代的寺院,从时间上推算并不比白马寺晚。所以,"永平求法"只能算是官方正式引入佛教的时间。汉明帝遣使求法,他的作用在于加快了佛教向中国传播的速度。

《后汉书》记载:"后桓帝好神,数祀浮图、老子,百姓稍有奉者,后遂转盛。"

✳ 参考书籍

《后汉书》《资治通鉴》《后汉纪》《四十二章经》

金庸有深意，《鹿鼎记》里的《四十二章经》真是藏宝图

《鹿鼎记》是金庸先生的封笔之作，写到这里似乎用尽了心力，作品体现了他最深的功力，达到了前所未见的高度。倪匡先生的评价是："《鹿鼎记》可以视为金庸创作的最高峰、最顶点。"

《四十二章经》是小说中一条很有意思的勾人的线索，表面看只是普通佛经，实际藏着大清埋在关外的藏宝图。地图画在碎羊皮上，分别藏在八部《四十二章经》的封皮夹层中，由满洲八旗的八位旗主掌管。

从第五回到第三十四回，韦小宝先生经历种种奇遇，机缘巧合，好不容易才把八部《四十二章经》中的碎羊皮凑齐，拼出了藏宝图。韦小宝倒是很听师父陈近南的话，让双儿将碎羊皮拼好，记熟了藏宝地点，点火把它烧了。

关于故事情节，金庸迷都清楚，此处不再啰嗦，反正至此，《四十二章经》完成了在小说里的任务。当年看完后，以为这是一部厚重经典，皇皇巨著，不是我等所能看得懂的。十年前，我买到了中华书局的版本，才发现加上注释也不过薄薄的一本小册子，因为背过《金刚经》等，所以觉得背下它来应该也不算难。

有关这部经的来历，得一竿子支到东汉的汉明帝时期了。公元 67 年某日，该皇帝忽然做了一个梦，梦见有金人飞空而至。有人给他圆梦，说

好看到停不住的中国史

这就是西天的佛呀！于是皇帝派了一干人等到西天出差，以求取佛经。两年以后，他们把在大月氏（今阿富汗一带）遇到的天竺高僧摄摩腾和竺法兰请回来了，中土大汉的人第一次见到了白马驮回来的佛经和佛像。

摄摩腾与竺法兰合作翻译了《四十二章经》，最初存放于兰台石室，也就是今天洛阳城西雍门外之白马寺。如此书写了"白马驮经"的传奇，而这很有可能也是吴承恩先生写作《西游记》时白龙马的灵感来源。

竺法兰来到洛阳，还解开了中国人纳了200年的一个闷。

当年，汉武帝派人挖开昆明池，挖到深处竟然出现黑色土。汉武帝找来无事不通的东方朔询问，可他竟然卖了一个关子："陛下，这事或许只有西域胡人才知道！"

据南朝梁僧释慧皎编撰的《高僧传》记载："后法兰既至，众人追以问之，兰云：世界终尽劫火洞烧，此灰是也。朔言有征，众甚信之。"

竺法兰来到洛阳之后，众人追问黑色土的事，他的解读如下："世界经历浩劫之后，会有劫火将地底烧穿，昆明池底的黑灰即是劫火焚烧后的遗迹。"众人听到这个答案之后，对他和东方朔都相当信服。

这也就是"昆池劫灰"这个典故的由来。

再回顾传入中国的第一部佛教典籍——《四十二章经》，其主要内容为无常、无我、涅槃寂静等教义，教导僧徒不论出家、在家皆应精进离欲，由修布施、持戒、禅定而生智慧，即可得证四果。

《四十二章经》的字数不多，共计2 339字，分为42章，也就是42段，每一段的文字都很简练，最长的一百多字，一般都是两三行，三五十字，有一章只有18个字。其一章一意，简明扼要，体裁正如《论语》和《孝经》，读起来一点也不艰涩难解，文字通俗易懂。

《历代三宝纪》中认为《四十二章经》本不是一部经，而是众多佛经的摘要。个人认为，其各章内容多见于阿含部经典，"经抄"之说是有依据的。

金庸先生本是佛门弟子，他把《四十二章经》写进小说自有深意。我个人也认为，这部经确实是藏着法宝的，其中感触最深的有如下三则：

一、被人臭骂怎么办？

《第七章》"佛言：有人闻吾守道，行大仁慈，故致骂佛，佛默不对。骂止，问曰：子以礼从人，其人不纳，礼归子乎？对曰：归矣。佛言：今子骂我，我今不纳，子自持祸，归子身矣！犹响应声，影之随形，终无免离，慎勿为恶！"

译文：佛陀世尊说："有人听闻我守道，修行大仁慈，因此反而骂佛。佛默然不对，等这人骂完后，问他：'你给人家送礼，但人家不收，礼是否还是你自己的？'这人回答：'是啊，还在自己手里。'佛说：'那么今天你骂我，我没接受，那些脏话就都归你自己了。'正如发出声音必有回响，影子必然随着形体一样，这种影响最终都是无法免除的，所以，人还是应该谨言慎行，不要作恶啊。"

笔者的解读：你骂我就像给我送礼，反正我不收，你的东西自己带回去。我还是我，你却不再是你。这实在是一种绝妙的比喻，有人说这有点阿Q精神，但只要能保持心平气和就是拥有了智慧。

二、被人挖坑怎么办？

《第八章》"佛言：恶人害贤者，如仰天而唾，唾不至天，还从己堕。逆风扬尘，尘不至彼，还坌己身。贤不可毁，祸必灭己。"

译文：佛陀世尊说："没道德的人去伤害有道德的贤人，这就像是仰天吐口水一样，唾液不会喷到天上去，只会落向你自己。逆着风扬尘，尘土不仅不会到对面去，还会污染到自己身上。因此，贤人只管顺着自己的路走，恶人的所有害人伎俩都会返回自己身上。"

本人的解读：中国有句古话叫作"害人终害己"，说得就比较模糊抽象，远没有佛陀的比喻来得敞亮。仰天吐口水，只会吐自己一脸啊！小人挖坑，最终只会自己掉进去。当然了，其中的前提是咱们得是贤人，即使还达不到贤人的标准，也得努力向他们看齐。

三、如何抵制美色的诱惑？

《第二十九章》"佛言：慎勿视女色，亦莫共言语。若与语者，正心思念：我为沙门处于浊世，当如莲华不为泥污。想其老者如母，长者如姊，少者如妹，稚者如子；生度脱心，息灭恶念。"

译文：佛陀世尊说："美色当前，不要傻傻地一直看，也不要总想着搭讪。如果必须得说话，也要正心思念：我是沙门，处于浊世之中，应当像莲花一样不被污泥所染。对面前这位女性，要这样想：如果是老者就像是自己的母亲，如果是比自己年长的就像是姐姐，比自己年少的就像妹妹，再小的那就像是自己的女儿。如果生起度她的心，那些邪恶的念头就熄灭了。"

本人的解读：古儒说，"非礼勿视，非礼勿言"，与这句相通。这段话虽然是对出家人说的，但是对我们处于软红十丈的尘世中的人来说，有更大的启示。如果能把当前让你欲火中烧的女性当成自己的亲人看待，等于一瓢凉水从头浇到脚，不会再越雷池一步。

有人认为这不是鸡汤吗？本人认为，既有明彻的智慧，又有实际的思路和可行性的操作，这样的鸡汤是至宝，还是多多益善吧。

✱ 参考书籍

《后汉书》《四十二章经》《鹿鼎记》《高僧传》

好看到停不住的中国史

生死之交梦里有感应？莫非是量子纠缠？

有一个以重义守信闻名天下的故事，叫"鸡黍之约"。其中说的是在东汉的第二位皇帝汉明帝时期，洛阳太学里有两位同学，一位名范式字巨卿，山阳金乡人，在今天的山东省济宁市的金乡县；另一位名张劭字元伯，汝南郡人，一般指现河南省驻马店市（可怜被吐槽较多的市名）的汝南县。

在当时的最高学府里，这两个同学泛泛相识却惺惺相惜，故成为生死之交。后来毕业了，不得不各奔东西，但临行时正值重阳节，范式与张劭郑重约定，说："两年之后我再来都城，会转路汝南，去府上拜见二位高堂，顺便看望贤弟的孩子。"二人洒泪而别。

明代传奇戏曲剧本《金貂记》借用了二人的故事："饯别长亭里，匆匆话别离，管鲍情分，使人流涕……"

时光荏苒，两年转瞬即逝。二人相约的时间重阳节马上就到了。张劭禀告母亲，请老人家准备酒席等候范式兄的到来。

母亲有些迟疑，说："你们这约定都两年了，金乡离咱家有迢迢千里之远，你认为小范同学真会来吗？"

母亲的话并不夸张，两地的距离走现在的公路仍将近400公里，古时候走驿道，说千里一点也不过分。

张劭根本不怀疑，只说了八个字："巨卿信士，必不乖违。"这位兄

长一诺千金,怎么会言而无信?

母亲说:"如果他真能来,我就给你们酿好酒!"

到了重阳节那天,张家美酒鸡黍(呵!焖鸡黄米羹?)置办停当,张劭一早就立于门外等候着兄长的到来。

他看到了一个风尘仆仆的身影,果然,范式跋涉千里,如期赶到!

入室登堂,范式先拜见了张劭的父母,又看望了他的孩子,然后入席,这一番痛饮,其酣畅淋漓,非语言所能描述,二人尽欢而别。

范式后来出仕,当了郡里的功曹,是郡守的佐官,执掌礼仪文教之责。

哪里想到,一别之后,张劭竟然得了重病,危在旦夕。汝南郡的郅君章和殷子徵是他的好友,每天都来探视,尽心照料。

但张劭一病难起,临终前,长叹了一声说:"恨不见吾死友!"——再不能见到我的生死至交,是我最大的遗憾啊!

殷子徵说:"我和君章在这里精心照顾你,我们还不能算是你的生死至交吗?那还有谁呢?"

张劭吃力地说:"二位与我情深义重,是我格外珍惜的生友,而山阳范巨卿,可以称得上是我的死友。"

没过多久,张劭溘然长逝。

这一天晚上,范式做梦,忽然看见张劭戴着一顶黑色的帽子,耳边还垂着长长的缨带,脚上似乎穿着一双木屐,他边走边喊:"巨卿,巨卿!弟已经在某日病死,准备在某时下葬,永归黄泉!兄还没有忘了我吧?此生还来得及再见一面吗?"

范式猛醒,怅然若失,接着似乎明白了什么,泪下如雨。随后,他禀告太守,要请假往汝南奔丧。太守觉得梦里的事未必可靠,但又觉得这样

的情谊实在难得，于是就准了他的假。

范式更换了素服，按照张劭梦里所说的日子，日夜兼程赶往汝南。

张劭家这边，灵柩已经发出，很快就到了墓地。下葬时却发生了咄咄怪事，灵柩奇重无比，无法抬起放进墓穴。

张劭的母亲抚摸着灵柩说："孩子，你还有什么心愿未了吗？"于是就先暂停了灵柩的安放。

就在此时，众人看到有白马素车飞驰而来，还听到有人在大声号哭。

张劭的母亲望着那辆车说："一定是范巨卿到了。"

范式终于在灵柩入土之前赶到，他扑倒在地，边叩拜边哭："元伯贤弟，您可以走了。生死异路，从此永别！"

参加葬礼的一千多人都被感动得落泪。

范式哭罢，拉起引棺的绳索牵引灵柩，灵柩这才缓缓向前进入墓穴。

随后，他又留下守墓百日，在坟茔的周围都种上了树，才默然离去。

《后汉书·独行列传》中并没有交待鸡黍之约发生的具体时间，但范式后来出任御史中丞是因为有名臣第五伦的荐举，根据第五伦担任大司空的时间可以倒推出来，应该是在汉明帝时期。

元杂剧作家宫天挺的《死生交范张鸡黍》即取材于此，明代著名小说家冯梦龙在《喻世明言》中又对这个故事进行了合理的文学演绎，名为《范巨卿鸡黍死生交》，不过他写的是范式先死不肯入葬，张劭千里赶来在他坟前自刎，有兴趣的朋友不妨看看。故事最后还有一首《踏莎行》：

"千里途遥，隔年期远，片言相许心无变。

宁将信义托游魂，堂中鸡黍空劳劝。

月暗灯昏，泪痕如线，死生虽隔情何限。

灵輀（ér，古代运灵柩的车）若候故人来，

黄泉一笑重相见。"

史书中范式后来官至庐江太守，有威名。

宋代苏轼有诗赞曰："千里论交一言足，与君盖亦不须倾。"黄庭坚也有诗赞曰："人间鸡黍期，天上德星聚。"

最后我想说的是，张劭知道范式重阳节一定会赴约，那一次纯粹是朋友间的信任。但第二次范式因梦而来，就有些悬疑甚至是玄幻了。

托梦的事在历代的史书中事例很多，一直不曾有过合理的解释。

荷兰科学家 Hanson 主持的一个实验叫无漏洞贝尔实验，被认为是一个里程碑式的实验，实验证明："远距离瞬间感应"在世界上真的存在。这种现象可以称为"量子纠缠"，指两个粒子即使相隔数光年之遥，也能够具有相互联系的特性，可以瞬间影响彼此的行为。

那么范式的梦是不是一种感应？是不是量子纠缠？呵！忽然间感觉自己脑洞很大。但转念一想又释然了。这个世界的运行方式，可能比我们想象得更神秘，甚至更疯狂。

大量未解之谜告诉我们，人类的科学尚处于起步阶段。

✱ 参考书籍

《后汉书》《资治通鉴》《金貂记》

他当皇帝很内行，书法又开宗立派，羞煞了宋徽宗

当皇帝的能写书法不算什么大本事，明清两朝的皇帝们几乎个个擅书。但事情只怕做到极致，书法写到精绝处，不仅能留下艺术财富，更有绝世高手独步江湖，开宗立派，让后学者绵延不绝，高山仰止。

唐太宗李世民本是书法界的一位奇人，他留下的《晋祠铭》开创了行书上碑之先河，被誉为仅次于《兰亭序》的行书杰作。但他的主要精力毕竟是当皇帝，因此书法并没有形成自家面貌，何况他认为，书法艺术是小道，所以也算不得书法界的开山祖师。

数来数去，历代皇帝里书法独树一帜的仅有两位，一位是大家都知道的宋徽宗，此人在艺术上的造诣极高，不仅自创了"瘦金体"，花鸟画也自成"院体"。可惜这位艺术家皇帝把国家治理得鸡飞狗跳，纵容蔡京等一班奸臣群魔乱舞，弄得朝廷乌烟瘴气，又是采办"花石纲"，又是在汴京修建"艮岳"，硬是把如花似锦的江山拱手送给了金人，自己也可耻地当了俘虏。总体来看，他似乎过大于功，不值得后世效法。

此处要说的是比宋徽宗早一千年的另一位，同样都是当皇帝，人家不仅在治国方面是青年突击手，还在书法界开创了一个重要流派。他就是东汉第三位皇帝、光武帝刘秀的孙子——汉章帝刘炟。

当您看到他的谥号"章"字时，脑子里应该已经飞快地闪过了"章草"

两个字——没错，后世流行的"章草"就是由于这位皇帝的爱好和推崇而自成高峰的。

先说刘炟当皇帝的本行。

当皇帝他是内行，施政措施深得民心，比如打击豪强地主兼并土地、采取优惠政策募民垦荒、鼓励增殖人口、兴修水利、轻徭薄赋。

他重视人才，整顿吏治，起用了一批又清廉又能干的官员。这样，他推出的一些经济政策，如禁盐铁私煮、私铸等都能令行禁止。

他心胸宽厚，废除了"一人犯谋逆等大罪则亲属皆受牵连"等五十余条残酷法令。

从永平十八年（公元75年）即位，到章和二年（公元88年）离世，汉章帝只活了三十三年，在位时间和清雍正一样长，仅有十三年，他的政绩也和雍正一样非常突出。在他的治下，万民归心，四海升平，为此，连同他的老爹汉明帝时期，被史家称为汉朝盛世"明章之治"。

不仅内政清明，对外也绝不含糊。章帝时期，北击匈奴，南破蛮兵，两度派班超出使西域，使得西域地区重新归于汉朝。

在汉章帝短暂而辉煌的一生中，除了宵衣旰食、勤勉治国外，还注重发展儒学，时时不忘修身立德。三国时的曹丕对他的评价比对他爹还高："明帝察察，章帝长者。"

这些都不再多说，单说他的书法。

章草，是书法的传统书体之一，是早期的草书，它的笔画特点圆转如篆，点捺如隶，一字之内笔画间有牵丝萦带、缠绵连接，粗细轻重变化较大，有些横画往往成隶书捺状向右上方重笔挑出，纯似隶书收笔。

简言之，章草是由草写的隶书演变而成的标准草书。章草是今草的前

身,今草产生于东汉末,是从章草变化来的。章草与今草的区别主要是保留隶书笔法的形迹,上下字独立而基本不连写。

刘炟身体力行书写章草,很可惜没有留下真迹,世间流传他的《辰宿帖》,写得不疾不徐,淡雅清秀,字法规范,虽然被宋代的《淳化阁帖》推为第一帖,且印有"乾隆御览之宝",但个人认为应该是后人伪托之作。

《辰宿帖》出自《千字文》。《千字文》是由南北朝时期梁朝散骑侍郎、给事中周兴嗣编纂了一千个汉字组成的韵文,时间要比汉章帝晚了差不多五百年。所以此帖应是后人汇集了章草字的经典,而托名于与章草有甚深渊源的汉章帝。

虽然不见真迹传世,但汉章帝在朝中准予用章草奏事,并将其纳入正式的公文书体。这对章草的盛行起到了强大的助推作用,即"所谓上有所好,下必兴焉"。

唐韦续撰《五十六种书》云:"章草书,汉齐相杜伯度援藁所作,因章帝所好,名焉。"所以,章草正是由于章帝的喜好而大行于世。

当然,笔者也同意这样的观点,章草绝非一时一人所创,而是从秦代的草隶中演化而来的,经历代文人的浸润琢磨,继而约定俗成,大致成形于西汉宣、元之间,兴盛于东汉、三国及西晋,最后成为一种完备的书体。其造就了一番风姿绰约的体态,代表了西汉至东晋时期四百多年间草书艺术的精妙水平。

也有人认为章草的起源是西汉元帝时的黄门令史游作草书《急就章》(本名《急就篇》),后又省去"急就"二字,单呼一个"章"字。

笔者认为,史游是章草的先引,起先并不成熟,汉章帝时才终成大观。正如明代的宣德炉和景泰蓝一样,工艺技术发展到那个时期才达到了巅峰,

后人就冠之以当时皇帝的名号，是事理，也是人情。

《后汉书》的作者范晔对汉章帝不吝赞美之词："呜呼懋哉！肃宗济济，天性恺悌。于穆后德，谅惟渊体……"

✱ 参考书籍

《后汉书》《资治通鉴》《书断》《宋史》

"投笔从戎"鄙视文人了吗？相士怎么看出班超万里封侯？

说到班超，马上让人想起几个成语，比如"投笔从戎""不入虎穴，焉得虎子""玉关人老""代马依风"等。

这几个成语引发了笔者的联想：一个人仅凭拜将封侯，被光荣地写进史书还不能算成功人士，要能留下几个成语或者典故，让后世人用起来琅琅上口，那才真正称得上名垂青史。

班超被人提起时，最多的是因为"投笔从戎"这个典故。有人说这个典故有点轻视和贬低文人的意思，应了唐初大诗人杨炯的"宁为百夫长，胜过一书生"。后世，杨炯的这句诗倒成了让文人最耿耿于怀的一句狠话。当然还有写得偏激的，比如李贺的"请君暂上凌烟阁，若个书生万户侯"。到了清代，更有人写得自嘲甚至近于戏谑，如黄景仁写的《杂感》："百无一用是书生"。

仔细看了《后汉书》里的《班超传》，发现其中并没有任何轻视文人的初衷，他的父亲史学家班彪和他的哥哥（《汉书》的编撰者班固）都是名重一时的大文豪，他又有什么理由贬低他们呢？

班超当时的处境可不是每天酒足饭饱之后，与一帮文人墨客吟诗作赋，他只是政府机关里的一名笔吏，靠抄抄写写过日子。时间是在东汉永平五年（公元62年），哥哥班固刚担任了校书郎，也就是一个管理书籍的官员，

估计也是薪资微薄，所以班超经常得加班加点工作，"久劳苦"，以此来奉养母亲。直到有一天，他"忍无可忍无须再忍"，把手中的笔扔到了地上，大发感叹："大丈夫应当在边疆为国立功，像傅介子和张骞一样，哪能这样在笔砚之间熬死熬活呢！"

于是，呵呵呵……"左右皆笑之"，班超回怼了一句："小子安知壮士志哉？"这句话很长志气，跟当年的反秦英雄陈胜那句"燕雀安知鸿鹄之志哉！"一样可以气壮山河。

所以，班超看不起的是衙门里的刀笔吏，每天唯唯诺诺，为了挣一点糊口银子，在长官面前大气也不敢出。这个可以在唐代诗人祖咏的《望蓟门》里得到印证，"少小虽非投笔吏，论功还欲请长缨"。

那些在班超身边嘲笑他的人为数应该也不少，大家都在一起混饭吃，凭什么你班超就敢口出狂言呢？

因为班超的家门可不单靠诗书继世，他的祖父班稚就一身硬骨头，当时王莽当政，班稚任广平相，本来跟王莽关系处得还不错的他却并不巴结歌颂王莽，结果"以不颂莽德被劾不道"，好在有太后仗义执言才得以免祸。

往前推，祖上更不乏马背上的英雄豪杰。曾祖班况，汉成帝时为越骑校尉，秩比二千石，能骑善射者为越骑，可见统领越骑的班况正是能征惯战的大将。再往上，五世祖班长，善骑射，汉廷用之为将，官至上谷郡守。而六世祖班孺，竟然是一位大侠，被人拥戴，为郡歌颂。

就连他的哥哥班固也并非文弱书生，曾经担任大将军窦宪的中护军，参与军中谋议，大破匈奴三千里，刻石勒功，班固为其作《封燕然山铭》。

祖上曾经如此荣光，班超怎能心甘情愿地当一个默默无闻的笔吏？

当时，大话也说了，职也辞了，但班超心里并不踏实。三十岁开外的

人了，虽然有雄心壮志，但还有机会建功立业吗？

于是他悄悄去拜访了一位高人，就是一位相面先生。

先生很认真地看了看班超的相，说了一句话让他简直不敢相信自己的耳朵："您应该是万里封侯之相啊！"

班超当然想知道是怎么看出来的，自己哪里长得这么特别？先生说："您生得燕颔虎颈，难道还不是万里封侯之相吗？"

在这儿重点解读一下"燕颔虎颈"。

从字面来看，是说武将的威武之相：下巴像燕子，脖子如猛虎。

脖子如虎这好理解，颔说的就是下巴颏，相家认为"颏为地阁，见末岁之规模"。地阁位处讼堂之下，亦即下巴的末端，为人生的最后一个大关。地阁一定要饱满有肉，晚年方能行大运。

古人观察得很细，燕子下巴的骨肉丰满圆润，像是隆起的样子，所以有："丰厚者富饶，尖削者贫薄。"这里也得郑重提示一下那些爱美的女士，一定要为老年想想，千万别去削尖自己的下巴。

《麻衣相法》里也说："重颐丰颔，北方之人贵且强。""燕颔虎头，男子必登将相。"

如果依此来看，"重颐丰颔"似乎是双下巴的样子，瘦人肯定不长这样，所以笔者推测班超应该是膀大腰圆，这样一个壮汉每天侍弄一杆纤细的毛笔，抄写那些枯燥无聊的官场文字，时间长了怎么能不觉得窝火？

也是机缘凑巧，班超想创业，朝廷要用兵。奉车都尉窦固奉命攻打匈奴，于是班超随军北征，开始了他最传奇的一生，此时，他已经四十岁了。

此后，班超在西域苦守三十一年，他发挥了非凡的政治和军事才能，战必胜，攻必取。不仅维护了东汉的安定，而且加强了与西域各属国之间

的联系,为西域的回归做出了卓越贡献。

因战功显赫,永元七年(公元95年),班超被朝廷封为镇抚万里疆域的"定远侯"。

✱ 参考书籍

《后汉书》《资治通鉴》《东汉观记》《麻衣相法》

好看到停不住的中国史

要不是妹妹的一篇奏文感动皇上，班超就老死西域了

好男儿志在四方，班超是古往今来多少有志男儿的精神指南。他的身上有两个非常著名的成语，一个是"投笔从戎"，另一个是"不入虎穴，焉得虎子"。这些相信孩子们也都知道，但是班超有一个很了不得的妹妹，大家就未必知道了。这位奇女子学问非常高，不但帮大哥班固续写了《汉书》，还用她的生花妙笔，把远在西域戍守了三十一年的二哥班超解救回了都城洛阳。

当时，班超已经年老多病，如果不是妹妹写了一篇才情横溢的奏章，他很可能就埋骨在漫漫风沙中了。这篇奏章情理兼美，文采斐然，兼有感动皇上，使骨肉团聚之功用。

先说班超在西域建功立业的事。

永平十六年（公元73年），不甘心一辈子抄抄写写维持生计的班超终于踏上了改变命运的征途——跟随奉车都尉窦固等人带兵攻打北匈奴。小试牛刀，他就显示出了非凡的领军才能，率兵进攻伊吾（今新疆哈密西四堡）和蒲类海（今新疆巴里坤湖），两战皆捷，斩获甚多，深得窦固赏识。

接下来，奉命出使西域的班超开始上演"不入虎穴，焉得虎子"的终极大戏，扬威大漠，彪炳千秋，实现了他效法傅介子、张骞立功异域的梦想。直至公元94年，班超带领龟兹、鄯善等仆从国的军队七万人，进攻焉耆、

危须、尉犁三国，并将三王悉数俘获，再次实现了西汉陈汤"明犯强汉者，虽远必诛！"的誓言。至此，西域五十多个国家全部归汉。

次年，班超因平定西域的丰功伟绩获封定远侯，食邑千户，时年六十三岁。

有一首在民国年间传唱的《知识青年从军歌》，其中这样唱道："君不见，汉终军，弱冠系虏请长缨；君不见，班定远，绝域轻骑催战云！男儿应是重危行，岂让儒冠误此生？"

歌中所唱的这位"绝域轻骑催战云"的英雄就是班超班定远。宋代陆游在《诉衷情》一词中也写他："当年万里觅封侯，匹马戍梁州"，豪迈的气概跃然纸上。

明朝文学大家冯梦龙对班超格外推重："必如班定远，方是满腹皆兵，浑身是胆。赵子龙（赵云）、姜伯约（姜维）不足道也。"后人评价，赵云一身是胆，姜维胆大如拳，但冯梦龙认为他们都远在班超之下。在北宋年间成书的《十七史百将传》中，班超位列其中。

尽管是气壮山河的英雄，张目叱咤之间可令风云变色，但毕竟人都是要老的，封侯之年，他已经六十三岁。岁月不曾饶过谁，西域的狂沙吹不平他脸上的皱纹，加上艰苦卓绝的战争又给他留下一身伤痛，已近古稀之年的班超越来越想念家乡了，想念八百里秦川的旖旎风光，想念渭水悠悠淌过的咸阳。

永元十二年（公元100年），班超已经六十九岁了，日不思食，夜不成寐，终于还是下定了决心上疏，希望皇上能发发慈悲，放他这把老骨头回家乡。在他的疏中有这样一句："臣不敢望到酒泉郡，但愿生入玉门关。"在班超的心中，只要过了玉门关，就是汉人聚居区，那就是内地了。让他进了

205

好看到停不住的中国史

玉门关就行，他连酒泉都不敢奢望。在疏中，他还写到让儿子班勇跟随献给皇上的贡品回去，让他亲眼看一看中土的风光。

曾经铁血丹心的英雄毕竟迟暮，写下的话读来令人泪下，但仍然没能感动汉和帝，也许他以为西域毕竟离不开班超，有他在那里镇守，自己才可以安心睡觉。

看到皇帝迟迟没有要让班超回家的意思，班超的妹妹班昭决定出手了。她也要上疏皇帝，为哥哥求情。

这篇情真意切的文章是这样写的：

"妾同产兄西域都护定远侯超，幸得以微功特蒙重赏，爵列通侯，位二千石。天恩殊绝，诚非小臣所当被蒙。超之始出，志捐躯命，冀立微功，以自陈效。会陈睦之变，道路隔绝，超以一身转侧绝域，晓譬诸国，因其兵众，每有攻战，辄为先登，身被金夷，不避死亡。赖蒙陛下神灵，且得延命沙漠，至今积三十年。"

开头先替她的同胞哥哥谦虚了几句，都是有赖皇上的盛德，哥哥才立下了一点小功，而皇上又给了他重赏。哥哥在西域奋战了三十年，留下一身创伤，不是倚仗陛下您的神威，他怎么能在西北的大沙漠里侥幸活下来？

"骨肉生离，不复相识。所与相随时人士众，皆已物故。超年最长，今且七十。衰老被病，头发无黑，两手不仁。耳目不聪，扶杖乃能行。虽欲竭尽其力，以报天恩，迫于岁暮，犬马齿索。"

接下来这一段以情动人，缠绵悱恻。她写到，哥哥与我骨肉分离，几十年了，现在恐怕亲兄妹见了都不认识了。当年跟着他闯西域的人也基本亡故，哥哥也已经是七十岁的人了。他又老又病，须发全白，两只手也不听使唤了，而且眼花耳聋，不拄杖都无法行走。虽然他的心里还是想着要

为陛下征战疆场,奈何岁月不饶人,他已经风烛残年,牙也没剩几颗了。

"蛮夷之性,悖逆侮老,而超旦暮入地,久不见代,恐开奸宄之源,生逆乱之心。而公卿大夫咸怀一切,莫肯远虑。如有卒暴,超之气力不能从心,便为上损国家累世之功,下弃忠臣竭力之用,诚可痛也。故超万里归诚,自陈苦急,延颈逾望,三年于今,未蒙省录。"

陛下圣明,当然知道那些蛮夷人的秉性,冷酷无情,一向欺负老弱,一旦他们见班超病弱无人替代而起了悖乱之心,毕竟是于国家不利的。为此我的哥哥才决心上疏求归,希望皇上派出年轻骁勇的人接替他。可是他上疏三年,还没有得到陛下的恩准。

"妾窃闻古者十五受兵,六十还之,亦有休息不任职也。缘陛下以至孝理天下,得万国之欢心,不遗小国之臣,况超得备侯伯之位,故敢触死为超求哀,丐超余年。一得生还,复见阙庭,使国永无劳远之虑,西域无仓卒之忧,超得长蒙文王葬骨之恩,子方哀老之惠。"

最后,班小妹又用古来仁君一向怜老重孝的说法来说服皇帝,进一步委婉地提出了请求:因此我胆敢冒死向以孝治天下的陛下为班超哀求,请求让哥哥在剩余的日子,能够活着回来,再看一看京师的宫阙和庭院。让国家永不再有劳师远征的顾虑,让西域也不再有突发的祸患。这样哥哥也能蒙受陛下像文王埋葬尸骨、田子方怜惜老马一样的恩惠啊。

"《诗》云:'民亦劳止,汔可小康,惠此中国,以绥四方。'超有书与妾生诀,恐不复相见。妾诚伤超以壮年竭忠孝于沙漠,疲老则便捐死于旷野,诚可哀怜。如不蒙救护,超后有一旦之变,冀幸超家得蒙赵母、卫姬先请之贷。妾愚戆不知大义,触犯忌讳。"

接着,她再次引经据典,提到《诗经》中说:"民众劳累了,差不多

好看到停不住的中国史

就可以小小休息一下。在国中遍施惠政,以安抚四方民众。"仁慈宽厚的陛下,哥哥曾经给我写信诀别,说恐怕此生再也不能相见了。我的哥哥壮年时尽忠报国,在沙漠中舍生忘死,到老了却不能叶落归根,而是埋骨于边地的旷野,这是多么让人心痛的事啊!如果哥哥不能被召还,一旦发生什么变故,我在这里先恳请陛下能宽赦他的家人。

这篇文章抒情真挚感人,述理缜密得体,正是一篇情理兼胜之作。朝廷不顾念一位忠臣老将,虽然班小妹也不无怨愤之情,但文辞中隐而不露,含蓄蕴藉。正因如此,文章才深深打动了和帝,他终于下诏让班超返回故乡。

难以想象,班超接到皇上"赐还"的诏书之后是什么样的心情,经过玉门关和酒泉时又会有怎样的感慨。

永元十四年(公元102年)八月,已至垂暮之年的班超万里迢迢回到洛阳,但留给他的时间已经不多了。他胸肋之间本就有伤,奔波之后病情加剧。回去之后仅仅一个月,班超便与世长辞,享年七十一岁。

一篇奏牍,上感九重。必须叹一声侥幸!不是妹妹班昭,班超真回不来,所以这篇文章也被历代文人推崇,并收入《古文析义》等书中。

❋ **参考书籍**

《后汉书》《东观汉记》《太平御览》《汉纪》《资治通鉴》《后汉纪》

古谚语"生男如狼,生女如鼠"是什么用意?

苏轼和弟弟苏辙感情很好,他生性诙谐,经常写诗拿别人取笑,连弟弟也不放过。1074年,苏辙得了三小子苏逊,因为是寅年生的,小名就叫虎儿。苏东坡得到喜讯,专门写了一首贺诗,第一句就开涮:"旧闻老蚌生明珠,未省老兔生于菟。"苏辙是兔年生人,时年不过35岁,但苏东坡调笑他这个"老兔"竟然生下了一个"老虎"。

苏辙知道哥哥高兴,也写了一首《和子瞻喜虎儿生》,第一句说:"生男如狼犹恐尫(wāng),寅年生虎慰爷娘。"意思是说,别人生个儿子都想让他像狼一样,哪里想到我竟然生下一只老虎哦,这实在让人太开心啦!

宋代人为什么说生个儿子要像狼?南宋诗人何耕也有诗:

"生男个个欲如狼,妇女军中气不扬。
试问争功瞋目士,几人能敌浣花娘。"

依此看来,这应该是当时的一种流行说法,想让男儿身上有些狼性精神,但同时,笔者也看到另一种说法:"生女如鼠",这个就有点不知所谓了。

仔细查了一下这两种说法的源头,竟然出自东汉女历史学家班昭班大家之手。

好看到停不住的中国史

提起班昭，有人认为她是"上下五千年，第一女才子"。她的父亲班彪和大哥班固前仆后继写了《汉书》，二哥班超更是威名远扬西域的定远侯。她博学多识，是皇后和诸位嫔妃贵人的老师。

班昭所著的《女诫》第七章第三款《敬慎》中提到了有关儿女的说法，原文如下：

"阴阳殊性，男女异行。阳以刚为德，阴以柔为用，男以强为贵，女以弱为美。故鄙谚有云：'生男如狼，犹恐其尪；生女如鼠，犹恐其虎。'"

翻译一下就是：阴阳不同性，阳以刚为德，而阴以柔为用。男女品行各异。男子以强壮为贵，女子以柔弱为美。所以民间谚语说："生男如狼，还害怕他孱弱，经不起风浪；生女如鼠，还害怕她像老虎，凶猛彪悍。"

不仅找到了"狼说"的出处，还意外收获了一个"虎"，原来这也不是东北人的发明，两千年前，老祖先就用得很溜了。不过，东北人又延伸了一步，说某某人"虎"，其实是说他憨，即有点"二"。

班昭的《女诫》历来被人口诛笔伐，尤其是新文化运动之后，文中所说的"三从之道"和"四德之仪"，都成了她的罪证。关于她的一些观点，如"夫不御妇，则威仪废缺；妇不事夫，则义理堕阙"，有人就认为这等于提倡男人必须征服女人，这不是借夫权霸道行事吗？这些人反过来就没想想，男人如果不自强，像癞狗一样不上墙，哪里有什么"威仪"可言，连孩子都看不上你。女人如果不在家好好过日子，天天在外面疯跑，这从"义"和"理"两方面都说不过去吧？

班昭还说："妇德，不必才明绝异也。"有人说，啊哈！这还不就是"女子无才便是德"的理论根据吗？你要发挥，要延伸她的意思，谁也管不住。自古有"男主外，女主内"之说，班昭的原意是主内的女人只要按照规矩

办事，一样是可以持好家的。这个"才"说的是才学，是纵横捭阖、扶危济困、经天纬地的才华，有固然好，没有，也不影响你修德立身。如果非要理解成女人就是要"傻白甜"，或者是当连道理都听不明白的糊涂蛋，那您可真是"才明绝异"了。

再听听班昭两千年前的警示，似乎也足以振聋发聩吧？

"夫妇之好，终身不离。房室周旋，遂生媟黩（xiè dú）。媟黩既生，语言过矣。语言既过，纵恣必作。纵恣既作，则侮夫之心生矣。……侮夫不节，谴呵从之；忿怒不止，楚挞从之。夫为夫妇者，义以和亲，恩以好合，楚挞既行，何义之存？谴呵既宣，何恩之有？恩义俱废，夫妇离矣。"

最后这个"离"字是指夫妻同床异梦，离心离德。

夫妻是一生中相处时间最长的人，同在一个屋檐下，时间一长，就容易轻薄怠慢，由此而言语过激，再由此而放纵恣肆，更进一步，就不把丈夫放在眼里了。此时如果还不知道节制，怒骂呵斥随之而来，越骂越火，于是棍棒交下。夫妻处到这份上，还谈什么恩爱？鞭打杖击，哪里还有什么礼义存在？礼义恩爱都没有了，离心离德，所以离分道扬镳也就不远了。

这段话是针对女人而言的，反过来男方也应该换位思考，认真对待。

后来，一直有人不遗余力地打压班昭的《女诫》，说"男尊女卑""三从四德"都是封建伦理观念；又说她"晚节不保"；还说她是男人压迫女人的"帮凶"云云。

需要再明确的一点是，这是班昭的"私书"。

到了晚年，班昭重病缠身，知道大去之日不远矣。家里的女孩子们都到了出嫁的年龄，她担心她们不懂礼仪，到了夫家做事没规矩，让宗族蒙羞，于是在病榻上挣扎着写下这篇短文，以临终之言勉励后人。班昭年

好看到停不住的中国史

逾古稀而逝,享年七十多岁。邓太后身穿素服表示哀悼,并派使者监办其丧事。

所以,这原本是人家的家训,没想让你拿出来教育全社会。就好比人家在家里告诉家人怎么把菜刀磨得锋利一些,谁让你拿着菜刀冲到街上去砍人了?

当时,东汉大儒、经学家马融曾经师从班昭学《汉书》,算是她的弟子。他看了《女诫》,认为很好,抄写回家,让自己的妻子、女儿学习。后来,京城世家争相传抄,以此作为家庭女子教育的范本,一时洛阳纸贵。

所以这事的始作俑者是马融,去找班昭算账,多少有点李代桃僵的意思吧?幸亏班昭是个女人,要是男人,还不得被人挫骨扬灰?

※ **参考书籍**
《后汉书》《资治通鉴》

一尊大佛岩凿立，风雨千年自安然？"汉代大佛"有点惶恐

未查到任何典籍记载，这尊大佛难道真是破空飞来？

耄（mào）仁寺在太原市北之慕云山中，我去过近百次了，最早是徒步穿越路线上的一个供水点，因为寺里有极甘美的泉水。后来欣闻寺院重建，我每周末有闲即背砖上山，持续半年，一次或十块或十二块，聊尽微薄心力。

到耄仁寺，必礼拜大石佛，大佛高八米，依山整体凿就，庄严宁静，沉潜肃穆，安定人心。每次拜完大佛，一身轻松，浩歌归去，从未仔细想过大佛究竟是何年何人所开凿。

数月前，我看到当地文物局的一段解说词，题为"耄仁石佛看沧桑"，赞"一尊大佛岩凿立，风雨千年自安然"。称耄仁寺"为我国迄今发现的罕见的汉代艺术珍品"，感觉这种说法欠妥，甚至有点滑稽。为了推广旅游吹点小牛似乎也行，但吹破天就不好了。

再想搜寻更具体的一些资料，甚至想找到一些专家论断，想不到竟然是"空空如也"！一尊如此珍贵的"汉代大佛"，到底是哪一位权威的鉴定结果？再去图书馆查阅资料，《太原府志》《阳曲县志》等间有耄仁寺记载，却未言及大佛，《山西石刻大全》亦仅见碑刻，未有石佛记述。查

了一周，得出一个"奇哉怪也"的结论，难道这尊大佛是无中生有，破空飞来的？

我有点不服，求不到人只好求己，于是开始购买书籍，书籍需高屋建瓴，从权威处入手，先有《佛像的历史》，是梁思成先生著作，文图俱精美，爱不释手。后有季羡林先生《中华佛教史》四大卷：《佛教美术卷》《佛教史论集》《近代佛教史卷》《隋唐五代佛教史卷》，最后从网上大量阅读相关文字，下载整理所有图片，一点一点比对琢磨，最后去乇仁寺参详大佛的造型工艺，渐渐形成了初步判断，在此不揣简陋，仅抛砖引玉。

汉代兴建的寺院，可未必是汉代开凿的大佛

佛教最初反对偶像崇拜。佛祖寂灭后，最初的几百年里，佛教的雕塑艺术只是一些莲花座、菩提树、佛脚印等，意在暗示佛陀的存在，但并没有佛陀本人的雕塑。

佛法东渐，不捕秦始皇时有沙门室利房等十八人带着佛经到洛阳之风，也不捉汉哀帝时期伊存口授《浮图经》之影，汉明帝时始有确切记载，向西方求取《四十二章经》，并修建"盛饰佛图，画迹甚妙"的白马寺，这是佛教艺术在中原地区初显真容。

大家较为一致的看法是，石刻佛像艺术到北凉时期才有了较大的动静，在河西走廊一带开始开凿石窟，雕造佛像。《集神州三宝感通录》《法苑珠林》《广弘明集》《释迦方志》等古籍中均有记载。大致对应的是东晋的第十位皇帝晋安帝时期（公元 400 年前后）。当时，不仅东汉玩完了，连波澜壮阔的三国也消停一百多年了，所以，陡然间冒出这么一个"汉代大佛"来，着实让人有点吃惊。

两晋之后，南北对峙，佛雕石刻方大行于世，除西域及河西走廊诸石窟外，云岗与龙门石窟等灿然登场亮相。

至北齐时，一改北魏与东魏时期的背屏式高浮雕造像，代之而来的是圆雕单体佛像，蒙山大佛可为代表。此时，公历纪年已经来到六世纪中叶。

至此，可以对耄仁寺的大佛有一个大概的判断，即最早开凿于北朝时期，如果再要一个更精准的时间段，应该是北齐。为什么不说北魏或其他时段？后文细论。

所以，"汉代大佛"之说可以休矣。

至于何以有此误传，当与耄仁寺的来历有关。

据明正德《耄仁山碑记》：

"耄仁山乃汉光武复业承基而有天下，创建其寺，缘当时贤人君子避莽难，隐遁其山……上喜成圣境之地，乃养贤之所。"

说的是汉时京城有几位年老的官员为避王莽之难，隐居在此。后来，光武复兴，嘉其仁德，受旨封山建寺。

清乾隆《重修耄仁山寺碑记》亦载：

"汉代有高士避莽难，而隐居于山岙，姓氏不传，迨光武恢复，封为耄仁。始号此山为耄仁山，因立寺于其上，亦名之曰耄仁寺。"

两通碑上的内容只讲到寺院的缘起，未有只字言及大佛，后人仅知其寺院历史高古可追溯至汉代，于是将寺中石佛附会为汉代大佛，也情有可原。

耄仁寺大佛，初步推断应该是北齐时期的作品

我怯怯地提出大佛乃北齐风格，自然也有一番幼稚的论证。

耄仁寺大佛为坐像，倚山而凿，具朴拙之态，大耳方颐，脸形浑圆，

姿势直挺，眼光下敛，俯视沉思，呈现一种内省神态，此俱与北齐时风格相合，亦与北魏延伸至东魏和西魏的秀骨清像大相径庭。

因为时代久远，石佛右臂残损，从目前坐姿判断，原像应为结跏趺（fū）坐，右手"施无畏印"或"说法印"，左手或抚膝或为"与愿印"，与大致同一时期的河南浚县大伾山石佛相似。

再观其细部，佛头为螺发，无装饰，而此扁平状螺发为北齐典型风格，明显异于北魏时期的高耸肉髻。佛身薄衣右袒，衣饰为遒劲流畅的阴刻衣纹，随身体结构起伏，可见双腿轮廓，亦不同于北魏时期的"褒衣博带"式。

此处附加一句，我有幸找到一张整修之前的照片，佛身似着通肩袈裟，U型衣纹隐现，若是如此，整为右袒则有失严谨。另，北齐石佛嘴唇自然柔美，富有弹性起伏，既跨越了北魏中晚期的厚唇时代，又与唐代的小嘴浅抿状迥异。

北齐佛像处于前承元魏、后启隋唐的过渡时期，专注于内心表达，更近于法身本质，因此独树一帜。

考虑耄仁寺大佛曾有彩绘或描金，两壁所凿石洞即为此所设，以方便后人施色时用以钉布箔涂丹青。

大佛虽属单体，但通高八米，仍然体量巨大，考虑是国家所为，而北齐高氏崇佛，当时北齐有两个政治中心，一是国都邺（今天的邯郸临漳境内），在那里开凿了响堂山石窟，而当时的别都晋阳（太原）是军事、政治、文化、经济中心，高氏在晋阳周边也大兴土木，天龙山石窟与蒙山大佛均是他们的手笔，那么在城北再开凿这样的一尊大佛也顺理成章，只有皇家才会出得起这么多的人力和物力吧。

据载该寺在唐朝曾一度尊为国寺，碑载有尉迟恭亲临耄仁寺监工修造之

事，而唐时亦有兴建大佛之风，那髦仁寺大佛是否为唐时开凿兴建的？从大佛自身特点看非唐时写实风格，故即使有尉迟监修之事，也应是在原规模上扩建的。

说完大佛的事，该回过头来好好看看髦仁寺了

髦仁寺与古长城相连，有两条路可以进入，从南边由采石场方向经山神庙过松林可抵达；从东向而入需从杨家将驻守的天门关一侧沿谷底进入。走南路上至山顶，可回望弥漫一川的太原城景，曲径通幽，在松林间穿行，听到悠扬的佛号声隐隐传来时即峰回路转，寺院徐徐呈现；走东路移步换景，风景四时各异，春日桃花满山，秋来红叶遍地，随着山路一步步攀高，视野渐开，崇阿竞秀，林壑幽深，至原观音殿位置时，再回看四周，群山散若莲花，环拱寺院，不能不感叹先人的眼光与造化的神奇。

据明碑记载：当年髦仁寺拥有大佛殿、龙王庙、南禅院、观音殿、钟鼓楼、藏经楼等，想来楼台殿宇也必是辉赫轮奂。或言有鲁班之神迹、吴道子之遗韵。此皆不足为凭，纵然有，亦在与日军当年的战火中化为南柯一梦。

值得庆幸的是，无情的战火降不住水，原上下寺之间有黑龙庙，为当地村民自古乞雨之所。庙前数步即有井一眼，其水清洌甘甜，有游人在大树之下汲水煮茶，俯仰咏歌，得一时之乐。

我当年背上山的几百块砖已经派上用场，最令人惊喜的是新修的大殿规模初具，绿色琉璃瓦覆顶，檐牙高啄，气势恢宏。千年大佛终于得其所居，敬香一炷，祥光通照，清净无碍。

归来时，夕阳满山，踩一地金，万籁俱寂，风声呼啸而来，"日落山河静，为君起松声。"王勃的诗句恰是此时的写照。

比白马寺还早？赶赴与一个汉代寺院跨越两千年的约会

近段时间，我忙于撰写《赵城金藏》纪录片，可以说每天出入"大藏经"，耳闻目睹者悉如是。

有几个知识点更新，也可以称为自己的惊喜发现，第一是发现了保存《赵城金藏》的这座广胜寺，来头很大，资历很老。据碑碣志书载，始建于汉桓帝建和元年（公元147年），也就比洛阳白马寺略晚几十年。

第二是发现了与白马寺同期的临汾海云寺，始建于汉明帝永平十一年（公元68年），堪与世称"中国第二古寺"的五台山显通寺（当时称大孚灵鹫寺）并驾齐驱。

第三个更令人惊喜，我发现了更古老的襄汾县普净寺，这里1983年发现残碑一通，碑文载"立刹"于"后汉明帝永平七年"，也就是说，这座寺院的建造要比白马寺整整早四年！

原来在东汉时期，山西的寺院已经如此大面积铺开！让我有些错愕的是，这与印象里的美好传说——"汉明感梦，白马东来"有些出入。一直以来，认为白马寺才是"祖庭""释源"，是佛教传入中国后兴建的第一座寺院。

孤证不立，是史学者需要保持的严谨，但是这里呈现的远非孤证，甚至可以称为"莲花处处开"。于是我开始在佛教传入中国的源头方面探究，又发现了更新自己以往认知的史实，其实佛教在西汉末年就已经开始在中

国落地生根。

那么这些寺院的记载就不是空穴来风了……

就在前两天,我偶然又听朋友说,吕梁的文水县也有一座汉代佛寺,也比白马寺高寿,名曰东岩寺,有碑一通,铭之凿凿,始建于永平十年(公元67年),如此又飞来一证,而且离太原不远,查了一下地图,八九十公里,于是我索性关了电脑,约同道开车直驱文水,赶赴与一个汉代寺院跨越两千年的约会。

东岩之下,曾经有一座美轮美奂的丛林梵宫

导航不可尽信,误人不浅。从文水高速口下来请教当地人路线,始知错过。于是复上高速返回从开栅下,然后沿320省道一路北去,至野则河村再转219省道即到程家庄。

山里大车多,320省道尘土飞扬,转入219省道后,仿佛换了频道,忽然宁静下来。山势高峻,森林茂密,溪流清婉,车内冷气不需再开。摇下车窗,温度适宜。未几,一阵大雨飒然而至,仿佛张开一帘水幕把车和人整个都洗干净了,更觉空气清爽。山间公路移步换景,目不暇接。

至东岩寺路牌,却遇铁门铁锁,辗转请来守门人,始将车开至东岩之下。

杂草丛生,环顾茫然,北向有石径蜿蜒而上,"深山藏古寺",果然意境幽绝。中途有古树仆地,绿苔苍苍,不忍踏之。径侧有小溪泠然,汩汩有声,如丝竹环佩,又如耳畔私语,间有鸟鸣,清净身,广长舌,禅意都在无意间。

登数百级台阶,至岩下一片开阔地,目测面积约有一千平方米,除几座被杂草包围的石碑形影相吊,地面建筑荡然无存。

据明代记述,寺院原来规矩严整,入山门,建有庚楼,岩下有古佛楼三间,环列左右又有伽蓝殿与土地祠,再下为禅堂数椽。佛楼之西,另有七佛殿、

观音殿及十王殿。遥想当年，定然是殿堂巍峨，蔚然大观。即使到了清朝嘉庆年间，也还有大殿三楹，天王殿三楹，东西两廊各三楹，钟鼓二楼及山门皆齐整。但今日所见，墙壁断残、壁画漫漶，抚之令人不胜唏嘘。

成蛀坏空，循环往复。既为遗址，无非如此。

仰视危岩之下，明人所说石洞七间幸存，是为僧寮，或是关房。百年间，僧人已杳（yǎo）然，却有一株椿树从石室窗中长出，生机盎然，仿佛思念生化为木，临窗眺望旧人归路，莫非隔世一段未了因缘？也是一道奇观。沉吟片刻，留一首小诗为纪：

"白云已唤僧人去，石洞亦非昨日春。

可叹椿树年年绿，一如世上愚痴人。"

古岩之下陈列石碑均为清制，徘徊再三，始见西南深草之中另有一碑，近看果然是本次探访的重点目标——明朝天顺碑。

阳刻为《重修东岩禅寺碑记》，碑文尚清晰，可见重要内容：

"始自后汉永平十年建立，毁于唐会昌年，大中年重建，后宋初又复重修，以后日久年深，遂以兵燹（xiǎn），废尽无存。"

落款为明朝天顺七年（公元1463年），距今已经五百五十六年，彼时著文何所凭据，今已无从查考。但时人既然勒石于此接受天地日月后人检验，定然信而有证，古之人不余欺也。

想东汉时期此地已有梵呗声声，贝叶传诵，后经几番毁伤，几番复起，不知何时东岩寺可重续香火，再闻暮鼓晨钟？

西汉末年佛法初兴，究竟谁才是中国第一寺？

在东岩寺的天顺碑文中，提到"腾兰一播之后，法化无所不周"，"腾兰"是指摄摩腾和竺法兰两位天竺高僧。"汉明感梦，白马东来"的公案就和他们有关。

永平十年，汉明帝夜梦金人飞空而至，后派遣郎中蔡愔博士及弟子秦景等前往天竺寻访佛法。蔡愔一行请回摄摩腾和竺法兰，汉明帝欣喜非常，次年专门建立佛寺，命名"白马寺"。

后来，摄摩腾与竺法兰在这里翻译了《四十二章经》。据《洛阳伽蓝记》卷四记载：

"白马寺，汉明帝所立也，佛入中国之始寺。"

个人认为，说白马寺是"中国始寺"，应该也没有错。因为在此之前，佛法东渐，僧人们的修习场所并不叫寺院，而名为浮屠祠。

这种说法也有明确记载，在《后汉书·光武十王列传》中，明帝永平八年（公元65年），汉明帝给他的异母兄弟楚王刘英写了一道诏书，这道诏书成为后世研究中国佛教起源的最早官方资料：

"楚王诵黄老之微言，尚浮屠之仁祠，洁斋三月，与神为誓，何嫌何疑，当有悔吝？其还赎以助伊蒲塞桑门之盛馔。"

从这道诏书中可知，楚王刘英当为中国最早的佛教信徒之一。他营造浮屠祠，创建僧团，还组织伊蒲塞、桑门进行佛教活动。

学者们更进一步分析，诏书中既然能够熟练运用"浮屠""伊蒲塞""桑门"等佛教专门用语，没有几十年的熏陶是办不到的。这至少说明"西汉末年，佛教经中亚传入中国内地"是可信的。

由此，一个重要的时间节点——西汉哀帝时期的"伊存授经"被大家

推为佛教传入中国之肇始。据《三国志·魏书东夷传》注引《魏略》记载，汉哀帝元寿元年（公元前2年），西域大月氏使臣伊存来朝，在帝都长安向中国博士弟子景卢口授《浮屠经》。此事件又见于《世说新语》《魏书·释老志》《隋书·经籍志》等。

正是加上这公元前的两年，到1998年，中国佛教协会、中国宗教学会举行了"中国佛教两千年纪念活动"。

顺便解释一下，《浮屠经》中记录的应该是一些佛教常识，只是节选或者汇编，并非严格意义上的完整印度佛典，但它也是我国现知的第一部汉译佛经的内容，早于《四十二章经》。

如此说来，"白马驮经"可以看作是一个标志性的事件，标志着佛教在中国民间有了广泛基础之后走进皇家。准确地说，白马寺是中国第一家皇家寺院。

我查看了一些资料，山西而外，陕西和河南均有寺院早于白马寺的记载，都号称是中国最早的佛寺，而江苏也认为阿育王寺可能是"佛教传入中国的第一地"。

个人观点，至少在东汉初期，寺院已经在中原地区星罗棋布，就像山西，比如文水东岩寺这样偏僻的地方都有法音宣流，各地也不应该再简单地认为早于白马寺而建的寺院就是中国第一个佛寺了。

究竟谁是中国的第一间浮屠祠，尚需更多的扎实史料才能确定。

✱ **参考书籍**
《后汉书》《三国志》《洛阳伽蓝记》

神州鼎伏

肆

◆

草木摇落雁南翔，星汉西流夜未央。

才子逢冲煞，戚宦争短长。

洛阳宫殿，禾黍茫茫。

◆

好看到停不住的中国史

"噫！"河南方言的旗帜，原来出自这位高人

"噫！你这是干啥来？"

"噫！你可是要了俺的亲命了！"

"噫！你咋吃恁多来？"

这个"噫"，乃是河南方言的旗帜。

以前觉得这不过是一个特有的语气词而已，让河南人说得拐了三个弯，显得有点夸张。今天忽然发现，这个词来头很大，很有些古典美感。要说出它的典故，估计大家都会收起笑容，肃然礼敬。

大家都知道"举案齐眉"的故事，它的主人公是大才子梁鸿和他的贤妻孟光，但大家可能不知道的是，当年梁鸿携爱妻过洛阳的时候曾作诗连说了五个"噫"，谁知这五个"噫"竟然引起了皇帝的不满。呵！小两口就因为这个，不得不改名换姓，逃匿江湖了。

您要不嫌我饶舌，我先介绍一下故事背景，丑女孟光是如何追到风流高士梁鸿的。

话说这俩人都是今天的陕西扶风人。梁鸿字伯鸾，本来出身不错，可惜碰到王莽乱世，曾经是城门校尉被封爵为脩远伯的父亲竟然落到"卷席而葬"的地步。更悲催的是，梁鸿太学毕业之后无以为生，若要发家致富，只能从搞畜牧业起步——在上林宛一带养猪混饭吃。

他们哪里能想到，更悲惨的事接踵而至，因为不小心引发了火灾，火势太大，竟然把邻居家的房子烧着了。幸好猪还在，梁鸿只好用全部猪来赔偿。但邻居认为，那么大的损失，你的猪哪里够赔？梁鸿老实地说，再没有别的了，只能是我给你们家干活当补偿吧。

邻居同意了。梁鸿于是就变成了长工，勤勤恳恳地干活，从不懈怠。

路不平，有人铲；事不平，有人管。村里的老人们看到梁鸿的所作所为，认为这是一位忠厚贤者，不能这样让人欺负，就一起出面指责那家人。那家的主人也还有羞耻之心，觉得自己做得过分了，梁鸿这小伙子值得尊敬，想了想，干脆把猪都还给他吧。

噫！猪既然赔出去了，怎么还能要回来？梁鸿不接受，您要高抬贵手，我就回老家去了。

这个小段子，说明梁鸿怀瑾握瑜，襟怀坦荡。

回到老家扶风之后，乡里人看他长得一表人才，又志行高洁，前途不可限量。一些大户人家也纷纷托人上门，表示愿意把自己家的宝贝女儿嫁给他，但梁鸿都很客气地回绝了。

县里有一户姓孟的人家，养了一个又黑又胖的姑娘，还是块练武的好材料，据说能"力举石臼"。姑娘丑是丑了点，但也有上门求亲的，但她都坚决不同意。这一耽搁就拖成了30岁的老姑娘，父母急得能蹿上房，再三追问，噫！你到底要嫁给什么人？

想不到姑娘的回答让父母眼前一阵发黑："嫁还是要嫁的，但得是梁伯鸾那样的贤人才行！"

更想不到的是这件事被传成了一个笑话，而且还传到了梁鸿的耳朵里。

接下来，让孟家目瞪口呆的好事来了，梁鸿派人来下聘，诚心诚意地

要娶他们家的姑娘!

那还不赶紧张罗?很快,新娘子就被打扮得焕然一新送进了洞房,但想不到,一连七天,梁鸿都不肯搭理她。

这下新娘子懵了,于是跪下请示:"听说夫君特立独行,不同流俗,回绝了多门亲事。妾也谢绝了不少求亲的人,很荣幸与夫君您结为夫妻,只是不知道妾做错了什么,祈请明示。"

梁鸿说:"我本来想找的是一个勤劳朴素的人,能够一起到深山去隐居过日子。现在看你穿的绫罗绸缎,还涂脂抹粉的,唉!不是我梁鸿想找的人啊!"

新娘子一听他这么说,长出了一口气:"哈!妾不过是想借此探探夫君的心思,隐居也是妾的夙愿,你想要的那些东西早就准备好了。"

说完起身,换了木髻,穿上布衣麻鞋,领梁鸿看了自己的嫁妆——纺车和一些农具,还当场纺了线给夫君过目。

梁鸿大喜:"噫!这才是我梁鸿的妻子嘛,志同道合!"

随即他给新娘子郑重地起了名字:大名为孟光,字德曜。

婚后过了一阵子,孟光问:"夫君不是总说要隐居避祸吗?怎么不言语了?难道还想低下高贵的头到官场上混混吗?"

梁鸿马上同意了,于是夫妻二人躲到了霸陵山里,男耕女织,农闲的时候就吟咏诗章,弹琴啸歌。

在山里住久了,二人也出去旅游。

这一次,他们就出了函谷关来到京师洛阳。

正是在这里,梁鸿有感而发,作了一首《五噫之歌》,歌词是这样的:

神州鼎伏

"陟彼北芒兮，噫！

顾览帝京兮，噫！

宫室崔嵬兮，噫！

人之劬劳兮，噫！

辽辽未央兮，噫！"

他要抒发自己的感慨：你们这些上层统治阶级哦！人民的腰都快累断了，你们还要不断营造巍峨的宫殿，词里连用五个长长的"噫"。这个"噫"字，原来的解释是"饱出息也"，就是人吃饱喝足之后发出的很享受的大喘气。而用在梁鸿的词里却是有讽刺也有怜惜，"为有所痛伤之声"。

因为词写得好，深入人心，老百姓很快就传唱，《五噫之歌》跟小岳岳的《五环之歌》一样流行起来，甚至传到了汉章帝的深宫里。

章帝听了很不痛快，自己继位以来励精图治，轻徭薄赋，开创了经济大繁荣的局面，好歹也整出一个"明章之治"，怎么就被你梁鸿唱得那样不堪呢？

于是派人捉拿夫妻二人。梁鸿和孟光一看情况不妙，也不敢回老家，反向而走，去了山东。

梁鸿改了自己的名字，选了一个复姓运期，名耀，字侯光，和妻子孟光的名字还是很搭调的。

住了一段时间，风声一过，梁鸿又带着妻子去旅游了。这次要去的是吴越之间，临行前还写了一首《适吴诗》，表明了自己的去向："过季札兮延陵，求鲁连兮海隅。"

夫妻俩说走就走，到了今天的无锡一带，找了一个大户人家住下来，靠打短工来维持生计。

好看到停不住的中国史

他们被主人家安排住在廊下，二人也不以为意，梁鸿每天的工作是舂米。

每天放工回来，妻子已经做好了饭，放在托盘里端上来，为了表达对夫君梁鸿的恭敬，孟光"举案齐眉"。

主人无意中看到了这对夫妻的恩爱举动，感到非常诧异，心想："一个佣人能让妻子这么对他，此人必非凡夫。"

于是正式给二人安排了房舍，让他们住得踏踏实实。

两口子见主人实诚，就安心住了下来。梁鸿后来潜心创作，写下了不少好文章。

梁鸿活了多大年纪，史书中并没有记载。后来他病重，对主人说："当年延陵季子死了，就葬在嬴博之间，也没有回归乡里。我死了之后，一定不要让我妻子再扶灵回去。"

山高水长，故土万里，他到死都在为妻子考虑。

梁鸿死后，主人很敬重他，给他买了一块墓地，就在要离冢的旁边，乡亲们表示赞赏："要离是一位志士，临大利而不易其义；而伯鸾清高，终身守志不移，二人之墓相邻，相得益彰。"

梁鸿的墓今天仍在，还是无锡市重点文物保护单位。其实这里埋着的不仅是二位志士，还有一位，大家也都耳熟能详，那就是用鱼肠剑刺死吴王的专诸。"鸿山三墓"即指要离、专诸、梁鸿三人之墓成"品"字形排列。后世诗人墨客常来这里凭吊古人，抒发壮烈情怀。

再说孟光，埋葬了夫君后，她黯然返回扶风，后不知所终。

❋ 参考书籍

《后汉书》《资治通鉴》《吕氏春秋》《史记》

放死囚回家后再来受刑，不是唐太宗而是这位大贤的原创

汉和帝永元六年（公元94年），今河南省的西华县久旱无雨，禾苗枯萎，眼看又是一个颗粒无收的大灾年，老百姓忧心如焚。

当时刚上任的西华令是被泰山郡守和大司农举荐的人，据说他品德方正，才华出众，而且在殿试时因对答如流，卓有见地，荣膺榜首。和帝大悦，赐封他为礼部侍郎，然后就外放了西华。想不到，他刚上任就遇到了如此棘手的难题。

一连几天，西华令都带人诚意祈祷，希望老天垂怜，降下甘霖，可天空中依然骄阳如火，万里无片云。

万般无奈，这位西华令做出了一个极其惊人的决定：令手下堆积起干柴，自作人牲——把自己当成奉天的祭品，如果还不能祈得雨来，他甘愿被大火烧死！

周围百姓全部跪倒在地，这位西华的父母官端坐在柴垛上，命令手下人点火！但他们哪里忍心，于是他又亲自点燃了柴垛，眼见火苗冉冉而起，就要烧到他身上了！

就在此时，黑云滚滚而来，大雨暴至！

不管你解释为巧合也好，还是至诚感天也好，雨毕竟是扑面而来了。

这位"远近叹服"敢以身为牲的西华令就是戴封。他的这番壮举也被

载入史册，后人称之为"戴封积薪"。

有人无法理解戴封这种舍身为民请命的牺牲精神，荒唐地认为他懂得天象，知道就要下雨了，故意演这么一出戏。这样的人虽然其心可诛，但也不是空穴来风，因为戴封刚到西华时办的一件事就让当地人对他敬若神明。

那一年，西华多灾多难，旱灾之前是大蝗灾，周边县境庄稼都被一食而光，甚至秸秆无存。

戴封下车伊始，第一时间就命令乡民在县界处紧急布置障物，至于究竟是什么办法，史书中没有交代得太清楚。个人分析，应该是合网式或者鱼箔式，都是前人总结的捕蝗秘招。倒不是戴封先知先觉，而是知识变成了力量，所以"时汝、颍有蝗灾，独不入西华界"。

但接下来的记录就有点超现实主义了。"时督邮行县，蝗忽大至。督邮其日即去，蝗亦顿除，一境奇之。"督邮来了，蝗虫也跟着来，他一走，蝗虫也没了，这确实是人间奇迹。笔者也解读不了，还要请高人赐教。

说到以身为牲的祈雨行为，其实戴封不是原创，只是借鉴了商汤的做法。

《吕氏春秋》记载：商汤执政时也遇到了"天大旱，五年不收"的绝境，商汤即"以身为牺牲"，在桑林祈祷："余一人有罪，无及万夫；万夫有罪，在余一人。无以一人之不敏，使上帝鬼神伤民之命。"——"我一人有罪，不要连累万民；万民有罪，都在我一人身上。不能因一个人的过失，让天下苍生受到灾难。"

正是这份舍命为民的情怀足以感天动地，于是火起之时，"雨乃大至"。这便是历史上著名的"汤祷桑林"。

戴封祈雨是向先人学习的，但另一件事是他的原创，后来唐太宗效法

他的做法，成为一段佳话。

据《后汉书·列传第七十一》记载："迁中山相。时诸县囚四百余人，辞状已定，当行刑。封哀之，皆遣归家，与克期日，皆无违者。诏书策美焉。"

因为在西华政绩卓著，戴封被升职为中山王相，岁俸二千石。离任之时，西华万余民众夹道远送数十里，仍涕泣不忍其离去。

在中山上任之后，当时下属各县监狱共监押四百多名犯人，口供和判决书程序已经履行，马上就要执行刑罚。

戴封看见犯人们面如死灰，动了恻隐之心。于是他顶着极大的压力，做出了一个破天荒的决定：让这些犯人回家再和家人团聚一次，同时给他们规定了返回的日期。

限期一到，犯人全部按时返回，自愿受刑。

后世唐太宗李世民应该是受到了戴封的启发，在贞观六年（公元632年）十二月，也成就了一个千古美谈。

据《资治通鉴》记载："辛未，帝亲录系囚，见应死者，闵之，纵使归家，期以来秋来就死。仍敕天下死囚，皆纵遣，使至期来诣京师。""去岁所纵天下死囚凡三百九十人，无人督帅，皆如期自诣朝堂，无一人亡匿者，上皆赦之。"

那一年年末，唐太宗亲自勾决死刑犯名单，见到那些死囚之时，他突发怜悯之心，下旨放他们回家过年，到来年的秋天再来受死。

接着就晓谕各地，均依此办理，释放死囚回家，到明年秋天再来京城长安。

第二年秋天，刑部来报，去年全国共释放回家的犯人三百九十名，在无人监督的情况下，都如期来到京城等待处决，无一人逃匿！

有人认为，唐太宗是宽厚仁爱的一代英主，也有人（包括宋代欧阳修）认为这是一场精心策划的政治秀。

个人认为，唐太宗只是借鉴了古贤的良方，其本意有可能是想给贞观之治锦上添花，但作秀完全没必要，这个秀要给谁看？没有贞观盛世天下大治做基础，他哪里来的自信？犯人全跑了岂不是很打脸？再说，就算是作秀，除了唐太宗，还有谁敢再秀一回？

再说戴封，永元十二年（公元100年），朝廷征召他出任太常。太常为九卿之一，主管祭祀社稷、宗庙和朝会、丧葬等礼仪。

❋ 参考书籍

《后汉书》《资治通鉴》《吕氏春秋》

中国历史上首次交通大堵塞不因车祸,而是一个人的才华!

现代人不被堵车所困扰的不多见吧?除非你悠然居于南山,要不即使住在小县城里,也会饱受堵车之苦,所以不普及直升机或者直接让汽车飞起来简直没有天理。

堵车是什么时候开始的?笼统地说,当然是工业革命之后,有了汽车才好意思说堵车吧?中国人刚幸福地坐到了四个轮子上,蓦然就发现这玩意有时候办事效率还不如一头驴!

扯远了,其实堵车时不分你是汽车、驴车、马车还是佛经里所说的羊车、鹿车、大白牛车,甚至有时候连摩托车、电动车、自行车都堵,你要是没有一颗平常心,简直不好活下去。

中国在东汉时候都城洛阳就开始堵车了,而且有了堵车的记载,不是因为我是个好古分子就羡慕古人话说得斯文漂亮,人家不直说堵车,而说的是"填塞街陌",听着都显得那么有文化。

那这次上千辆车的大拥堵是怎么造成的呢?原因让人惊羡,是因为一个人卓越的才华!谁呀?大文豪兼书法家兼音乐家蔡邕,德高望重的斜杠中年!

据《后汉书·蔡邕列传》记载:

"邕以经籍去圣久远,文字多谬,俗儒穿凿,疑误后学。"

好看到停不住的中国史

（蔡邕认为经籍离圣人时代已经很远啦，文章传承中出现了不少谬误，还有些俗儒乱解读，可能会影响到后世人的学习。）

"熹平四年，乃与五官中郎将堂溪典，光禄大夫杨赐，谏议大夫马日䃅，议郎张驯、韩说，太史令单飏等，奏求正定《六经》文字。"

（于是就在熹平四年，他联络了六个文化人给皇帝打了一个报告，希望勘定《六经》，妥否？请批示。）

"灵帝许之，邕乃自书丹于碑，使工镌刻立于太学门外。于是后儒晚学，咸取正焉。"

（汉灵帝批准了，于是他们就开工干活，校勘完之后，蔡邕就自己用毛笔在石头上写好，再让工匠刻出来，还把刻好的碑立在了太学门外，这就是著名的"熹平石经"。一时间，那些士大夫和文人学子就都跑来参观、学习、取经了。）

"及碑始立，其观视及摹写者，车乘日千余两，填塞街陌。"

（从立起这些碑开始，每天前来观瞻学习临摹的人摩肩接踵，这还不要紧，关键是他们都是带车来的，那时候没有专门的停车场，所以大街小巷全都被他们给堵上了。）

蔡邕是汉代最后一位辞赋大家，而且他是写篆书、隶书的一流高手，尤其是隶书更是炉火纯青，他还是"飞白书"的开山祖师爷，对后世的影响甚大。唐代张怀瓘在《书断》里评论蔡邕的书法成就时说"飞白妙有绝伦，动合神功"。

想想，文词那么优美典雅，书法又那么精彩灵动，只要是读书人，都得挤出时间去看看原装正品吧？

所以，就聚焦了上千辆车，马车、牛车、驴车估计都来了，马嘶牛吼

驴鸣应该声音不小,热闹是免不了。笔者的担心是,堵车时间长了,马、牛、驴可不会另找地方上厕所,要是拉得满大街都是,也挺煞风景的,不知道那时的首都有没有专职的清洁工呢?

 **参考书籍**

《后汉书》《书断》《资治通鉴》

钦天监的官员从北斗七星能看出什么异常？文曲星在哪儿？

读《后汉书》时，我发现汉朝末年的一位文武全才，此人姓应名劭，曾经官拜泰山太守。任职期间，黄巾军突然大举来犯，集有三十万之众。应劭调度有方，率领郡内官兵数次挫败对手，先后斩首数千人，俘获万余人和辎重二千辆。黄巾兵无奈退走，郡内百姓得以平安脱险。

不仅能够以少胜多，保境安民，应劭还博学多识，写了大量著作，计十一种、一百三十六卷，他所作的《汉书》集解，在当时就属于畅销书，现仍存有《汉官仪》《风俗通义》等。

之所以提到此人，是因为在张岱的《夜航船》中看到了他一段话，其中涉及天文学知识，介绍了有关"泰阶六符"的内容："泰阶，三台也。每台二星，凡六星。符，六星之符验也。三台，乃天之三阶。经曰：泰阶者，天之三阶也。上阶为天子，中阶为诸侯、公卿，下阶为士、庶人。"

一开始我还一头雾水，后来看到释义，发现大致是说："泰阶即是三台，每台有两颗星，共三阶六星。这六颗星各有指代：上阶上星是男子之主，下星是女子之主；中阶上星是朝廷三公，下星是卿大夫；下阶上星是士人，下星是百姓。三阶若平列，天下就太平，三阶若不平，百姓就不能安宁，所以六星也叫六符。"

"符"是指星象所表达的含义。个人模糊的感觉是，钦天监的首领太

常先生常年夜观天象，从这六颗星所给出的信息中就能看出社会是否太平，但这六颗星究竟在天上的什么位置呢？

后来我从《史记》中查到，这六颗星归属于北斗七星，其中我们在古代文学作品中经常看到的文曲星赫然在列，而且位于中宫，其下六颗星两两相对，叫作三能，也称三台。但在这里描述的与《夜航船》中不同的是，要观察的是这些星的光亮程度，如果一致，那就表明君臣上下相得；如果有明有暗，就表明君臣龃龉不和。

矛盾的是，太史公说要看星的亮度，而应劭说要观察星的位置。以现代人的理解，这些都是恒星，也都在银河系内，北斗七星中离地球最远的一颗是"天枢"，距地球123.6光年①。既然是恒星，在它毁灭之前，亮度和位置不应该是"恒定"的吗？什么原因能改变它们的亮度和位置呢？

问题只能存疑。现在我们且来好好认识一下北斗七星。

这七颗星大家从小就认识，如果在夜间迷失了方向，北斗七星是最正确的导航。

小时候听老人说，北斗七星第一颗至第四颗是勺子头，第五颗至第七颗为勺子柄，合起来看还真像一把大勺子。七颗星各有其名，而且都还很动听，从最远的天枢开始，依次为天璇、天玑、天权、玉衡、开阳、瑶光。

有趣的是，北斗七星还是一套人马，两套班子。在道家人的眼里，叫法完全不同。《道藏经》中记载："北斗七星，一是贪狼、二是巨门、三是禄存、四是文曲、五是廉贞、六是武曲、七是破军。"这套理论和叫法在风水先生们的嘴里经常出现。

注意：第四颗星，就是被天文学家称为"天权"的那颗，在风水先生这里，

---

① 1光年 ≈ 94 605亿千米。

它的名字可就是响当当的文曲星了。

最有名的是《儒林外史》中的一段描写：范进有心去参加乡试，没有盘缠，想跟老丈人胡屠户借几个，想不到被骂得狗血淋头："如今痴心就想中起老爷来！这些中老爷的都是天上的'文曲星'！你不看见城里张府上那些老爷，都有万贯家私，一个个方面大耳？像你这尖嘴猴腮，也该撒泡尿自己照照！不三不四，就想天鹅屁吃！"

在胡屠户眼里，城里张府的老爷和那些举人可都是文曲星下凡，哪里是一般的人物！

据《明史》记载，朱棣夺了侄儿的江山之后，有一天，观察天象的人急报，"异星赤色犯帝座"，意思是将有文曲星冲犯帝星，事态紧急，文曲星颜色已经变红！朱棣怀疑此人应在御史大夫景清的身上。次日晨，群臣当中只有景清身着红衣上朝，朱棣命人搜身，果然从他的身上搜出了一把利剑。朱棣大怒，责问景清，他昂然说，只是想为故主建文帝报仇！

结果景清被活剐，不仅诛灭九族，还牵连了许多无辜的人，一场"瓜蔓抄"之后，"村里为墟"。

虽然是正史记载，但是观星者竟然能看出文曲星变红，还能看出要冲犯帝星，那可就不是一般的能耐了。帝星是不是三台中的上阶上星？如果按《黄帝泰阶六符经》来说："上阶即为天子"，如此表明北斗七星会起内讧，然后就应在了朝廷之上，总是神奇到让人惊掉了下巴。虽然现在说大千世界是一个全息社会，万物本有内在的关联，但我们只知道一个粗浅的概念，能厘清其中关联脉络的人都是大神。

东方朔一定是大神之一。据《汉书》卷六十五《东方朔传》记载，他曾经给汉武帝讲过"六符"之事——"愿陈泰阶六符，以观天变，不

可不省。"

应劭在注中解释:"三阶平则阴阳和,风雨时,社稷神祇咸获其宜,天下大安,是为太平。三阶不平,则五神乏祀,日有食之,水润不浸,稼穑不成,冬雷夏霜,百姓不宁,故治道倾。天子行暴令,好兴甲兵,修宫榭,广苑囿,则上阶为之奄奄疏阔也。"

因为天子所犯的这些毛病汉武帝都有,"行暴令,好兴甲兵,修宫榭,广苑囿"他都干了,造成了"三阶不平",所以东方朔才要把这个道理给他讲清楚。

这些玄幻的事情一时半会儿弄不明白,还是先放一放,我们来学一点更有趣的科学知识吧。

古人经过孜孜不倦地观察,发现北斗星旋转的周期正好是"一年"。春天来临,北斗的斗柄指向东方,此时大地上东风徐徐;夏日炎炎,斗柄指向南方,此时南风浩浩;秋高气爽,斗柄指向西方,此时西风烈烈;冬日凛冽,斗柄指向北方,此时北风萧萧。

北斗的斗柄就好像时钟的指针一样准确,千百年来从没有变过。如果将斗柄的旋转面细分成12等份,每一份为1个月,那么斗柄又变成了月钟的指针,抬头看看北斗,就知道当下身处几月了。

有人认为,北斗七星就是大熊星座,其实这七颗最亮的星所展现的只是大熊星座的后躯部分及尾巴。

✱ 参考书籍

《后汉书》《汉书》《夜航船》《史记》《道藏经》《儒林外史》《明史》《黄帝泰阶六符经》

好看到停不住的中国史

外国专家说张衡的地动仪是假的，不科学，你怎么看？

张衡发明了地动仪还真不是空穴来风，是记载在正史当中的，整整196个字，写得清清楚楚，怎么造的、什么原理、测到了哪次地震，等等。但让人非常不解的是，张衡是在公元132年造出地动仪的，到公元134年，它记录了陇西地震后，这个神秘的物件就像一阵烟一样彻底消失了，再也没有音信。后来的史料中再也没有关于它预报地震的记载了，甚至连这台地动仪本身也消失得杳无踪迹。

所以，后世对这件神秘的仪器充满了好奇，当然，好奇之后就出现了众多质疑声，认为用这样的机械装置来预报地震并不科学，由于没有实用性，它才失传了。观点最为尖锐的是奥地利人雷立柏教授，他曾撰写了《张衡：宗教与科学》，认为中国人对张衡地动仪的情绪是一种宗教式的崇拜，"对张衡地动仪的迷恋正是华夏科学停滞特点的典型表现"。

很多人随声附和，有人认为地动仪就是一个模具，方舟子先生也说过，它甚至只是一个摆设。

首先，现代人看到的地动仪只是考古学家王振铎先生根据记载结合英国科学家的地震理论制成的，本身就不是汉代的地动仪，只是一个近似的复制品，根本没有实现百分之百的复原，所以用它来预测地震有点荒唐，拿它来否定张衡的地动仪更如隔山打牛。

神州鼎伏

其次，地动仪可能毁于东汉末年的战火中，复制不了不等于它不存在。古人的黑科技失传的很多，我们不说鲁班先生的木人木鹊，也不说诸葛亮先生的木牛流马，单说马王堆中出土的那件素纱襌（dān）衣，仅重48克，以现代的科学技术都做不出来，如果不是真品出土，摆在那儿让人亲眼所见，你会不会以为古人对于这件"轻如蝉翼"的纱衣的描述也是在吹牛？

再次，古人智慧远超我们的想象，制造出一个地动仪并不等于制造出了宇宙飞船，我们理解不了，也复制不出，这正说明了先人的伟大。就像河图洛书，直到今天也没有人破译出这神秘的"宇宙魔方"，那我们是不是也应该"虚心"地认为，它不存在，然后从文化中把它"删除"？

何况，在各方的全力配合下，冯锐先生所率领的课题组在比《后汉书》早的《续汉书》，以及《后汉纪》等7部古籍中找到了更多关于张衡地动仪的记载。196个字的记录，变成了238个字。通过这些文献，冯锐他们算出了张衡地动仪的高度、悬垂摆长度、振荡频率等。与此同时，他们还调来了陇西地震的历次波形图。对波形图进行计算，证明了张衡的地震仪在公元134年的确测到了陇西的地震。那么，张衡的地动仪就不再是"传说"和"神话"了。

更何况，如果后人没本事复原地动仪，不能证其有，那么有谁能证其无呢？有没有哪位物理学家能给出让大家信服的观点或者试验，说明地动仪只是一个不靠谱的玩具？目前，这些都只是凭空的猜测，更更何况，奥地利教授是学文科的，从事语言、哲学和宗教学的研究，所以他虽然有怀疑的权力，但是这个怀疑的含金量也太稀微了吧？

所以，本人坚定地认为，张衡发明了地动仪，地动仪是能够测知地震的，这是一种文化的自信。

241

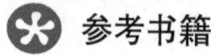

延伸阅读：南朝范晔（398—445 年），根据前人撰述的几十种有关后汉的历史著作，编写成《后汉书》。其中《后汉书·张衡列传》中记载候风地动仪的部分共 196 字：

"阳嘉元年，复造候风地动仪。以精铜铸成，圆径八尺，合盖隆起，形似酒尊，饰以篆文山龟鸟兽之形。中有都柱，傍行八道，施关发机。外有八龙，首衔铜丸，下有蟾蜍，张口承之。其牙机巧制，皆隐在尊中，覆盖周密无际。如有地动，尊则振龙机发吐丸，而蟾蜍衔之。振声激扬，伺者因此觉知。虽一龙发机，而七首不动，寻其方面，乃知震之所在。验之以事，合契若神。自书典所记，未之有也。尝一龙机发而地不觉动，京师学者咸怪其无征，后数日驿至，果地震陇西，于是皆服其妙。自此以后，乃令史官记地动所从方起。"

参考书籍

《后汉书》

人怕骄狂猪怕壮，鸢肩豺目的他害得整个家族暴尸街头

西汉末年，外戚专权几乎断了刘氏香火。王莽，皇上的亲老丈人，不仅巧取豪夺了汉室江山，还差点就坐稳了。

到了东汉，开始的皇帝和皇后还自觉，到后期，外戚就又屡屡盛装登场，当然这些人中间也不乏有真本事为国尽忠的，但更多的是来害国的。比如大将军录尚书事的梁冀——就是那位著名的"跋扈将军"，把持朝政二十年，一手遮天，为所欲为。在他的手里，立过三任皇帝，还毒死过一位皇帝，他一个人几乎就把汉室江山的根脉给掐断了。

这样的大奸大恶是怎么一步步上位，最后完成祸国殃民的任务，差点把东汉的小船弄翻的？

梁冀的父亲——大将军梁商本是外戚出身，他的妹妹和女儿都嫁给了汉顺帝刘保。这就有点乱了，女儿梁妠（nàn）十七岁被立为皇后，姑姑却只是贵人，辈分乱了，平常见了面，姑姑莫不是还得给侄女行大礼？

总体来说，梁商还是一个好人，谦恭温和，虚心荐才，励精图治。他的败笔在过于柔和懦弱，更不该把自己的一大帮亲戚都安排在朝廷里工作。

梁冀就是在大将军府里长大的花花公子，连话都说不太利索，学问几乎荒废了，只会简单抄写记账而已。但要说起射箭踢球，弹棋赌博，他是行家里手，平常就是喝酒寻欢，骑马打猎，斗鸡走狗。

好看到停不住的中国史

史书上记载了梁冀的长相,生得不善,叫作"鸢肩豺目"。有人解释:耸肩似鹰,目凶如豺。也有人解释是两肩上耸,像鸥鸟栖止时的样子,眼睛是倒竖着的,跟豺狼一样直勾勾地看人。

因为是皇亲国戚,梁冀的仕途一帆风顺,起步就是黄门侍郎——皇帝身边的近臣。他三十八岁的时候出任河南尹(这是京都雒阳所在河南郡的最高长官,秩二千石),一步迈进高官行列。

据《后汉书》记载,就是在此期间,残暴的梁冀干了不少非法勾当。洛阳令吕放是梁商的亲信,向他汇报了梁冀的一些情况,本意是让他管束一下自己的儿子,结果受到训斥的梁冀随即派人在路上直接刺杀了吕放。事后,他又怕老爹知道,就把这事嫁祸到吕放的仇家身上,还请旨让吕放的弟弟吕禹接任了洛阳令。这样,吕放的那个仇家可倒了血霉,连亲属带宾客共一百多人悉数被杀。

从这一件事就能看出,梁冀干坏事时,不仅心黑,而且手段极其毒辣。

后来,梁商死了,还没下葬,汉顺帝就任命他的大舅子梁冀接了大将军的班。

汉顺帝刘保当初之所以能坐上皇位,是因为宦官们发动宫廷政变,赶走了阎太后,十一岁的他得了便宜。所以参与政变、拥立刘保的孙程等十九位宦官全部被封侯。宦官和外戚里勾外连,把持了朝政。顺帝只活了三十岁就驾崩了,具体怎么死的却没有记载,也许是被人谋害的,但手脚做得干净,只能是一桩疑案了。

接任的汉冲帝只有两岁,还抱在怀里吃奶呢,于是梁冀的妹妹梁太后掌控了朝政。一年之后,冲帝忽然死了,号称是病死的,这应该可信,因为他连造反的年纪都还没到。

神州鼎伏

这一回，梁家兄妹一商量，再立一个小孩儿吧，于是质帝刘缵（zuǎn）上位。

这个小孩儿很聪明，却反被聪明害了。这天上朝，他盯着梁冀说："这是专横跋扈的将军。"

哟呵！还反了你了！梁冀大怒，命令侍从把毒酒加到汤面里给质帝吃下去。于是，仅有九岁的质帝也"崩"了。这个过程《后汉书》里记得明明白白："闰月甲申，大将军梁冀潜行鸩弑，帝崩于玉堂前殿，年九岁。"

又该选皇帝了。这次，梁冀选来选去，选中了蠡吾侯刘翼之子刘志，太尉李固和司徒胡广、司空赵戒等人极力反对，但他一意孤行。最终，十五岁的刘志即位，是为汉桓帝。得逞的梁冀根本没想到，他执意要扶上皇位的这个喜欢玩音乐的小子，竟会是他的掘墓人。

汉桓帝刘志比刘缵大了七八岁，可比冤死的刘缵聪明多了，他开始不断增封梁冀的食邑，累计达到三万户，远远超出了汉代封侯的界限。他甚至还给了梁冀更多特权：入朝不必小步快跑，还允许他佩剑穿靴，觐见时也不必自称姓名。（《后汉书·梁冀传》："冀入朝不趋，剑履上殿，谒赞不名。"）梁冀睥睨自雄，百官不敢正视。

姑欲取之，必先予之，这就是汉桓帝的韬光养晦之策，他简直把梁冀捧到了天上。

然后，在汉桓帝三十岁的那年，他突然出手了，长得像鹰隼的梁冀哪里能想到他会受到"隼击"一样的突袭。

刘志依赖的还是宦官，中常侍单超、徐璜、具瑗等人一向对骄横的梁冀非常不满，于是，密谋之后，桓帝用牙咬破了单超等人的手臂，此谓之歃血为盟。

245

以为军权在握的梁冀万万没想到，他的府第被包围之后，宦官们做的第一件事就是收走了他的大将军印绶。

螃蟹的一对大螯先被剪掉了。梁冀几乎毫无招架之功，只好跟他的悍妻孙寿双双自尽。

桓帝被压了十几年，怨气太重，出手也很重。"诸梁及孙氏中外宗亲送诏狱，无长少皆弃市。"梁家和孙家的内外宗族亲戚全部下狱，不论老少都处以死刑，暴尸街头。

梁家的故吏宾客也被彻底清洗，罢免了三百多个官员，朝堂上几乎空无一人。

眼看他起朱楼，眼看他宴宾客，眼看他楼塌了。

恶贯满盈的梁冀终于完了。朝廷没收变卖他的全部财产，共获三十多亿，用来充实国家府库。朝廷因此而减免了天下一半的租税，百姓莫不拍手称快。

但前门拒虎，后门进狼。梁氏外戚集团被一网打尽，灰飞烟灭，桓帝本可庆幸，但中常侍单超等人全部被封为列侯，朝政再次转入宦官之手，东汉又进入了一个无望的轮回。

在梁冀之前，东汉曾经有一位外戚名为窦宪，他的妹妹是汉章帝的皇后，他也曾官拜大将军，地位高于三公，一时权倾朝野。

窦宪的狂妄不在梁冀之下，连公主都敢欺负。他看上了一座田园，主人正是沁水公主，那可是汉明帝的女儿，但窦宪才不管你是谁，以低价强买，沁水公主忌惮窦宪的权势，不敢拒绝，只能忍气吞声接受了这桩极不公平的买卖。

要说窦宪狂妄，他似乎也有点狂妄的资本，至少比梁冀强不知多少倍，

此人曾经率军四次大战北匈奴，打得对方闻风丧胆，逃得不知去向。

所以他凭借赫赫战功，越来越不知天高地厚，竟然暗存不轨之心，最后被汉和帝逼得自杀了事。

若要识人，得人比人。说窦宪有大功于汉，前人卫青的功劳更大，曾经七战七胜，打得匈奴仓皇不敢南顾。这位大将军的姐姐也是汉武帝的皇后，说是外戚一点不差。但卫青就非常低调，从不养士人门客，对待同事谦和仁让，气度宽弘，故彪炳史册，光照后人。

说得文一点，叫天道喜谦而忌盈。说得直白一点，猪要苗条，人要低调，如此才能不挨刀。

东汉的癌症是外戚和宦官交替专权，造成这种局面的原因很多，其中之一是皇帝们的寿命都不怎么长，有生卒年份可考的13位帝王，平均寿命仅26.71岁，远远低于西汉的37.67岁，一共传了8世14位皇帝，硬撑了195年。

东汉的小皇帝多，光未成年的就有4个，小皇帝多其实潜藏着很多危机，主少则国疑，很自然地就要依赖娘家人，外戚就不可避免地要控制国家政权。有的贪心不足，甚至连皇帝也要捏在自己手里，最终往往导致群臣分崩离析。

皇帝长大点后，想夺回权力，就不得不借助身边的宦官，一旦宦官得势，朝堂之上又是一片乌烟瘴气。

东汉几乎一直在这样一个恶性循环里挣扎到灭亡。

❋ **参考书籍**

《后汉书》《史记》《资治通鉴》《两汉笔记》

好看到停不住的中国史

坏人也可能拥有爱情，哪怕只是鹰对锦鸡的迷恋

东汉著名的"跋扈将军"梁冀，心黑手毒，无恶不作，曾经毒死了汉质帝，把持朝政二十年，使百官噤若寒蝉。

但就是这样一个坏人，有文章说，他竟然怕老婆，理由是"恶人自有恶人磨"，他的老婆孙寿是一个悍妇，把大将军收拾得服服帖帖的。初看似乎也有道理，一物降一物嘛，可再细想一下，一个连皇帝都敢杀的人，他的心肠一定狠毒到了无法测知的程度。一般人纵然胆大到无法无天，也就是"舍得一身剐，敢把皇帝拉下马"而已。但这对梁冀来说，简直不值一哂（shěn），所以他的胆子是大到了无法估量的程度。

那么，要说这样一个人怕老婆，就有点荒唐可笑了，就算偶尔有把柄落在老婆手里，一旦时过境迁，没了证据，他弄死一个女人比打哈欠都容易！但梁冀并没有这么干，这就跟"怕"没有什么关系了。往正面想一想，这个女人也许美得不可方物呢？他也许真喜欢她呢？两人之间也许真有爱情呢？

在我们的印象里，坏人似乎是不配拥有爱情的，即便有，也是狼狈为奸，就像秦桧和王氏那样，但梁冀和孙寿还真不是那一类。人性这东西谁也拿不准，好人偶尔也会释放一点坏，而坏人也不是头顶长疮，脚底流脓，偶尔也会释放一点善。

孙寿究竟有多美？笔者尝试从古籍中寻找答案，结果大吃一惊。

在隐约杂芜的有关孙寿的古籍记载中，一个东汉时尚界的大腕渐渐浮出水面。她不仅能倡导一时之先，而且粉丝如云，跟风的人不可胜数。更有意思的是，梁冀虽然长得挺丑，却受她的影响，在穿衣打扮方面也有不少的革新和创造，竟然也是时尚界的头部人物。

先说孙寿究竟有多美。

《后汉书·梁冀传》："寿色美而善为妖态，作愁眉，啼妆，堕马髻，折腰步，龋齿笑，以为媚惑。"因为嫁了一个坏人，所以作者范晔用了两个字——"妖"和"媚"来表明自己的基本态度，但他并不能罔顾史实，所以如实写出了孙寿的样貌——"色美"，虽然只是很吝啬地用了两个字，但是能在史籍中被称为"色美"的女子，着实不多。

接着说孙寿的时尚大招。

东汉的应劭著了一部书叫《风俗通》，孙寿的时尚装扮在其中就有记录："桓帝元嘉中，京师妇人作愁眉、啼妆、堕马髻、折腰步、龋齿笑。愁眉者，细而曲折；啼妆者，薄拭目下若啼痕；堕马髻者，侧在一边；折腰步者，足不任下体；龋齿笑者，若齿痛不忻忻。始自梁冀家所为，京师翕然皆仿效之。"

此事在晋代干宝的《搜神记》卷六和司马彪的《后汉书·五行志一》中亦有记载。

第一招是"愁眉"。

有人认为这是一种病态美，就像西施捧心一样，但相信孙寿并不这么认为，西施的成名绝技，只可偶一为之，不可复制。孙寿要是整天愁眉苦脸，那人见人烦，还怎么招梁冀喜欢？"愁眉者，细而曲折"，其

实说的是一种化妆术。汉朝妇女在画眉上比较讲究,有"远山眉""八字眉"等不同式样,而"新妆愁眉"正是孙寿改革创新的新式画法——眉毛要画得非常细,而且弯弯曲曲的,眼睛下面还要涂上一层鲜红的胭脂。如果再加上一双善睐的美目,那种千娇百媚,那种风姿绰约,估计得把梁冀看傻了吧?

第二招是"啼妆"。

"啼妆者,薄拭目下若啼痕。"并不是白居易在《琵琶行》中描写的:"夜深忽梦少年事,梦啼妆泪红阑干。"那是泪水太多,把妆给哭花了。孙寿发明的这个新妆法是要在眼睑下面画成浅淡似泪痕状,再勾出眼影,这样使眼窝看上去更深邃,也能把双眸衬托得分外明亮。恰似丛兰浥(yì)露,梨花带雨,匠心独运,当然从者如风。洛阳女子一见之下,尽被俘虏,于是纷纷效仿。直到梁冀夫妇畏罪自杀之后,这种妆法才热度稍减,但魏晋之后又重新兴起。到唐玄宗时,嫔妃们又把"啼妆"改进为"泪妆",即两颊只涂素粉,不施胭脂,看上去更像啼泣的泪痕。白居易在《时世妆》中写道:"妍媸黑白失本态,妆成尽似含悲啼。"可见,孙寿的美妆影响后世达八百年以上。

第三招就是著名的"堕马髻"。

"堕马髻者,侧在一边。"《风俗通》中说得过于简单。这是女子头发的美妆术,就是将发髻侧在一边,模拟骑马过后发髻自然地松散垂落。正如司马光在《西江月》里写的那样:"宝髻松松挽就,铅华淡淡妆成。"乌云堕髻,当然楚楚动人。《乐府诗集·梅花落》中也有描述:"天姬坠马髻,未插江南珰。"这种技法影响也很久远,南朝(梁)沈约在《江南曲》中写道:"罗衣织成带,堕马碧玉簪。"到唐代时依然风靡不减,从李颀

250

的《缓歌行》里可以看出:"二八蛾眉梳堕马,美酒清歌曲房下。"

第四招是"折腰步"。

"折腰步者,足不任下体",就是走路时如弱柳从风,腰肢细得仿佛承受不住身体的重量,于是每走一步都得换一回重心。这就像现代模特的猫步,脚步轮番踩在两脚之间的直线上,而且腰扭得像是风中的垂柳。想象一下,长袖飘飘,美目流盼,自然风情万种。另外,孙寿的妆容表现出来的正是一种盼望被征服的姿态,男人一见之下,自然生出怜香惜玉之心,也会自然生出昂藏男儿的豪气。保护弱女子,还不是你梁冀义不容辞的责任?

第五招是"龋齿笑"。

前面的四种说的是面妆的细节、头发的处理、走路的步态,接下来要说的就是表情了。其他都是死的,只有表情是活的,色不活不足以生美。为了博得褒姒一笑,周幽王都不惜烽火戏诸侯,可见表情的重要性。后世的杨贵妃正是掌握了这一要点,"回眸一笑百媚生",不仅让"六宫粉黛无颜色",也让唐玄宗迷得神魂颠倒。孙寿推出的表情包是"龋齿笑",《风俗通》中释义为"若齿痛不忻忻"。意思是人牙疼,只能浅笑。猜想孙寿是从《诗经·卫风·硕人》"巧笑倩兮,美目盼兮"这一名句中得到的启发,笑也笑得巧,因为大笑固然很爽,但毕竟不够美,正如欧阳修的《诉衷情·眉意》里描写的"拟歌先敛,欲笑还颦,最断人肠"。所以她用的是微笑、浅笑——一笑倾人国,再笑倾人城。

孙寿祭出这部迷人宝典之后,京师妇女当然先睹为快,也先模仿为强,随后"诸夏皆仿效",风行京外,影响全国。

因为妻子太美,梁冀"终日看不足",也因为受她的影响,成为时尚

界的潮人——"作平上軿车,埤帻,狭冠,折上巾,拥身扇,狐尾单衣"。大意是他的一身行头全都与众不同,他的豪车上部平坦而有屏帷;平时出行时,扎一种很低的头巾;如果戴冠出行,则是一种窄窄的小帽,还要把头巾的角折叠起来;前呼后拥,用大扇障身;他甚至还修改了自己的朝服式样,后摆拖地,形似狐尾。

感觉梁冀为了跟爱妻呼应,也在外形上下了不少工夫,只是因为人长得磕碜,所以究竟美不美,那就只有天知道了。

在各种记载当中,孙寿除了为争宠和梁冀的情妇发生过冲突之外,只在美容上用功,并不怎么干预朝政。

公元159年,被梁冀强行扶上位的汉桓帝突然反戈一击,带人包围了梁府,并且收走了他的大将军印。梁冀眼看大势已去,只好自尽以保全尸,而他的那位绝代佳人孙寿也走到了末路,三尺白绫,玉殒香消。

尔曹身与美俱灭,但至少黄泉路上有人结伴,这说明他们毕竟还是很有感情的。孙寿也算对得起梁冀,而恶贯满盈的梁冀也算死得"不错"。

✱ **参考书籍**
《后汉书》《风俗通》《五行志》《诗经》《搜神记》

神算不如人算，精通风角术的高人怎么把亲儿子给害了？

现代人总是自豪地说人类在不断进步，个人认为也许这只说对了一部分，科学技术在某些方面大大地方便了人们的生活，确实是进步了。想象一下，如果一个汉代人穿越而来，让他坐一坐飞机和高铁，再让他跟家里人视频一下，估计得把他惊到灵魂出窍。

但是有些方面不仅没有进步，反而退步了。现代人的发展专注于向外求，自身的灵敏程度却越来越迟钝了，与自然的沟通能力也越来越弱了，有些技术几乎已经失传，比如在汉代很流行的风角术，今天听起来简直是天方夜谭，真来这么一位精通此术的汉代人，也足以把我们惊到魂飞天外。

古人对于自然的观察总结能力远远在今人之上。举一个小例子，三国时期曹魏术士管辂（lù），有人把他称为卜卦观相行业的祖师爷。此人就精通《周易》，善于卜筮、相术、算学，还通鸟语。

据《三国志》记载：有一回，管辂休假，顺道去看望老朋友——清河郡的倪太守，当时清河一带正遭遇大旱。倪太守见他来了，当然不能错过，就先问这位老神仙什么时候能下雨。

管辂看了看天，很笃定地说："今夕当雨。"——今晚就有大雨！说话的时候正值烈日炎炎，根本没有丝毫下雨的征兆，在场的郡府官吏们谁也不相信管辂的话。

好看到停不住的中国史

但是，就在当晚半夜时分，"风云并起，竟成快雨"。倪太守的欣喜和激动难以言表，只能备下丰盛的酒宴好好款待管辂。一夕畅饮，宾主尽欢。

现在我们好奇的是，管辂究竟是怎么看出要下雨的？这在明代张岱的《夜航船》中说得比较具体，让人喜出望外：这一则题目为"少女风"，管辂当时说："树上已有少女微风，树间已有阳鸟和鸣。其雨至矣。"

意思也很简明——"树冠已有少女般的微风，树间也有阳鸟在鸣叫，雨就要来了。"不好理解的是"阳鸟"，据《幼学琼林·卷四·鸟兽类》："雁性随阳，因名之曰阳鸟。"猜测应该是大雁之类的候鸟吧，随季节变换而南北迁移。

尽管如此，我们还是觉得这不具备可操作性，什么样的微风才算少女风？大雁在树上鸣叫时一定说了什么，恐怕只有管辂能懂吧？

这只是古人对风的观察，虽然很神奇，但还算不得风角之术。

《后汉书》中记载了一位精通风角之术的高人。此人姓郎名宗，曾学习《京氏易》，东汉的第六位皇帝汉安帝刘祜曾经征召他，还让他当了县令。有一天，他看到暴风突起，觉得有些怪异，占卜之后，发现竟然是京师将要发生大火灾的预兆。他甚至能推算出具体的日期，还专门记了下来，到了那一天，火灾果然发生了。

有人把此事原原本本禀告了安帝，安帝下旨征召他为博士。但是郎宗志趣高洁，认为靠占卜才能受到朝廷赏识是一件可耻的事，于是在诏书到来之前，他连夜将大印悬挂在县堂之上，飘然而去。

在东汉，有这样的通晓风角之术的高人，但也有低人甚至小人。

河内郡（汉高祖即位时设置殷国，次年改名为河内郡，位于太行山东南与黄河以北。与河东郡、河南郡合称三河）有一位同样擅长风角之术的

人名叫张成,他就能把这种技术用在办坏事上。

有一天,张成通过风占,推算出朝廷将要大赦天下。他认为有机可乘,如果此时派人把自己的仇人给杀了,纵然入了大狱,朝廷的大赦令很快就会下来,这不是一个既能除掉仇人,又能逃脱惩罚的大好机会?于是,他就怂恿儿子去杀掉了仇人。

当时李膺担任司隶校尉,这是真名士,位列"八俊"之首,有"天下模楷"之称。案发之后,他立即命人将张成的儿子缉捕归案,但没想到朝廷的大赦令很快就下来了,如果执行,那么张成的儿子就必须免罪释放。但李膺疾恶如仇,激愤之下执意按律例将其处决。

人常说人算不如天算,张成这个神算却不如人算,要了一个小聪明,没想到玩火自焚,活活断送了自己儿子的性命。

张成气急败坏,于是勾结一直对李膺不满的宦官们,其中就有张让,他对李膺是恨之入骨。他的弟弟张硕狗仗人势,无恶不作,甚至杀害孕妇后剖腹取子。李膺当时担任河南尹,强行进府搜查,最终将张硕绳之以法。

两下一拍即合。张成指使弟子牢修上书诬告李膺,说他与太学学生、各郡士子勾结为党,诽谤朝廷,扰乱民心。在宦官的挑唆下,天子大怒,下令追查此事,大肆抓捕,不仅李膺获罪入狱,还牵连出多达二百余人。第一次"党锢之祸"由此发端,此是后话不提。

再说风角之术。

先说风,古人认为它是天地的使者,是大地的呼吸。

据载,夏禹时已经能造出用于观测风向和风力的"司风鸟"。到了西汉,发明了用于测风的专门仪器"相风"。皇帝出行时,车驾均有配备,不仅可以观察风向和风力大小,还能预测吉凶福祸,而这能够根据风来进行占

卜的技术就是风角术。

古人认为，风是阴阳二气的产物，二气失衡或失和，就会形成风。那么，风就有了阴阳属性，既然有阴阳，也就有了五行的相生相克，自然就与天地万物、人事社会等存在某种内在联系。

李淳风的《乙巳占》中对于风角术的原理描述如下："《易》曰：巽为风。巽卦曰：重巽以申命，又云：挠万物者，莫疾乎风，风以散之。《诗序》曰：风，讽也，教也，风以动之，教以化之。然则风者，是天地之号令，阴阳之所使，发示休咎，动彰神教者也。"

当时的一些术数名家，如京房、翼奉等都在这方面写有专著，后世的风角术也多出自这两家。

东汉时期，风角术盛极一时，甚至表现出凌驾于其他术数之上的强劲势头。天文学家张衡曾经批驳当时的谶纬之风，认为"律历、卦候、九宫、风角，数有徵效，世莫肯学，而竞称不占之书"。可见，他对于风角术的肯定乃至推崇。

最后上点硬货，省得有看官认为是光说不练假把式呵。

《太白阴经》中介绍了如何分辨五种风的形态，看官请看仔细了："宫风声如牛吼空中，徵风声如奔马，商风声如离群之鸟，羽风声如击湿鼓之音，角风声如千人之语。"接下来介绍的是，这五种风发作时是何等预兆——"宫风发屋折木，来年兵起；徵风发屋折木，四方告急；商风发屋折木，主兵；羽风发屋折木，米贵；角风发屋折木，主有急盗、战斗。"

能够掀翻屋子、摧折树木的，必然是十级以上大风，您要看风还得先找个坚固的角落以策安全。

还有一招，立春将至之时，遇到这种天气看官可以试着出外观察：

"天气晴明,百物可成,阴雨主涝。东有积云,其岁丰熟。东风谷贱,人民平安,西风主旱,谷贵盗生,南风畜安,北风水淹。"

也许有慧根的人真能从中悟出点什么来,那就不枉笔者的一番辛苦了。

❋ 参考书籍

《后汉书》《子不语》《乙巳占》《周易》《太白阴经》《夜航船》《幼学琼林》《三国志》

好看到停不住的中国史

"言为士则,行为世范。"读书人不了解他,就有点孤陋寡闻了

东汉末年,曾经出了这样一位文士、一位斗士。他满腹经纶,一身正气,最离奇也最难得的是他的仕途经历,如果说后世的苏轼三起三落就勘破了人生,那这位先生从入仕开始,九番沉浮,依然斗志昂扬,不畏强权,不避生死。南朝刘义庆在他的《世说新语》里给了他顶级评价:"言为士则,行为世范"。提到他的名字,看官肯定见过,唐代王勃的《滕王阁序》中曾经写道"人杰地灵,徐孺下陈蕃之榻"。今天要说的就是他提到的陈蕃。

曾经任豫章太守的陈蕃,格外尊重有识之士。当地有一位被称为"南州高士"的人叫徐穉(zhì),字孺子。陈蕃曾经礼请他担任功曹,徐穉坚辞不就,但出于对陈蕃的敬意,也曾到太守府来拜访。陈蕃专门为徐穉做了一个榻,平时挂在墙上。只有徐穉来访,才把榻放下来。两个人常常接榻秉烛夜谈,徐穉一走,陈蕃就把榻悬挂起来。

这个典故由此而来。《后汉书》载陈蕃任乐安太守时,曾经为郡人周璆(qiú)专置一榻。有出入,但不管是徐穉也好,是周璆也罢,置榻的人总是陈蕃,此处且略过不提。

重点说一说他的为官经历。

陈蕃是汝南人,跟后来鼎鼎大名的袁绍是河南老乡。最初是"举孝廉,除郎中"——当了郎中这么个官,看官可别以为他是悬壶济世的,郎中叫

成医生是宋代才开始的事,东汉时候,他还是尚书的属官。没过多久,母亲离世,他就直接辞官回家"丁忧"了。这是他第一次去官。

直到服丧三年期满,刺史周景又请他担任别驾从事一职。这个官在汉代是刺史的佐官,意为重要助手,地位不低,出巡时不与刺史同车,而是别乘一车,所以叫"别驾"。刺史大人还是很敬重他的,后来因为有事意见不合,刺史又听不进谏言,陈蕃干脆把官帽还给他,飘然而去。这是他第二次去官。

回家之后,又出现了两次机会。陈蕃先被公府征辟,后又被举荐为"方正",都是入仕一展抱负的机会,但他一概不去。这样算来,他已经四次与官职擦肩而过了。

接下来,朝中重臣太尉李固上表极力举荐,陈蕃先任了议郎,再升为乐安太守。正是在此期间,飞扬跋扈的大将军梁冀派人来送信,想请他帮忙办一件私事,但送信的人见不着他,情急之下撒了谎才见到,可此人刚说出来意,陈蕃就大怒,竟然命人一顿竹板子将他给打死了!这也太不给大将军面子了,但梁冀的事也见不得光,只好找一个借口把陈蕃降职,于是堂堂太守变成了修武县令。这是他在仕途中又一次遭受了打击。

县令就县令,真正有才的人就像放在口袋里的锥子,总要露出头来。陈蕃后来又被提拔,出任尚书。这又是一个重要的官职,东汉政务悉归尚书台处理,各曹尚书的地位更为重要。当时零陵和桂阳一带的山贼造反,陈蕃直言上疏,得罪了汉桓帝的近臣,于是又被外放为豫章太守。像坐过山车一样,陈蕃又被严肃处理了,还被打发到遥远的豫章。

但朝廷终究还是要用人的。到延熹二年(公元159年),陈蕃又被升任为大鸿胪。这是朝廷里掌管诸侯及藩属国事务的大官,为九卿之一。这

期间，白马县令李云上疏惹恼了汉桓帝，危在旦夕。陈蕃又挺身而出，仗义执言为李云说话，结果桓帝一怒之下，把他也罢免了。陈蕃又一次从天而降，变成了老百姓。

可没过多久，桓帝又起用了他，先将他征为议郎，几天之后就升任为光禄勋。光禄勋依然是位列九卿的高官，不光总领宫内事物，还负责简选官吏。在选拔官员的过程中，陈蕃从不偏袒权贵，结果他又中了豪门子弟的套路，被人诬告了。皇上一声令下，陈蕃再次被打回原形，罢官回家。宦海浮沉，他又一次坠入谷底。

尽管如此，他忠君报国之心犹在，澄清天下之志不改。不久之后，诏书又来了，任他为尚书仆射，他仍然登车揽辔，义无反顾。

随后他就被调任为太中大夫，这个官不如以前的大，是郎中令的属官，掌议论。到延熹八年（公元165年），陈蕃担任太尉。东汉以太尉、司徒、司空为三公，太尉主管军事，位极人臣。第二年，"党锢之祸"突发，河南尹李膺等人被关进监狱受审。太尉陈蕃抗旨，上书申诉。汉桓帝受不了他说话太耿直，找借口说他举荐人才不当，再次罢免了他。三次罢免接踵而至，对陈蕃来说，穿不穿这身官服，已经不在考虑范围之内了。

陈蕃多次被免职或降黜，威望却越来越高。又是一年之后，桓帝驾崩，灵帝继位。窦皇后下诏书任命陈蕃为太傅并管理尚书台事务。东汉时期，太傅并不是虚职，其直接参与军国大事的拟定和决策，是百官之核心。

因"德行为本朝第一"，太后下诏加封陈蕃为高阳乡侯。多少人"万里觅封侯"，但他看得很淡，前后十次上奏推辞，不肯受封。

此时，宦官弄权，朝堂之上正气不伸，陈蕃与大将军窦武决心铲除宦官势力。不料窦武当断不断，事情泄露，宦官发难，窦武自杀。

《后汉书》载，七十多岁的陈蕃听到事变，率官属诸生八十余人拔刀突入承明门，终因寡不敌众，被处死。

身负天下之重望的陈蕃第十次陨落，这一次，他以生命为代价。

一个白头老翁的谢幕，仗剑高呼，杀身成仁。那种风骨和刚毅，千古之后，依然凛凛有生气！

心之所向，九死未悔。尽忠尽节，慨然赴死。正如他在《理李膺等疏》中所写："使身首分裂，异门而出，所不恨也！"

时人谈论陈蕃和李膺的成就和德行，难定高下。蔡邕认为："陈仲举敢于冒犯天子，李元礼严于整饬下属。冒犯天子难，整饬下属易。"于是陈蕃排在"三君"（窦武、刘淑、陈蕃。君者，言一世之所宗也）之后，李元礼排在"八俊"（李膺、荀昱、杜密、王畅、刘祐、魏朗、赵典、朱宇。俊者，言人之英也）之前。

后世对陈蕃也多有评价，但宋代几人的说法笔者不敢苟同。

苏辙的看法："蕃一朝老臣，名重天下，而猖狂寡虑，乃与未尝更事者比，几乎暴虎冯河，死而无悔者，斯岂孔子所谓贤哉！"

陆游有诗，名《读陈蕃传》：

"莫笑书生一卷书，唐虞事业正关渠。

汉廷若有真王佐，天下何须费扫除。"

杨万里也有诗，名亦为《读陈蕃传》：

"仲举高谈亦壮哉，白头狼狈只堪哀。

枉教一室尘如积，天下何曾扫得来？"

蔡邕与陈蕃身处同一时代，更知他的处境，是持重老成之言。苏辙未免求全责备，失之偏颇。而陆游和杨万里就显得有些轻薄浮滑了。

✲ 参考书籍

《后汉书》《后汉文》《资治通鉴》《世说新语》

汉朝大孝子，住墓道守孝二十多年，为什么被治罪？

在中国历史上，要说存世最长的朝代，除了上三代的夏（四百七十年）、商（五百五十四年）、周（七百九十年）之外，就是享祚四百零五年的大汉王朝了。

有人认为汉朝绵延四百多年，与不遗余力地推行孝道有关。"以孝治天下"可以视为汉朝的治国纲领，经汉武帝大力提倡和实践，孝道由家庭伦理扩展为社会伦理、政治伦理。"百善孝为先"，推动孝的观念风行于世，使老人得到必须的尊重，当然是人间正道。

推行孝道政策，必然要树一些孝子典范。比如，西汉有一位陈姓寡妇，奉养婆母整整二十八年，汉文帝感其孝行，亲赐"孝妇"称号。东汉初年，临淄人江革以孝母闻名乡里，光武帝也赐其"巨孝"称号，当然也给予他相当丰厚的物质奖励："赐谷千斛"。

可能有的看官不太了解"斛"的概念，在汉代，一斛等于一石，而一石等于十斗，共一百二十斤。哦！当孝子的回报是朝廷赏赐十几万斤粮食，呵！只怕是家里没有这么大的仓库了。

崇扬孝道，就免不了讨论在老人百年之后的守孝问题。既然"罢黜百家，独尊儒术"，那圣人的教导当然是不刊之论。在《论语》中，孔子认为："子生三年，然后免于父母之怀，夫三年之丧，天下之通丧也。"圣人认为，

好看到停不住的中国史

孩子在母腹中近一年，生下之后再有两年才能离开父母的怀抱，这三年是父亲最辛苦的时间，守孝三年只是对父母的些许回报。

于是守孝三年（实际执行二十七个月）成为一项礼制，在家守孝即是"守制"。在此期间，孝子不社交，不娱乐，还有一项是不娶不聘，而且要求夫妻分居不合房。

《后汉书》中记载有韦彪这样一个人物："孝行纯至，父母卒，哀毁三年，不出庐寝。服竟，羸瘠骨立异形，医疗数年乃起。"哀毁骨立，是说这位大孝子为父母守孝三年，因为思念伤感太深太重，瘦得不成人形，治疗了几年才好。

《后汉书》中还有记载，山东的乐安郡也出过一位大孝子，此人姓赵名宣。他埋葬了父母之后，不闭墓道，自己住在里面，服丧长达二十多年。乡里的老百姓都交口称赞他的孝行，被当地奉为孝子的楷模。

州郡几次礼请他出来做官，他都辞而不就。

汉代重视孝道，"举孝廉"是选拔官员的重要途径之一。被举孝廉者往往被任为"郎"，也是求取官职的必由之路。地方官有责任访察举荐善事父母、做事廉正的人出来做官。汉武帝曾经下过诏令：凡两千石以上官吏必须察举孝廉，否则按不敬和不胜任论处。这对官员是硬要求，否则治下无孝子，说明无官德，没有能力教化一方百姓。考核不合格，不光没脸、没政绩，估计连官帽也不保。

后来，东汉名臣陈蕃到乐安来当太守，手下就向他举荐了赵宣。

陈蕃是一代名士，他最初就是被推举为孝廉，在郡里任职的，后来因为母丧，辞官守制三年。现在自己治下有这样的孝子典型，当然很感兴趣。

于是陈蕃进行家访，在与赵宣的谈话间问到了他的妻子和儿女，无意

中竟然得知了一个真相，令陈蕃格外震怒，赵宣的五个子女都是他在墓道里守孝期间出生的！

《论语》云："夫君子之居丧，食旨不甘，闻乐不乐，居处不安"，别人都吃不好，住不好，你倒好，竟然生出一群子女，这明显与礼制中所规定的守制期间夫妻不合房背道而驰。

故陈蕃认为，赵宣"欺世盗名，迷惑群众，污辱鬼神"，是地道的伪孝子！

不光官没得做，陈蕃这样一个秉性方正的人，眼里当然不能揉沙子，干脆治了赵宣的罪。

对于陈蕃的做法，个人认为有值得商榷之处。

揭穿并处罚，针对的是赵宣的弄虚作假，但无形之中伤及了孝道，本来是一个远近闻名的大孝子，是大家共同学习的榜样，一旦戳破事实，露出真面目，无疑成了一个笑话，成了负能量。

那怎么样才算处置得当呢？对外可宣称赵宣因孝行可嘉，奖励他举家迁居京城。其实是将他一家发送到穷乡僻壤，让他隐姓埋名，远离大家的视线。

只是个人的幼稚想法，如有高见，欢迎赐教。

纵观两汉，除西汉开国皇帝刘邦和东汉开国皇帝刘秀外，其他皇帝都以"孝"为谥号，如孝惠帝、孝文帝、孝武帝、孝昭帝等。皇帝自己要做表率，充分表明朝廷对"孝"的尊崇。据《汉书》与《后汉书》帝王纪中记载，自西汉惠帝至东汉顺帝，朝廷对孝悌褒奖、赐爵达三十二次，朝廷以下地方的褒奖则更多。宋代徐天麟认为，汉代"得人之盛，则莫如孝廉，斯为后世所不能及"。(《东汉会要·选举上》)可见孝廉任官，对稳固汉朝的统治秩序具有长久的效用。

从这个层面来看,汉朝的江山延续时间较长,与以"孝"为纲的治国方针有极大关系。

✳ 参考书籍

《后汉书》《论语》《汉书》《东汉会要》

江南铁汉熬过地狱级酷刑，连给他上刑的人都服了

一向以为北方多豪杰，南方多雅士，实际上也不尽然。

宋代的方腊就是一条血性汉子，他的起义规模和为人大节都比投降派宋江强，"十千加一点，冬尽始称尊。"敢于当皇帝的方腊最后不屈而死。还有大家学过的课文中有张溥的《五人墓碑记》，说的是明代末年有五位苏州市民为忠臣抱不平，"激于义而死"，也是让人敬服的好汉。

看了《后汉书》，更知道了一位名叫戴就的浙江硬汉，那才叫铁骨铮铮，受尽种种惨无人道的酷刑，誓死不屈。当然，这还不是他受人敬重的主要原因。他被郑重记入史书，不是自己犯了什么刑罚，而是宁肯被扒皮抽筋，也绝不诬陷一个好人！

戴就，字景成，今绍兴市上虞区人，东汉时属会稽郡。当时，他在郡里吃公家饭，当了一个仓曹掾，级别不高，只是一名官仓主管。

这一天，人在家中坐，祸从天上来。

会稽郡的太守成公浮（罕见复姓）不知道怎么得罪了当时的扬州刺史欧阳参，欧阳参上疏告发成公浮贪污受贿，于是朝廷派人彻查。州里的从事薛安接了这个差事，带着一班人浩浩荡荡直奔会稽而来。

既然是贪污，当然首先从仓库查起，戴就直接被控制起来了。账簿也被调出，查来查去，财物一清二楚，没毛病！

好看到停不住的中国史

但欧阳参已经上疏了，什么也查不出来，岂不是诬告欺君？那就还得从戴就身上打开突破口拿到罪证，于是，他被投进了钱塘县的监狱里。

明明是子虚乌有的事，戴就当然什么也招不出来了。薛安想，这种贪官污吏受点刑估计就说实话了——来呀！大刑伺候！

于是，监狱里下了黑手，"幽囚考掠，五毒参至"。不仅是鞭打那么简单，五种巨毒辣的刑罚交替折磨，不信你不说！

但是他们还就碰上了一个硬骨头。让戴就诬陷一个好人，门都没有！有什么毒招，尽管放马过来！

世间心肠最硬的人当然是狱吏，他们最不缺的就是让人生不如死的办法。

"又烧鋘（huá）斧，使就挟于肘腋。"——烧红一种铁具，让人夹在腋窝底下……

关于这种"鋘斧"，有人解释为"两刃锸"，个人倾向于是"铧"，用来犁地的工具。因为汉代已经有牛耕，这东西不稀罕。

狱卒把犁铧在炉子上烧红，放在戴就的腋窝下边，再放下他的胳膊逼他夹紧。

一时间，只听得皮肉被烧得"呲呲"作响，一股刺鼻的焦煳味散满了屋子。

难以想象那是一种怎样的惨象！但戴就不仅挺过来了，还逼视着狱卒说："把那玩意儿在炉子里多烧一会儿，要不一拿出来就凉了。"

遇上这样的人，狱卒估计也得两眼发直。

每次受刑之前，戴就就不吃饭了。

在刑讯过程中，他身上的肉被烧焦了掉在地上，"肉焦毁墯（duò，同堕）

地者",他竟然"掇而食之",自己拣起来吹一吹就吃了!

写到这里,笔者都觉得毛发直竖,不得不停下来,长吁一口气。

然而……这才只是开始。

用尽了种种酷刑之后,狱吏都懵了,他们已经黔驴技穷,戴就却一个字也不招。

接着,又有人想出了诡异的招数,把戴就扣在一条船下面,然后烧马粪来熏他(这个能把人呛死吗?查不到马粪熏人的厉害之处,笔者虽然不明白,但觉得很厉害),结果狱卒们辛辛苦苦熏了两天一夜,自己都被熏得半死。他们以为这下戴就肯定死得硬邦邦了,可掀开船一看,戴就睁开眼睛就骂:"怎么不添火啦?孙子!怎么让火灭了?"

我猜想,狱卒们当时应该是喷一口血倒下才对。

这粪招真够臭的,毫无效果。

接下来,又有人想出了毒招。

他们把大针刺进了戴就的指甲里,还硬逼着他用手抓土,指甲血淋淋地掉在地上……

但他们收获的依然是戴就的大骂。

负责拷问的人快要崩溃了,不得不禀告薛安——属下无能,毒刑用尽,但完全撬不开戴就的嘴。

薛安亲自来见戴就,硬的不行,又来软的。

"你们那个太守是一个贪官,声名狼藉,现在我来不过是把事实落实清楚,你交代了,这事就跟你一点关系也没有,立马回家!我就不明白,你为什么要用自己的性命替他扛着呢?"薛安的道理讲得也很明白通透。

戴就当时已经站不起来了,趴在地上,但是说出的话依然每个字都是

好看到停不住的中国史

钉子——

"太守是被朝廷委以重任的剖符大臣,当然应该以死报国。您是奉了命令来的,那就应该明断冤屈,伸张正义,但是你所做的,是诬陷忠诚、冤枉良善,甚至滥用酷刑,妄图屈打成招,这等于让臣下诽谤君王,让儿子指证父亲!"

"薛安!你不过是一个庸愚之辈!自己在干伤天害理的事都不知道。我戴就被你打死的那天,立刻禀告上天,带领群鬼将你杀死在回去的亭驿中!如果我能侥幸活下来,总有一天,我会亲手宰了你,再碎了你的尸!"

这一番话,声色俱厉,震天骇地。

薛安似乎也被震醒了,哪里见过这样精钢铸就的汉子?他不由得打心眼里敬服戴就的浩然气节。

既然这样,我为什么一定要害了这位英雄,再帮刺史制造一起冤案呢?

想到这儿,薛安命人去掉了戴就身上的枷,向他谢了罪,再立即找医生给他医治,同时,二人还进行了一番交心的恳谈。

然后,薛安马上给皇上上表,按戴说所说,把郡里事一一做了汇报和解释。

朝廷下旨将成公浮召回京师,虽然没有治罪,但处理的结果很蹊跷,他被免了官,遣送回乡。史书里没有记载欧阳参的下场,但既然成公浮无辜被免,想来是东汉后期,朝政腐败,欧阳参仍有极强大的关系网。

宁死不肯诬陷他人的戴就终于被无罪释放。大难不死,必有后福。继任的太守刘宠非常欣赏他,举荐他为孝廉。戴就后来升职为光禄主事,这是光禄勋的属官,光禄勋负责管理宫廷内一切事物,除了宿卫、侍从及传达之外,还担任皇帝的顾问参议,是皇帝信任的近臣。

戴就后来因病去世了。

英雄都是由特殊材料组成的。有人打一个防疫针都能紧张得晕倒,而戴就这样的人可以把自己的皮肉置之度外,似乎没有痛感。这不由得使我想起了女英雄江姐(小学作文的惯用语法),想起敌人为了对付她,把竹签子钉进她的指甲里。敌人是不是从戴就这个故事里受到启发,不好说,但江姐的骨头和戴就一样硬,因为"签子是竹子做的,而人的意志是钢铁做的!"

元代洪焱祖曾经有诗赞戴就:"心非儿女脆,肤亦铁石刚。"全诗如下:

"东都有一士,天赋岂寻常。屈居仓曹掾,众未察所长。
一朝薛从事,未按郡守赃。收就钱塘囹,五毒既备尝。
烧斧挟肘腋,辞色愈慨慷。焦毁肉堕地,掇以充饥肠。
覆船薰马通,三日孰可当。发视意其死,大骂目方张。
针爪使把土,彭考无馀方。宁死白于天,终不枉忠良。
其事竟得释,太守免归乡。我观此丈夫,性命轻毫芒。
心非儿女脆,肤亦铁石刚。见义不见身,遥恤支体伤。
古今几冤狱,蔀屋埋日光。由来独行少,史册徒芬芳。"

✱ 参考书籍

《后汉书》《资治通鉴》

比"焚书坑儒"更惨的宫廷屠杀,文士们的头颅滚滚落地

在中国的历史上,文士们经过数次大劫。第一次就是秦始皇的"焚书坑儒",悲剧发生在公元前213年和公元前212年。秦始皇盛怒之下,又是焚毁书籍,又是坑杀儒生。据记载,"犯禁者"当时共捕获了"四百六十余人",由秦始皇亲自圈定,全部活埋于咸阳。

后人考证说,"焚书"确实是对人类文明的摧残,而"坑儒"主要埋的是一些方士,儒生所占的比例有限。秦始皇大怒的原因是这些方士(诸如侯生和卢生之类)不仅没有给他弄来长生不死的灵药,还敢诽谤他刚愎自用,专任狱吏,贪于权势!于是秦始皇怒火中烧,以"妖言以乱黔首(平头百姓)"的罪名,下令将这些人活埋,其中陪葬的当然也有"通五经贯六艺"的儒生。

秦始皇为此事背负了千载骂名。今天要说的事发生在距此370余年后的东汉,这件事比"焚书坑儒"更惨,死的人更多,文士们的头颅滚滚落地,甚至朝堂亦为之一空。史学家认为,这次对于文士的屠杀,伤及汉朝根本,在为"黄巾之乱"埋下伏笔的同时,也为汉朝敲响了最终灭亡的丧钟。

在了解这次灾祸之前,需要先介绍一个词"清流",意思是一些豪族或者名门出身的人同时也在朝廷里担任高官,他们因为出身正,而且有学问,故以一个"清"字自许,这也主要是想和被他们蔑视的"浊流"有

所区分。在以儒教为重的他们眼中，去势的宦官不能称为完整的人，无异于"浊流"。到东汉中期，清浊之争愈演愈烈。

您想想看，人但凡有一点奈何，谁会自愿接受去势手术而成为宦官？这些人得不到肉欲之乐，对于物欲的追求就会非常强烈。一旦他们接近了皇帝，得到了权力并尝到快感，他们当然会比常人更贪婪。

"清流"们不仅仅是士大夫，他们还致力于收编全国的学生到自己的门下，由此而结成巨大的团体。"清流"的领导人是郭泰和贾彪等，他们和同为豪族出身且身居高位的陈蕃、李膺等人同声相应，都把掌握了实权的宦官当成攻击目标。

第一次较量：文士败，二百余人入狱

公元166年，史书上称为汉桓帝延熹九年，双方的冲突正式展开。"清流"以激烈言词猛攻宦官阵营，当然，宦官们怎么可能被动挨打，他们正在伺机反击。

有一位算卦先生（说得文一点可称为"占卜师"）名叫张成，他的儿子犯了杀人罪，时任司隶校尉的李膺当然要将他抓捕归案。案件正在审理过程中，不巧的是朝廷恰恰在此时发布了恩赦令，那张成的儿子自然也在赦免之列。但是疾恶如仇的李膺认为此人犯罪性质极其恶劣，杀人手段特别残忍，社会危害性极大，所以"不可赦免"，而且直接就把他提出来杀了！

这下可是结下了死仇。张成此人精通风角术，曾经为皇帝占卜，有机会在宫廷里走动的他结交了不少宦官。此事一出，宦官们认为他们的机会来了！

于是一份小报告打到了皇帝的耳边：李膺等人与太学士及诸郡学生均有勾结，有组织党团诽谤朝廷及紊乱风俗之事，最近更无视于圣上所颁布之恩赦令……

皇帝当然怒不可遏，立即诏告天下，逮捕并审理"党人"。李膺、陈寔、范滂等人慨然赴狱，其徒众共二百余人被捕，还一律加上了"三木"，就是枷、手铐和脚镣并用，可想而知，他们在狱中遭受了怎样的非人折磨。

当时被捕的大多是天下名士，民间所认同的"贤人"，尽管舆论哗然，但没有人敢替他们说话。后来，皇后的父亲窦武实在看不过去，亲自为这批人求情。桓帝不能不给老丈人几分薄面，最终决定释放他们，但死罪可免，活罪不饶，对他们的处罚改为终身禁锢家中。

至此，有两个字冒了头，一个是"党人"的"党"，一个是"禁锢"的"锢"，两个字连起来就是这起事件的名头，史称为"第一次党锢之祸"。

第二次较量：文士又败，人头纷纷落地

第一次冲突之后的第二年，形势发生了微妙变化。桓帝驾崩了，十二岁的刘宏即位，是为汉灵帝，因其年幼，由窦太后摄政。而太后的老爹（就是那位救过入狱"清流"的窦武）官拜大将军，辅佐朝政，成为扎实的实权派。

窦武本身也是士大夫出身，自然要和李膺、太傅陈蕃等人结盟，他们开始为一举肃清"浊流"而进行秘密谋划。此时，士大夫们的位置，一个个被宦官夺去，已经到了必须采取非常手段的时候了。

尽杀宦官，说来容易，却必须经过大臣上奏、皇帝核可的程序，但妙在其时皇帝年幼，政务由摄政的皇太后处理。让女儿遵循自己的意见，窦武还是有信心的。

一切都在暗中进行，但是问题又出现了，奏文到了核可之际，皇太后毕竟是女人，她犹豫了。

把服侍的宦官全数杀掉吗？宫内的生活毕竟不方便，而且，她希望只杀有罪之人……

窦武为说服女儿花了不少时间。

就在此箭在弦上的时候，一个名叫朱瑀的宦官偶然看到了尚未裁定的奏文，其中的一行字吓得他当时就魂飞魄散：将宦官悉数杀死！

若不还手，就是坐以待毙！宦官连夜歃血为盟，先发制人。他们与皇帝的乳母赵娆一起，蒙骗年幼的灵帝，格杀了亲近士人的宦官山冰等人，抢夺印、玺、符、节，胁迫尚书假传诏令。同时，他们还关闭了宫殿所有的门，最关键的是，他们掌握了禁卫军。接下来，追捕窦武、陈蕃的行动开始了！

窦武匆忙间驰入步兵营起兵对抗，却被重重围困，无奈而自杀。年过八旬的陈蕃闻讯，率府僚及太学生数十人拔刀剑冲入承明门，到尚书门时因寡不敌众而被擒，当日遇害。

此时宦官并不肯罢休，于是向灵帝进谗言，诬陷党人"欲图社稷"，意思是他们要谋反！年仅十四岁的汉灵帝被宦官欺骗，因此大兴大狱，追查士人一党。六十岁的李膺与杜密、翟超、刘儒、荀翌、范滂、虞放等百余人，被下狱处死，在各地陆续被逮捕、杀死、流徙、囚禁的士人达到六七百名。

熹平元年（公元172年），大狱又起。当时窦太后死了，有人在朱雀门上书写反宦官专政的文字，宦官又四处追捕党人和太学生一千余人。熹平五年（公元176年），朝廷下诏规定，凡是党人的门生故吏、父子兄弟以至五服之内的亲属，一律免官禁锢。

这次斗争依然是宦官们大获全胜，朝中稍具实权的官职，几乎都被他们占据。

此为"第二次党锢之祸"。

一段后话：善恶到头终有报，只争来早与来迟

中平元年（公元184年）春二月，黄巾之乱兴起，汉灵帝怕党人与黄巾一同作乱，遂于夏四月大赦天下，免除了亲属关系与党人在小功以外者的禁锢。中平六年（公元189年），汉灵帝病死，少帝刘辩继位，外戚何进担任大将军，执掌朝政大权。何进图谋诛除擅权的宦官张让、赵忠等人，反被宦官诱入后宫后杀害。为替何进报仇，豪族出身的袁绍领兵冲入皇宫，宦官被杀戮殆尽，结束了外戚宦官长期专权的局面。

同年九月，董卓掌权，废少帝立献帝，派使者吊祭陈蕃、窦武等人。事隔整整22年，东汉朝廷才算正式为陈窦等人平反了。

士大夫们敢于挺身而出，扬清激浊，应当说是对本阶级根本利益的一种自我挽救，但是为什么屡次败在宦官们的手下？难道又应了老百姓说的那句俗话——"秀才造反，十年不成"？事发后，陈蕃亲自率府僚及太学生数十人拔刀剑冲入承明门，虽说有十足的血性，奈何将自己的行动降格为血溅五步的匹夫之勇？还有，那位在大门上书写反宦官文字的士人，何必自贾其祸？你刺向敌人的是麦芒，敌人向你刺来的却是无情的刀枪！

✻ **参考书籍**

《汉书》《资治通鉴》

汉代上班族干五天歇一天，比较一下，还是我们幸福

现代人动不动就想玩穿越，别的你能不能适应尚且不知道，单说假期，你可能就受不了。你觉得穿越到唐朝挺好的吧？呵呵！每工作10天才休息1天，累不死你！

我们国家现行法律规定，法定节假日总天数为11天：新年1天、春节3天、清明节1天、劳动节1天、端午节1天、中秋节1天、国庆节3天。另外1周休息2天，52周还能休息104天，总共算下来我们有115天可以在家里美滋滋地横着。一年365天里，我们有近1/3的时间可以自由挥洒。

那古代的上班族呢？印象里他们是不是比我们更自由？

那您可就想错了，据《汉律》记载，西汉典章制度明确规定："吏员五日一休沐。"意思是说政府工作人员连续工作周期是五天，然后有一天固定休息，名为"休沐"。五天才可以休息沐浴一下，我们现在的工作周期也是五天，但可以休息在家"沐"两天哦！

有人说，休息就休息，为什么叫"休沐"？这是因为古代男子也是蓄长发的，"身体发肤受之父母"，怎么能轻易毁伤呢？平时挽一个髻，再戴上一顶高帽子，所以洗发是个麻烦事。放假了，才能把公服脱了，痛痛快快洗一回，可又马上干不了，何不用电吹风？呵呵！他倒是想！没有什么好办法，只能把长发披散开，慢慢晾干而已，所以洗澡只能进去冲冲就

蹿出来了，可能都比洗发快。

东汉也是萧规曹随。司马迁在《史记·百万君传》中说道："官员每五日洗沐归谒亲。"相比于西汉时期的规定，这时的"休沐"不但可以洗澡休息等，还可以回家看望老小、夫妇团聚。大官住官署，钱多事少离家近，一般干部五天才能回趟家，也是好辛苦。

本来这也休得好好的，可是到了奋发图强的唐代，几百年的每5日一休变成了每10天一休，即在每月的上旬、中旬、下旬的最后一天休息。这次让官员们集体晕倒的改革出现在唐代永徽三年（公元652年）。当时国家多事，于是朝廷就下令改了，谁也没办法，"旬休"由此开始。从此每月只剩下可怜的3天休息时间，这3天宝贵的休息时间被称为上浣、中浣、下浣。"浣"字太妙了，不浣不行啦，连续工作9天，冬天还好说，夏天呢？官员们身上是不是经常有馊味儿？

这个倒霉的"旬休"制度并没有随着唐朝的灭亡而消亡，宋、元两代都沿袭下来了。好在宋朝还算人性化，节假日给得多。据宋史笔记《文昌杂录》记载，元日（春节）、寒食、冬至各放假七日；天庆节（正月初三）、上元节、天圣节（皇帝母亲生日那天）、夏至、立春、人日、中和节、清明、七夕、末伏等也都放假。这样，一年的法定假日达到了74天，再加上36天旬休，共110天，宋代官吏们的假期幸福指数已经非常接近现代人了。

明清两朝，政府官员心里苦，朝廷不讲理，简直倒行逆施，连"旬休"也逐渐削减甚至取消，全年只保留3个假期，即春节、冬至及皇帝的生辰。具体是月假3天，再加上元旦、元宵、中元（农历七月十五）、冬至等节日可放假18天，每年只有50多天假。

50多天太少？对于康熙朝的大官们来说也已经相当奢侈了，勤政的康

熙规定每日一朝，除了他生病的时候，你官当到那个份上了，就每天都得去伺候着。如果没犯什么错误，到70岁才能上折子请求皇上批准退休，因此官员们用了一个特别可怜兮兮的词——乞骸骨，意思是快让糟老头子回家等死去吧，再熬下去，这把老骨头在朝堂上就散了架啦！可以想象一下，要是皇上批了，真让他们退休，那还不高兴地蹦着回家？

这样一直执行到了1910年，清政府也开始接受一些西方的假日，比如定星期天为公休日，算是一个不小的进步。可惜好景不长，没过一两年，大清就亡了。

✱ 参考书籍

《史记》《汉律》《文昌杂录》

好看到停不住的中国史

尽忠只能牺牲母亲,尽孝只有献城投降,汉朝太守如何抉择?

经典启蒙书籍《龙文鞭影》将"赵苞弃母"与"吴起杀妻"放在一起来介绍,个人认为很不适当。

战国初期,齐国伐鲁,吴起为了取得鲁国的信任当上大将,不惜亲手杀掉了妻子,仅仅因为她是齐国人。吴起的做法禽兽不如,把同命同体的妻子当成了自己求取功名利禄的台阶。这样的人即使再有本事,也逃不掉"人渣"的千秋骂名。母亲去世后,吴起不回家奔丧守孝。他的老师曾申认为他不配做儒家门徒,从而与他断绝了师生关系。

唐代白居易的诗评如下:

"昔有吴起者,母殁丧不临。

嗟哉斯徒辈,其心不如禽。"

这样的一个人和赵苞放在一起,容易让人产生误会,以为这个弃母不顾的人也是不孝之子,那就让赵苞蒙受不白之冤,死不瞑目了。

赵苞,字威豪,东汉官员,甘陵郡东武城人。

赵苞生前远没有他的堂兄中常侍赵忠名气大,赵忠是一个阉宦,却官拜车骑将军,以搜刮暴敛、骄纵贪婪而闻名天下。赵苞深以门族中有这样

的奸佞为耻,所以大路朝天,各走一边,他从不肯与这位堂兄扯上任何关系。

少而好学,勇武尚义,靠自己的本事,赵苞走了一条清白仕途。先是被举为孝廉——这里请看官注意,汉朝以孝治天下,而赵苞正是因为"孝"而出仕。

很快他就被提拔为广陵令,三年之后,赵苞因为"政教清明"再次升职,这一次,他被委以重任,到军事重地辽西当太守(治所在今辽宁省义县西)。

汉灵帝熹平六年(公元177年),赵苞派人去接老母亲和妻子到任所,但他们过柳城时突然被鲜卑人劫持。此次,鲜卑出动了万余人寇边掳掠,当得知被劫的竟是屡次击败他们的辽西太守的母亲和妻子时,鲜卑人如获至宝,挟持到城下,欲以她们为人质,逼迫太守赵苞献城投降。

烽烟突起,贼寇犯境,赵苞当即点起两万马步军出城迎敌。

他哪里能想到,贼人推出一辆车,而细看车上捆绑着的人,竟然是他的母亲和妻子!

赵苞滚鞍下马,跪倒在尘埃中,放声大哭。哭罢,他对母亲说:"为子无状,欲以微禄奉养朝夕,不图为母作祸。昔为母子,今为王臣,义不得顾私恩、毁忠节,唯当万死,无以塞罪。"

——我这个当儿子的罪过太大了!本来想接娘来朝夕奉养,哪里想到反而带来了灾祸!娘啊!过去我是您的儿子,现在却是统兵杀敌的汉臣,忠义在先,儿子不敢存任何私念……娘啊,儿纵然死一万次也无法赎清自己的罪责!

赵苞的母亲大义凛然,高声激励自己的儿子:"人各有命,何得相顾,以亏忠义!"

——每个人都生死有命,你怎么能为了我而成为不忠不义的小人!

好看到停不住的中国史

接着，母亲还怕他犹豫，说了这样一句话："昔王陵母对汉使伏剑，以固其志，尔其勉之。"当年王陵的母亲身陷项羽营中，为了促使王陵归汉，这位英雄母亲决然伏剑自杀，后为楚军所烹煮。赵苞的母亲举出这样的例子，表示自己死志已明，激励儿子要以王陵为榜样，奋勇杀敌。

此时的赵苞五内俱焚，为忠，向前杀敌，只有狠心舍弃母妻；为孝，保全母命，只能变节献城投敌。

这可能是生为人子所面临的最难做出的抉择！但赵苞还是迅速做出了决断，拭泪上马，命令全军发起攻击！

一场恶战，虽然鲜卑人大败，但令人痛惜的是，赵苞的母亲和妻子都在混战中被敌人杀害了。

赵苞收殓了母亲和妻子的遗体，上书朝廷请求归葬。汉灵帝派特使前来吊慰，并加封赵苞为鄃（shū）侯。

国家的仗打赢了，但赵苞仍然是个"输"侯，他输掉了母亲。

将母亲和妻子安葬好之后，赵苞对乡亲们说："我拿国家的俸禄，如果因为母亲而献城投敌，怎么能叫忠义！可是我用母亲的生命换取了忠义，又怎么能叫孝顺！我赵苞哪里还有脸面生存在天下之间！"

这个忠直节烈的汉子，竟然呕血而死。

赵苞的悲壮故事两千年后仍然让人止不住掩卷叹息，却又不可避免地触及一个争议几千年的话题——"忠孝不能两全"。假设君王与父亲都得了一种重病，手里只有一丸药，只能救其中一个，那么，该救谁呢？

这似乎是一则无法破解的历史哲学命题，但个人认为赵苞舍亲尽忠，舍命全孝，用自己的生命给出了一个最沉重的答案。宋代司马光说，"为抗外辱，先舍孝为忠，后为孝舍身，忠为至忠，孝为至孝。此等忠孝豪杰，

282

鲜为人知，悲夫。"

司马光认为赵苞至忠至孝，同时还为他的事迹鲜为人知而感到可悲。

北宋理学家程颐给900年前的赵苞出了一个主意，说他可以先辞掉辽西太守之职，再以私人身份去鲜卑人那里赎回母亲。个人认为，这是一个迂得不能再迂的臭计，估计不光母亲妻子赎不回来，连自己也得搭进去。不知道您认为这位理学家的办法是否有"理"？

"天地英雄气，千秋尚凛然。"本故事记载在《后汉书·独行列传》中，而《资治通鉴》亦有记载，另《武城县志》《故城县志》《恩县县志》均以乡贤、忠节记之。

✳ 参考书籍

《后汉书》《资治通鉴》《汉书》《龙文鞭影》

好看到停不住的中国史

古人想休妻就能休妻？"糟糠之妻不下堂"是汉代定下的规矩？

在古代，没有专门的婚姻法，丈夫在家里拥有绝对权威，而女人则处于从属地位。"嫁汉嫁汉，穿衣吃饭。"女人出嫁就是为了找到一个安身立命的地方。但能看到，古人休妻的情况也不少，似乎强势的丈夫想休妻就休妻，女人只能拿着一纸休书哭着离开。

女人被休是很丢人的事，回到娘家也会被人看不起，就像《孔雀东南飞》里的刘兰芝一样，婆婆看不惯她就休了她，回家之后，她迫于无奈"举身赴清池"，而跟她感情很深的丈夫焦仲卿也以身相殉，"自挂东南枝"。一次无情又无端的休妻，让一对感情忠贞的夫妻不得不以死来抗争。

在《孔雀东南飞》里没有婆婆要休兰芝的具体理由，如果按古时的规矩来说，这个婆婆也确实霸道无理，因为在古时，休妻也还是有规矩可循的。

休妻必须是妻子有了明显不可忍耐的错误才可实行，依据就是汉代《仪礼·表服》中的"七出"，即男人休妻的七个客观理由："无子、淫佚、不事姑舅、口舌、盗窃、妒忌、恶疾。"另外，还有《大戴礼记·本命》的"妇有七去"，意思大同小异，为"不顺父母去，无子去，淫去，妒去，有恶疾去，多言去，窃盗去。"

陆游的娘就是以"无子"的罪名逼着他休了唐婉的，其实他们结婚才两年，"无子"的借口实属勉强。那是不是违反了其中一条就可以随时休

妻呢？总体来说，休书也还是要给别人看的，总得有说得过去的正当理由吧？但是清官难断家务事，被胡乱找个借口以"莫须有"的名义休掉的女人应该也很多，那弱女子就没有一点保护自己合法权益的办法吗？

还是有的，那就是大家经常听说到的"糟糠之妻不下堂"，而这又出自何处呢？

古代也不是那么无情不讲人性，在"七出"之后有后附的"三不去"，就是不可休妻的三个理由，以保障无辜的妻子不会被随意休掉。

"三不去"最早也是出自汉代的《大戴礼记》，具体如下：

一是"有所娶无所归"，是指妻子的娘家没什么人了，一旦被休则无家可归，流离失所。

二是"与更三年丧"，是说妻子曾给丈夫的父母服丧三年，有这样的孝行、吃过如此大苦的妻子是不能被休的。

三是"前贫贱后富贵"，娶妻时你比较穷，后来富贵了，那原来共患难的妻子是不能随便被休的。这正是"糟糠之妻不下堂"的出处。

"七出"和"三不去"在唐代就正式列入《唐律》，是具有法律效力的，但是犯有"七出"当中的两种特殊过错，就不受保护，即"恶疾及奸者不在此列"。也就是说，妻子若犯有"七出"中的"恶疾"及"淫"两项，则不在"三不去"的保障范围之内。

前文都在说男方主动休妻的，那么妻子有没有权利要求离婚呢？

关于这方面，也有记载：比如《后汉书·列女传》中，吕荣的丈夫许升少为博徒，不理操行，吕荣的父亲"乃呼荣欲改嫁之"。可见，如果丈夫品德不良，至少在汉代，女方的父亲还可以让女儿改嫁。再比如《汉书·卫青传》中有这样的说法：曹寿患恶疾，其妻平阳公主离婚而去。看来"恶

疾"对双方都是公平的，若男方有问题，女方也有离婚的自由。还有一种情况是男方穷得实在揭不开锅，像《汉书·朱买臣传》中记载的：朱买臣家徒四壁，吃不上饭、穿不上衣，妻子就毅然决然地跟朱买臣离婚了。

当然，这些只是记载，并不在律例中，毕竟与贫穷丈夫厮守一生的女人多得不可胜数。

另外，"糟糠之妻不下堂"，还有一段感人的故事。

汉光武帝的姐姐湖阳公主守寡了，光武帝和她一起在大臣中筛选如意郎君，当时公主就看上了器宇轩昂的名臣宋弘。

后来宋弘被召见，光武帝让公主坐在屏风后面，他对宋弘说："俗话说，富贵了换朋友，钱多了换老婆。这是人之常情吗？"宋弘说："臣闻贫贱之知不可忘，糟糠之妻不下堂。"这正是人直言正，诚实的光武帝没法开口，只能回头对公主说："看来你这事情办不成了。"

✻ 参考书籍

《后汉书》《大戴礼记》《唐律》

山东才子怎么看出山西官员要出问题？

说到汉代的大才子、大文学家，后世人一般会把这四个人放在一起，称为"董（仲舒）贾（谊）刘（向）扬（雄）"。当然，并不是说此四子就代表了汉代最高水平，其实还各有所长，也是大家对他们的偏爱。比如，司马相如就很不服，也会有人替蔡邕抱不平，而且还有汉赋的另外两大家班固和张衡也卓然高峰，对此说法可以表示呵呵了。文无第一，自古而然。今天要说的是另外一人，名气稍小一些，但后人认为其才情能与前面几位分庭抗礼，此人是一位很有个性的山东才子，与王符、王充被后世并称为"东汉三杰"。

此人即仲长统。哦？莫不是丐帮帮主？有人会觉得这个名字很熟悉。确实，在梁羽生的天山系列中他多次出场，曾经和翼仲牟一起统一了南北丐帮，还曾经在天笔峰以"混元一气功"击败了上官泰的"大手印"。

但他们只是同名同姓而已，性格完全不同，一个是忠厚长者，一个却是狂放书生。

《后汉书》卷四十九有《仲长统列传》，记载了他短暂而不平凡的一生。

仲长统是山阳高平人，在今天的山东省邹城市西南，《仲长统列传》里没有记载他的家世，但写道他"少好学，博涉书记，赡于文辞"。个人理解，在那个时代，能够上得起学的，应该不是贫苦之家。而且，他还是一个读书的好苗子，又有机会博览群书，后来自然下笔千言，一挥而就。

才子一般性格都比较孤傲，仲长统风流不羁，不矜小节，有时候长时间沉默不语，忽然说话又耿直得能把人撅死，周边的人都认为这是一枚"狂生"。既然是狂生，那就狂得有格调、有高度，一般的州郡官员他都不放在眼里，但凡有召命来，都称病不去。

古人有好习惯，书生到了二十多岁，得出去游历，"纸上得来终觉浅"，还是要"躬行万里路"，真正出去长长见识。于是，仲长统就辗转青州、徐州、并州和冀州。公元199年，当他来到上党的时候，偶遇了一位高人。

这位高人名常林，河内郡温县人，少时家贫，好学而有才智。后来，他的叔叔被太守王匡加罪入狱，是他靠三寸之舌说服了王匡的朋友，从而救助叔叔脱难。此时正值东汉末年，天下大乱，常林的选择像诸葛亮一样，"避地上党，耕种山阿"，隐居在今天山西黎城县南，以等待时机入世。

仲长统来到时，常林已经在此过了十年的清静日子，二人一见之下，惺惺相惜，常林的年龄比仲长统大不少，遂二人成为忘年交。狂人也有不狂的时候，前提是遇到才华在他之上而他又真正佩服的人。仲长统在上党盘桓多时，常林对他的影响很大。

当时，袁绍的外甥高幹在并州当刺史，和舅舅一样，他也喜欢招纳四方的饱学之士，和府里养了不少门客。常林受到过高幹的邀请，但他坚辞不受。

仲长统离开上党后，曾经去拜访过高幹。高幹一见之下，就知道他不是凡胎，于是对他青眼有加，还向他请教了当时的一些问题。

仲长统起初觉得高幹既然识才，也可以辅佐他成就一番事业。观察了一段时间后，他发现，此人志大才疏，虽然爱才却不会用人，于是诚心进谏，以期尽一个幕僚的本分。想不到，高幹的自我感觉非常好，听不进逆耳忠言。

仲长统明白此人终究难成大事,飘然而去。

没过多长时间,高幹果然在并州发动叛乱,但很快就被平定了。并州和冀州一代的人由此而知仲长统确实有先见之明。

汉献帝时,曹操当了丞相,胸怀天下,他的"张子房"荀彧(yù)任"守尚书令",知道仲长统的大名,举荐他为尚书郎。仲长统就职之后,曾经参与曹操的军事行动,但很遗憾的是,他并没有得到曹操的重用。

常林后来也择时而出,择主而仕,到曹操手下任职,一帆风顺,青云直上,直到晋封高阳乡侯,死后还被追封为骠骑将军,也算位极人臣。更值得一提的是,司马懿每次见到常林,都要恭恭敬敬地向他跪拜行礼。

有大才,也遇上过明主,可惜没有发生化学反应,让人徒唤奈何。也许君臣之间的际遇也是需要很深的缘分,像齿轮之间的磨合一样,有才未必合适,仲长统的才能曹操就没有用上。他后来著了一部书《昌言》,凡三十四篇,十余万言,尽展他的思想和才华,对后世也颇有影响。

书里,仲长统也谈到养性保寿的一种闲适梦想:

"弹南风之雅操,发清商之妙曲,
逍遥一世之上,睥睨天地之间。
不受当时之责,永保性命之期。"

很遗憾的是,仲长统的人生远没有他想得那么潇洒自在,刚过了四十岁,他就英年早逝了。

✱ 参考书籍

《后汉书》《全后汉文》《昌言》《资治通鉴》

好看到停不住的中国史

她用生命证明：女人的忠贞与诱惑和威权无关

"女人之所以忠贞，是因为受到的诱惑不够。男人之所以忠诚，是因为背叛的筹码太低。"

这句话一度风行，说中了大部分人的心思。写的是俗人，办的是俗事，说到底只是俗人的人生观。遇上"真的猛士"，这样的观点简直上不了台面。

有这样一位女士，丈夫已经死了，老实在家守寡。势焰熏天的当朝太师听说她才色双绝，于是垂涎三尺，开出的条件是豪车百辆，骏马二十匹，送聘礼的婢女和小奴抬着聘礼络绎而来，几乎连大路都堵上了。

这样的权势，这样的财富，诱惑程度够吗？

只要她肯轻轻点个头，立时就是高车驷马，锦衣玉食，鼎列钟鸣，仆从如云，堂上一呼，阶下百诺。

这样的奢华，这样的豪侈，诱惑程度够吗？

更何况，这位太师正是手段凶残、嗜杀成性的董卓，如果不给他这个面子，他的报复手段也将极其惨烈，身首异处？命断黄泉？那还有拒绝的可能性吗？

有！董卓就偏偏遇上了这样一位节烈女子，不光看不上他的那些诱惑，还不在乎他的权势，敢骂他是杂种，还敢说他不过是个走卒而已！

这个悲壮的故事在《后汉书·列女传·皇甫规妻》中有记载，但可惜

的是只记事不记人，不光是没有名字，连姓也没有。笔者不死心，查阅了其他资料，终于在唐朝张怀瓘（guàn）的《书断》中找到了一点信息——"先有扶风马夫人，大司农皇甫规之妻也，有才学，工隶书。夫人寡，董卓聘以为妻，夫人不屈，卓杀之。"

资料很有限，但也讲清了故事，也至少知道了这位极刚烈的夫人姓马。

信息中还讲到了夫人是皇甫规之妻，此人看上去面生，虽然读过《二十四史》，但已毫无印象，再一查阅，即刻对他肃然起敬。

皇甫规曾任度辽将军、护羌校尉，死后被朝廷追赠为大司农。这是中央财政主管长官，为九卿之一。

皇甫规是东汉末年罕见的文武全才，多年东征西讨，又长期镇守边陲，多次击破和降服羌人，羌人感慕他的威德，前后归降者逾二十万。他一生清直，不畏权奸，刚正不渝，更可贵的是他爱才惜才，多次为朝廷举荐贤良，曾开设学馆十四年，以《诗》《易》教授门徒，并留有著作传世。

原来如此。

出自这样的家庭，夫人能够视死如归，也就容易理解了。

《后汉书》的记载大致译文如下：

马夫人是皇甫规的第二任妻子，不知道她的姓名，文章如妙笔生花，书法也似行云流水，经常替丈夫撰写文书，大家都很佩服她的才华。

熹平三年（公元174年），皇甫规过世，享年七十一岁。当时，马夫人年纪尚轻，兰心蕙质、秀外慧中。

后来，董卓进京，当了太师，一时权倾朝野，欺男霸女，为所欲为，连宫女和妃嫔都不放过。有多嘴驴报告给他，说皇甫规的妻子如何如何出色，董卓一听，那还不将她拿下？

好看到停不住的中国史

汉桓帝末年，董卓初从军，为羽林郎，跟的是护匈奴中郎将张奂，当时皇甫规任度辽将军。中郎将秩比二千石，度辽将军为三品，银印青绶，秩二千石，级别更高。后来皇甫规上了年纪，向朝廷举荐才略兼优的张奂代替自己。如此说来，皇甫规曾经是董卓的老上级。只是时过境迁，现在的董卓早已经不把昔日的上级放在眼里了，而且放肆到想把人家的妻子据为己有。

董卓按照惯常的路数，利诱为先，先用珍宝砸懵你，于是派出一百辆彩车、二十匹骏马，还有许多奴婢扛着财帛来下聘礼。原以为，你有倾国倾城的貌，我就给你富可敌国的财，不管你是谁，这也还对得起你吧？

可没想到，马夫人身着素服，不施粉黛，亲自来到了董卓的府上，进门就下跪，哀哀陈述自己的苦衷，表达不能相从之意。别人听了都觉得酸楚，生了恻隐之心，但董卓这样的蛇蝎之人哪里能听进去这些？另外，一见之下，他发现马夫人天姿国色，更加欲罢不能，于是命令手下的一帮恶奴拔刀将她围了起来。他还恬不知耻地威胁："以我现在的威名，百官都瑟瑟发抖，难道还降不住你一个妇道人家？"

马夫人知道此番不免一死，昂然起身，用手指着董卓大骂："你本是个胡人杂种，荼毒天下，作恶已经够多了！你也应该打听打听我历代先人的清德，我怎么可能被你这样的猪狗玷污？我的夫君皇甫氏是大汉忠臣，文韬武略，威镇边疆。当年，你不过是他帐下的一个走卒而已，现在竟然对你的君夫人有这样肮脏的非分之想，真是无耻之尤！"

董卓恼羞成怒，命人把车子推到庭中，将马夫人绑在车上，使她的头悬在车辕的外面，奴仆们无情的鞭子、棍棒乱如雨下。

马夫人留下的最后一句话是："能下手再重一点吗？谢谢你们，让我

死得越快越好！"

夫人"遂死车下"。后人为了纪念她，为她画了像，在上面郑重题写了"礼宗"二字。"礼宗"指妇女守礼而可为人师法者。

一个弱女子用她的生命证明气节之尊贵。财物的诱惑再加上权利的威逼，在她的眼里，不过是一堆垃圾而已。

天道好还，其中必然藏着因果之报。

事败之后，董卓被点了天灯。他藏在郿坞中的所有良家女子，尽数被释放，但是他的所有亲属，不分老幼，悉数被杀，其中还有董卓九十多岁的老母亲，她曾经苦苦乞求活命，但仍然没有动摇执行官要将董家满门抄斩的决心。

看看这位将军的名字，也许就会明白他对董家为什么会如此冷血了。他是皇甫嵩，正是皇甫规的侄儿。

冰魂雪魄，英灵不死。山高水长，万古流芳。

甘肃省泾川县王村镇有一个完颜村，村里供奉着一位皇甫娘娘。当地老百姓说这位皇甫娘娘就是汉代的皇甫规之妻，被董卓害死后由族人运回家乡埋葬。至今，墓冢还在九顶梅花山上。

✱ 参考书籍

《后汉书》《后汉文》《资治通鉴》《东观汉记》

文人相轻？董卓死后，他轻轻一声叹息就被王允杀了

文人相轻是从骨子里带来的臭毛病，笔者的文章写得差强人意，网上经常有老师过来点评一下：此文狗屁不通！笔者只有苦笑，不能不想起文人相轻、武人相重之类的老话。对于被蔑视，我并不反感，只想如果老师能"轻而教之"，说出如何不通并指出提高之路，岂不是一件快事？

"文人相轻，自古而然。"这话出自曹丕的《典论·论文》，文人互相看不起，都觉得自己更厉害，这并非现代人的专利，在三国之前就已经演得很烈了。

近来读《三国志》发现了一个文人相轻最极端的案例，就是蔡邕之死。

害死蔡邕的也是一个大才子，大家都知道此人姓王名允。他少年好学，满腹经纶，据《后汉书》载："同郡郭林宗尝见允而奇之，曰：'王生一日千里，王佐才也。'遂与定交。"

郭林宗是当时的著名学者和学界领袖，他倒一点也没有轻视王允的才学，不但给予了高度评价，还跟他交了朋友。

郭林宗没有看错，王允果然很有才，后来历练成为朝廷柱石，尤其是在搏杀董卓的过程中他应该功居首位。但是杀完了董卓，他就有点飘飘然了，目无余子，而且缺乏容人之量，揪住才高八斗、书法又独步当时的大文豪蔡邕的一点小错，硬是把他打入监狱，六十岁的蔡邕不久就冤死狱中。

先说蔡邕是多么有才而招人嫉妒吧。

一个很典型的例子是：蔡邕正定《六经》之后，用红笔亲自将其写在碑上，让工人刻好，立在太学门外，这是中国第一部石经"熹平石经"。石碑新立时，来观看及摹写的儒者和学生相当多，一天之内，前来的车就有一千多辆，街道也因此而堵塞。

中国历史上的某一次交通大堵塞是因为你蔡邕的才华而引起的，谁让你文学才能太高，高到可以正定《六经》，成为后世典范。谁让你书法水平又高到"妙有绝伦，动合神功"（见唐张怀瓘《书断》）的地步，你所开创的飞白体看傻了多少人？

再说，你还精通音律，不但会制作焦尾琴，弹得还精妙，皇帝叫你给弹一个小曲听，你都敢称病不去，你实在是牛得有点过了。

但是正因为蔡邕太牛，董卓掌权之后，仰慕他的名气和才华，以灭他三族相威胁，才强召他入朝为官。

这些事，身为司徒的王允当然应该知道。

可是就在董卓被成功诛杀的消息传来时，王允却听到了蔡邕发出一声轻轻的叹息。

王允勃然大怒，认为他也是董卓一党，马上将蔡邕收押，交给廷尉治罪。

蔡邕不过是同情心泛滥了一下，实际上，王允、吕布和李肃他们杀董卓没错，但是灭掉他的三族，甚至连他九十岁的老娘也砍了头是不是做得过分了呢？是不是也应该有人叹息一下呢？

蔡邕被下狱之后，很多人来替他求情，说他并不是董卓的人，而且他正在写汉史等，蔡邕自己也低头认错，甚至请求刻额染墨、截断双脚的刑罚都可以，留一条命就行，但是王允都"义正辞严"地拒绝了。

好看到停不住的中国史

实在找不到王允非要杀死蔡邕的其他更正当的理由，所以只能说，文人始相轻而相嫉而相攻而相戮，这应该算是一个最极端的个案了吧。

✱ 参考书籍

《后汉书》《三国志》《典论》

曹操父亲的临终教训：不减肥真会害死很多人

曹操的父亲叫曹嵩，曹嵩的养父叫曹腾。

小时候读《三国演义》，有点莫名其妙，既然曹腾是宦官，为什么要弄来一个养子？那曹嵩如果也是宦官，怎么又生下了曹操？

笔者一直糊里糊涂，后来才知道，曹操敢坦然承认自己是"宦官养孙"，那就说明，他爹确实不是宦官，这从曹嵩所任的职务也能看出来。

曹操的爷爷曹腾本是一个小黄门，后来因为拥立桓帝有功，受封为侯。他当过最大的官是"大长秋"，负责管理皇后居住的长秋宫，秩为二千石，相当于刺史一级的高官。

曹操的爹曹嵩历任司隶校尉、鸿胪卿、大司农，位列九卿，位高权重。后来他还不满足，用万金捐了一个太尉。太尉居"三公"之首，位极人臣。要不，曹操这位公子哥儿，小时候也不会那么放荡不羁了。

再说，朝里有人好当官。若没有老爹的安排，曹操怎么可能当上顿丘令？后来他又被调回京城，出任言官议郎。接着，又在他爹的疏通下，著名奸宦张让举荐曹操出任骑都尉。当然，曹操自己也有真本事，加上再有点战功，马上就升职为济南相，继任东郡太守直至典军校尉。若没有老爹在幕后帮忙，曹操哪有后来的一番功业？

好了，书归正传。现在要说的是，曹嵩之死以及因他的死而造成的惨案。

好看到停不住的中国史

中平五年（公元188年），宦官专权把东汉朝廷弄得乌烟瘴气，政令废弛，民不聊生。各地黄巾军揭竿而起，攻没郡县。身为统帅天下兵马的最高军事长官，正一品、金印紫绶的太尉，朝局如此之烂，不是你的责任？于是曹嵩被罢免，回了谯县老家。

再后来就发生了董卓之乱，曹操趁机在陈留起兵。曹嵩不肯跟着他在刀尖上过日子，带着小儿子曹德跑到琅琊找了一个僻静的地方躲了起来。

六年之后，曹操羽翼已丰，打下了自己的地盘，当了兖州牧，于是曹嵩带着曹德就去投奔他了。

《三国演义》里写的基本跟《三国志》一样，说曹嵩接到曹操的书信，带着一家老小四十多口人并辎重百余辆前往兖州。徐州太守陶谦本是好意，知道曹操的亲爹过境，也想巴结一下，就派都尉张闿率领数百骑兵护送。当他们走到泰山郡的华县和费县之间的一座寺院时，本是黄巾余党的张闿见财起意，先杀害了曹德。曹嵩发现情况紧急，带着小妾逃到了方丈的后面，本想翻墙而走，可惜小妾太胖，费半天劲上不了墙，没办法只好躲在了厕所里，被发现后，死于乱刀之下。张闿一不做，二不休，干脆杀了曹嵩全家老少，抢了财物，放火烧了寺庙，逃亡淮南。

这个版本说的是小妾太胖，翻不了墙，结果不光自己送了命，还把曹操的老爹也连累至死。

但在《三国志·魏书·武帝纪》中，裴松之有一个注，引用的是《魏晋世语》里的记载，说曹嵩遇害过程的另有一个版本：

曹嵩带着全家走到了泰山郡的华县一带，奉曹操令前来迎接的泰山郡太守应劭还没有赶到。

此时，徐州牧陶谦怨恨曹操多次来犯，就派出了数千轻骑兵去拦截

他爹。

曹嵩误以为是应劭前来迎接,根本没有防备。于是,曹德先被杀于住所门中。曹嵩被围,惊恐中奋力在后墙打出一个洞,让小妾先出,但是非常不幸,这位养尊处优的小妾身体过于肥胖,竟然卡在了洞口,一时难以穿过。

无奈之下,曹嵩只好避入茅厕,结果仍全家被杀。

为了证明这段不是笔者虚撰的,特提供《魏晋世语》原文如下:"嵩在泰山华县。太祖令泰山太守应劭送家诣兖州,劭兵未至,陶谦密遣数千骑掩捕。嵩以为劭迎,不设备。谦兵至,杀太祖弟德于门中。嵩惧,穿后垣,先出其妾,妾肥,不得出;嵩逃于厕,与妾俱被害,阖门皆死。"

教训实在是太惨痛了,不光是害死自己,还害死了老爷和全家,胖妾罪过大了。

其实,事态远比这还严重。

韦曜《吴书》:"太祖归咎于陶谦,故伐之。"

杀父之仇,不共戴天!曹操当时兵强马壮,怎么能咽得下这口恶气?于是发誓定要血洗徐州!

曹操兴起人马,气势汹汹杀奔徐州,沿途纵兵大掠,"杀戮人民,发掘坟墓",虎狼之兵刀下不知又添了多少冤魂!据《三国志·魏书·武帝纪》:"故太祖志在复雠东伐……拔五城,遂略地至东海……所过多所残戮。"

后来,要不是刘备等人帮忙,加上吕布在后方捣乱,徐州全境的老百姓恐怕逃不过这场劫难。

所以,曹操老爹的临终教训是:不减肥,真会害死很多人。

延康元年(公元220年),曹操去世,曹丕即魏王位,追尊曹嵩为太王。

同年，汉献帝刘协"禅让"，曹丕登帝位，追尊曹嵩为太皇帝。

如果曹嵩知道自己还有当皇帝的命，一定会让胖妾减肥变成风摆杨柳的样子，否则就将其逐出家门。

三分气在千般好，一旦无常万事休。再说什么都是假的了。

对了，还有曹操的爷爷曹腾。太和三年（公元229年），他被魏明帝追尊为高皇帝，这是中国历史上仅有的一位被正式授予正统王朝皇帝称号的宦官。他的名义妻子（对食）吴氏，作为一个没有生育过的宫女，也被追尊为高皇后，历史上也仅此一人。

不是笔者写得荒唐，而是历史本就如此荒唐。

✳ **参考书籍**

《后汉书》《魏晋世语》《资治通鉴》《三国演义》